W0231089

I did it my way

Deutsche Auswanderer in Neuseeland – 16 Porträts

Maren Wulf

I did it my way

Deutsche Auswanderer in Neuseeland – 16 Porträts

Bibliografische Information der Deutschen Bibliothek:
Die Deutsche Bibliothek verzeichnet diese Publikation in der deut-
schen Nationalbibliografie. Detaillierte bibliografische Daten sind im
Internet über http://dnb.ddb.de abrufbar.

© 2012 MANA-Verlag
Das Werk ist in allen Teilen urheberrechtlich geschützt. Jede Ver-
wertung außerhalb der engen Grenzen des Urheberschutzgesetzes
ist ohne Zustimmung der Verlage unzulässig. Das gilt insbesondere
für Vervielfältigungen, Übersetzungen, Mikroverfilmungen und die
Einspeicherung und Verarbeitung in elektronischen Systemen.
Umschlagentwurf und Layout: Jürgen Boldt, MANA-Verlag

Bildnachweis:
Alle Bilder: Maren Wulf und privat, außer
S. 151: Martin Luff (Creative Commons, share alike)
S. 153: Schwede66 (Creative Commons, share alike)

Redaktion:
Patrick Pohlmann

Satz:
MANA-Verlag

Druck:
Standartu, Litauen

ISBN 978-3-934031-40-1

Inhalt

Vorwort

Viele Menschen kommen irgendwann in ihrem Leben an einen Punkt, an dem sie den Wunsch nach radikaler Veränderung verspüren. Eine Sehnsucht danach, Überkommenes und Einengendes hinter sich zu lassen und irgendwo anders noch einmal neu anzufangen. Und sich dabei womöglich selbst ein klein wenig neu zu erfinden. Bei den meisten bleibt es am Ende bei Träumen. Die Menschen in diesem Buch machten sich auf den Weg – nach Neuseeland, das seit langem zu den Traumzielen deutscher Auswanderer zählt. Oft nicht trotz, sondern gerade wegen der großen räumlichen Entfernung, die dazu zwingt, sich von Anfang an ganz auf das Neue einzulassen.

Weiter weg geht nicht: Neuseelands einzige Millionenstadt Auckland liegt auf dem Globus praktisch genau gegenüber von Gibraltar. Und dennoch fühlt sich das Land seltsam vertraut an, jedenfalls auf den ersten Blick. „Flieg nach Marokko, das dauert nur ein paar Stunden, aber du bist in einer anderen Welt. Flieg nach Neuseeland, das dauert eineinhalb Tage und fühlt sich doch irgendwie vertraut an", hatte mir Annett Eiselt gesagt, als wir zur Vorbereitung unserer Interviews miteinander telefonierten. In ihrem früheren Leben war die 46-Jährige Kulturmanagerin in der Millionenstadt Hamburg, seit ein paar Jahren lebt sie im Naturparadies Stewart Island mit seinen nicht einmal 400 ständigen Einwohnern im äußersten Süden von Neuseeland.

Weit weg und doch vertraut: Das hatte ich auch so empfunden, als ich vor zwölf Jahren das erste Mal in Neuseeland war und mich auf Anhieb in Land und Leute verliebte. Der Inselstaat im südlichen Pazifik ist nicht wirklich exotisch, mehr ein „Best of" der Kontinente mit praktisch allen Landschaftsformen außer richtiger Wüste. Auf einer Fläche nicht viel größer als die alten Bundesländer gibt es Fjorde, eine hochalpine Bergkette, Gletscher, die bis fast auf Meereshöhe reichen, urwüchsige Regenwälder, Dutzende von Vulkanen – und Traumstrände wie Sand am Meer. Was kein großes Wunder ist in einem Land, das 15.000 Kilometer Küste hat und in dem kein Ort mehr als 120 Kilometer Luftlinie vom Meer entfernt ist.

Zwei Drittel der gut vier Millionen Einwohner Neuseelands haben europäische Wurzeln, auch wenn die bei einigen schon 150 Jahre alt sind.

Der Lebensstandard ist grundsätzlich vergleichbar, die Lebensqualität in vielen Bereichen deutlich höher: Viel grüner Raum für wenige Menschen paart sich mit dem entspannten Lifestyle der Kiwis – so nennen sich die Neuseeländer selbst. Manchen Neuankömmling hat es schon irritiert, dass auch der flugunfähige Nationalvogel so heißt – und natürlich die Kiwifrucht, einer der Exportschlager Neuseelands.

Auf den ersten Blick könnte man meinen, eine Art besseres Europa vor sich zu haben. Wohl auch deshalb ist mancher Einwanderer überrascht, wenn die Menschen um ihn herum dann doch ganz anders sind. Wenn ihm ein Einheimischer zum Beispiel spontan seinen Autoschlüssel in die Hand drückt oder sogar sein Ferienhaus überlässt, obwohl man sich doch kaum kennt, auf der anderen Seite aber noch nach Jahren extrem zurückhaltend ist, wenn es um das Äußern von Gefühlen und Gedanken geht, und schon gar nicht sagt, wenn ihn etwas stört.

Anfang 2011, mitten im neuseeländischen Sommer, habe ich die gebürtige Dresdnerin Annett in ihrem neuen Zuhause auf Stewart Island besucht, sie und zwei Dutzend andere deutsche und deutschsprachige Einwanderer und Gäste auf Zeit – Paare, Familien, Einzelpersonen. Ich fragte sie nach ihren Motiven zu gehen, wollte wissen, wonach sie am anderen Ende der Welt gesucht und was sie gefunden haben, wie sie sich durch ihren Schritt verändert haben und was für sie heute Heimat bedeutet. Wer sind diese Menschen? Und was braucht es, um so weit weg sein Glück zu finden?

Die Interviewten kommen aus allen Teilen Deutschlands, auch eine Schweizerin und eine Familie aus Namibia mit deutschen Vorfahren sind dabei. Sie haben ganz unterschiedliche Hintergründe und Berufe. Es ist ein bunter Mix aus Fachkräften, Hochqualifizierten, Kleinunternehmern, Künstlern, jungen Familien und Rentnern. Sie kamen, weil sie schon immer etwas ganz anderes ausprobieren wollten und dafür in Neuseeland mehr Möglichkeiten sahen – einem Land, in dem Veränderungen an der Tagesordnung und geradlinige Biografien so viel weniger wichtig sind als in Europa. Sie suchten neue Spielräume und Herausforderungen, eine Work-Life-Balance, die diesen Namen wirklich verdient, unverbrauchte Natur, Ruhe und Abgeschiedenheit, Jobperspektiven für sich selbst und eine Zukunft für die Kinder, berufliche Anerkennung, ein Leben fernab der großen Probleme dieser Welt, Abenteuer, die Liebe…

Manch einer musste herbe Rückschläge wegstecken: eine schwere Krankheit, die beinahe alles zunichte gemacht hätte, eine Geschäftsidee, die nicht trug, eine Liebe, die zerbrach, ein Kind, das sich – kaum volljährig – entschied, in die alte Heimat zurückzukehren. Auch zwei meiner Gesprächspartnerinnen haben sich nach vielen Jahren in Neuseeland zu diesem Schritt entschlossen, weil das Heimweh nach Europa nie ganz aufgehört hat: nach bestimmten Menschen und Orten, aber auch nach der vertrauten Mentalität.

Bei aller Verschiedenheit haben die Interviewten eines gemeinsam: Es sind Ärmelaufkrempeler und Anpacker. Damit passen sie nicht nur gut zur neuseeländischen Do-it-yourself-Mentalität. Man kann sich auch einiges von ihnen abschauen – selbst wenn die eigenen Wünsche nach Veränderung weniger radikal ausfallen und womöglich gar nicht auf Auswanderung gerichtet sind. Denn im Kern geht es ja um dieselben Dinge: Entscheidungen zu treffen, zu einer Sache Ja zu sagen und damit gleichzeitig zu etwas anderem Nein. Herausforderungen anzunehmen, etwas Neues zu beginnen oder eben auch nicht. Themen, die in jedem Leben eine Rolle spielen, werden in der Person von Auswanderern besonders deutlich, sie spiegeln sich wie in einem Vergrößerungsglas. Vielleicht, weil auch der individuelle Leidensdruck, der den entscheidenden Schritt ermöglichte, größer war – oder umgekehrt die Kraft der Visionen von einem neuen Leben. Besonders stark wirkt das Brennglas, wenn das Ziel so fern ist wie Neuseeland.

Im Rückblick auf das eigene Leben verkörpern Auswanderer und Daheimgebliebene so etwas wie zwei Seiten einer Medaille: Während sich der eine vielleicht fragt, ob es richtig war zu gehen, stellt sich für den anderen die Frage, was anders gelaufen wäre, wenn er sich entschieden hätte, sein Leben grundlegend zu verändern. Maggie Kieninger (52) aus Bayerisch-Schwaben weiß genau, welche Sicht sie bevorzugt. Am Ende unseres Gesprächs auf der Blueberry Art Farm im neuseeländischen Levin sagte sie mir: „Ich habe mir vorgestellt, ich bin alt, sitze im Sessel, schaue auf mein Leben zurück, und ich hab's nicht gemacht. Ich glaube, damit könnte ich nicht umgehen. Damit, es nicht gemacht zu haben, nachdem all diese Spielereien mit dem Gedanken da waren. Da war mir klar: Pack mer's.“

Hamburg, im Februar 2012   Maren Wulf

Ein Jumbo voller Emigranten

Gibt es eigentlich auch Menschen, die einfach nur für ein paar Wochen nach Neuseeland reisen, um dort Urlaub zu machen? Ich habe da so meine Zweifel.

Noch während ich in London auf den Abflug nach Auckland warte, komme ich mit einem jungen Mann aus dem schleswig-holsteinischen Plön ins Gespräch, der auf der Nordinsel ein mehrmonatiges landwirtschaftliches Praktikum absolvieren will. Wenn es ihm gefällt, sagt er, bleibt er vielleicht auch länger.

Auf dem Flug sitze ich neben Lea, einer gerade 16-jährigen Hamburger Schülerin, die das kommende Schuljahr in Auckland verbringen wird. Ihr Gastvater, eigentlich müsste man richtigerweise sagen: Gastgroßvater, ein gebürtiger Deutscher, ist in den 60er Jahren nach Neuseeland ausgewandert. Seine Frau spricht kein Deutsch. Die eigenen Kinder gehen schon eine Weile ihre eigenen Wege. Seit ein paar Jahren holen sich die beiden deshalb junge ausländische Gäste ins Haus.

Das englische Paar im Rentenalter schräg gegenüber unternimmt, wie ich erfahre, zum wiederholten Mal die lange Reise von London nach Christchurch auf der Südinsel, um die Tochter zu besuchen, die seit Jahren dort lebt. Irgendwann in der näheren Zukunft, meinen die beiden, wird ihnen das wohl zu beschwerlich werden.

Und beim Zwischenstopp in Los Angeles ist da noch die nette Begegnung mit dem deutschen Ehepaar mittleren Alters, das seinen Alltag zwischen Frankfurt am Main und Nova Scotia in Kanada verbringt, wo er Windkraftanlagen vertreibt und deshalb inzwischen seinen Lebensmittelpunkt hat. Jetzt wollen die beiden ein paar Monate lang Neuseeland erkunden. Ein kurzer Abstecher nach Neukaledonien wird auch noch drin sein – weil auch das Neuschottland bedeutet und praktisch gleich um die Ecke liegt.

Der eigene Fokus bestimmt, was einem begegnet…

Um die Serie nicht zu unterbrechen, miete ich mich in meinem Aucklander Lieblingsstadtteil Mount Eden in einem Bed & Breakfast ein, das von deutschen Auswanderern betrieben wird. Rudi und Ulrike hat es vor 30 Jahren aus Bayern nach Neuseeland verschlagen.

Als unser Leben begann

Peter und Sabine Tetzlaff, Auckland

Mit dem, wovon sie geträumt hatten, als sie jung waren, hatte ihr Leben nicht mehr viel zu tun. Peter Tetzlaff (Jahrgang 1961) stieg Stufe für Stufe die Karriereleiter hinauf und arbeitete immer mehr, seine Frau Sabine (ebenfalls Jahrgang 1961) kümmerte sich um Haus und Kinder. Den beiden war klar: Viel Zeit für grundlegende Veränderungen blieb ihnen nicht. 1998 nahmen Peter und Sabine mit ihren Kindern den Flieger nach Neuseeland. Seither sind sie nicht wieder in der alten Heimat gewesen.

Seit kurzem leben sie in Auckland. Rund um die schmale Landenge zwischen Südpazifik und Tasmanischer See, die an der engsten Stelle nur etwas mehr als einen Kilometer breit ist, drängen sich ein Drittel der Bewohner des Landes. Der Jetlag und eine Erkältung stecken mir in den Knochen, und ich beschließe, dem Mietwagen noch einen Tag Ruhe zu gönnen. Im Linienbus mache ich mich auf den Weg zu Peter und Sabines Paradies auf der anderen Seite der Harbour Bridge, die die City mit dem North Shore verbindet. Mit Panoramablick auf den Hauraki Golf, die Vulkaninsel Rangitoto immer im Blick, erzählen Sabine und Peter, wie alles begann.

Gerade volljährig lernten sich die beiden auf der Fachoberschule in Frankfurt kennen. Peter hatte seine Ausbildung zum Chemikanten in der Tasche und wollte nach dem Fachabi in Chemie und Physik eigentlich studieren. Um weiter Radrennen fahren zu können, suchte er sich dann aber doch lieber einen Halbtagsjob. Bei einem großen Radsport-Versand fand er Arbeitszeiten, die ein gezieltes Training erlaubten. Peter: „Es ging im Prinzip um den Sprung vom Amateur zum Profi. Ich lernte Dietrich Thurau und andere Radprofis kennen. Das waren meine Idole. Dahin zu kommen, das war mein Traum. Irgendwann stellte sich die Frage: Radprofi oder Karriere im Job? Zu dem Zeitpunkt waren Sabine und ich schon fest liiert. Die Entscheidung fiel für die sichere Variante." Wahrscheinlich wäre sie das aber auch ohne Sabine, räumt Peter freimütig ein: „Ich weiß nicht,

Sabine und Peter Tetzlaff

ob mein Talent gereicht hätte für die Spitze im Radsport. Ich bin auch eher zu vorsichtig. Sabine ist diejenige, die schon mal sagt: Mach doch!"

Sabine hatte nach einer medizinischen Grundausbildung mit dem Gedanken geliebäugelt, als Krankenschwester nach Afrika zu gehen. „Es wurde dann nichts daraus. Aber da wurde mir klar: Ich muss nicht in Deutschland bleiben, ich kann auch woanders hingehen."

Anfang der 80er Jahre machten Sabine und Peter gemeinsam einen Versuch, nach Australien auszuwandern. Jedenfalls im Rückblick sind sie wohl etwas blauäugig an die Sache herangegangen: „Wir hatten die Vorstellung, wir schauen bei der Botschaft vorbei, kriegen einen Stempel, und los geht's." Tatsächlich sagte man ihnen, sie hätten nicht genug Berufserfahrung, nicht genug Geld. Antrag abgelehnt. Von da an lief vicle Jahre alles in Richtung Familic und Karriere.

Peter übernahm den Einkauf bei dem Radsport-Versand, absolvierte eine Zusatzausbildung zum Handelsfachwirt. Sabine machte eine Ausbildung als Erzieherin. Katharina wurde geboren (1986), dann Robin (1989). Sabine und Peter bauten ein Haus in Idstein, weil sie nicht wollten, dass die Kids in der Großstadt aufwuchsen. Zwei Jahre buckelten sie jedes Wochenende, dann war das neue Heim fertig. In der Firma arbeitete sich Peter bis zum Prokuristen hoch. Die Kinder sah er in ihren ersten Lebensjahren praktisch nur am Wochenende. Fahrrad fuhr er schon lange nur noch hobbymäßig. Und Sabine führte das Leben einer „Manager-Witwe".

Irgendwann fragten sich die beiden, ob das immer so weitergehen sollte. „Ein Nachbar von uns starb mit 42 Jahren am Herzinfarkt", erinnert sich Sabine. „Ein anderer Bekannter wurde nach einem Schlaganfall tot in seinem Büro gefunden. Der war erst 38. Peter hatte zu der Zeit oft Schmerzen im Arm und hatte ganz schön Panik, er könnte der Nächste sein." „Mein Lebenswandel war ja entsprechend", bestätigt der. „60, 70 Stunden Arbeit in der Woche, den ganzen Tag über Kaffee, abends mit einem Glas Rotwein die Nerven runtergeholt. Dass das nicht gesund ist, war mir klar."

Immer mal wieder dachten Peter und Sabine darüber nach, wie sie aus der Mühle herauskommen könnten. Sie träumten davon auszusteigen, besuchten Biohöfe in Norwegen und Frankreich oder spielten mit dem Gedanken, eine Firma zu kaufen, die Ökoprodukte vertrieb. Und dann brachten Freunde, die schon ein paarmal in Neuseeland gewesen waren, nicht nur Fotos von ihrer neuesten Reise in den südlichen Pazifik mit, sondern außerdem das Bordmagazin der Fluggesellschaft. Darin stolperten Peter und Sabine über die Schlagzeile „Wollen Sie nach Neuseeland auswandern?" Sabine: „Auf einmal wurde uns klar: Wir haben nicht mehr viel Zeit. Unsere Kinder waren acht und zehn damals. Wir dachten, es dauert nicht mehr lange, bis sie in ein kritisches Alter kommen. Man will ja keine Teenager aus ihrer vertrauten Umgebung herausreißen."

„Ab einem bestimmten Zeitpunkt ging alles ganz gerade", erzählt Sabine. „Zum Beispiel, dass wir unser Haus verkauft kriegten, obwohl alle gesagt hatten, das sei unmöglich, weil dort eine Schnellbahntrasse geplant wurde. Ich machte einen Aushang im Supermarkt, und kaum war ich wieder zu Hause, meldeten sich Leute, die schon seit Jahren ein Auge auf unser Haus geworfen hatten. Allerdings wollten sie es sofort. Und wir wussten noch nicht mal, ob wir in Neuseeland überhaupt eine Aufenthaltsgenehmigung bekommen."

„Unser Einwanderungsantrag war abgelehnt worden", erläutert Peter. „Wir hatten nicht genügend Punkte, weil meine Berufserfahrung im Handel nichts mit meiner Berufsausbildung in Chemie zu tun hatte. Zusammen mit unserem Berater Peter Hahn („Wegen Wind geschlossen", S. 138) brüteten wir dann die Entrepreneur-Kategorie aus: Man kauft ein Kiwi-Unternehmen oder steigt in eine bestehende Firma mit ein und muss anschließend drei Jahre lang für die Einwanderungsbehörden die Bücher offenlegen. Entweder es gelingt einem in der Zeit, sich ein Leben aufzubauen oder man geht wieder heim."

Peter und Sabine beschlossen, das Risiko einzugehen. Sabine: „Wir dachten, wir schenken den Kindern auf jeden Fall eine Lebenserfahrung." Im Februar 1998 verkauften sie ihr Haus und zogen in eine Mietwohnung. Im Mai 1998 reisten sie für 14 Tage nach Neuseeland, das sie bis dahin nur von Fotos und aus Erzählungen kannten, um sich geeignete Firmen für eine Beteiligung anzuschauen.

Wenn Peter heute so zurückblickt, wie sie das Abenteuer Neuseeland angegangen sind, und das mit der Art vergleicht, wie er bis dahin gelebt hatte, fällt ihm nur eine Erklärung ein: „Ich muss *desperate* gewesen sein, total verzweifelt." Peter war nach eigener Einschätzung immer einer, für den möglichst alles feststehen musste, bevor er einen Schritt machte. Andererseits, schränkt er gleich ein, seien Sabine und er schon Menschen, die auf ihr Bauchgefühl hören: „Wir waren inzwischen mehrere Male in Situationen, die zu komplex waren, als dass man sie rein logisch hätte beurteilen und entscheiden können." Als es ums Auswandern ging, hatte Peter jedenfalls keine Bedenken. Das sei ein bisschen so gewesen wie damals, als Sabine schon kurz nach dem Kennenlernen mit in seine Ein-Zimmer-Wohnung zog: „Es ist einfach passiert. Es war der richtige Schritt."

Nach zwei Wochen Firmen-Besichtigungen auf der Nordinsel fiel die Entscheidung für ein Unternehmen in Levin hundert Kilometer nördlich der Hauptstadt Wellington. Der Inhaber hatte ein amerikanisches Patent für den maßgeschneiderten Umbau von Fahrrädern zu Dreirädern für Behinderte gekauft und suchte einen Partner für die neue Geschäftssparte. Das passte, fanden die Besucher aus Deutschland. „Dann saßen wir noch einmal mit Peter Hahn zusammen und sprachen über Möglichkeiten, den zuständigen Minister um eine Überprüfung unseres abgelehnten Einwanderungsantrags zu bitten", erzählt Peter. „Der Knackpunkt war, wie gesagt, dass Berufsausbildung und Berufserfahrung bei mir nicht zusammenpassten. Sonst hätten wir genug Punkte gehabt. Beim Brainstorming nach drei Bier kamen wir auf die Idee, wie wir die fehlende Verbindung zwischen Chemie und Fahrrad herstellen können. Die Argumentation zuerst intern und später auch gegenüber den Behörden lautete, dass ich mich als Einkäufer für die eigene Fahrradlinie meines früheren Arbeitgebers mit Chemie auskennen musste, um die verschiedenen Materialien und ihre Verwendung beurteilen zu können: Reifengummi, Aluminiumrahmen, Stahllenker, Ledersättel und so weiter, und dass ich den Job damals nur bekommen hätte, weil ich die chemischen Kenntnisse hatte. *Funny enough*, aber das hat tatsächlich funktioniert."

Ein paar Wochen später rief Peter Hahn an. Sabine erinnert sich an das Gespräch, als sei es gestern gewesen. „Er fragte: Sitzt du? … Ihr habt eure *Permanent Residency*." Die Aufenthaltserlaubnis! „Ich konnte gar nicht glauben, was ich hörte. Dann habe ich angefangen zu zittern. Jetzt ging kein Weg mehr zurück." Die mit der Entrepreneur-Kategorie verbundene dreijährige Ungewissheit hatte sich erledigt. Am Dreiradhandel in Levin hielten Peter und Sabine trotzdem fest: „Wir dachten, das ist ein guter Einstieg."

Ende Oktober 1998 verließen Peter und Sabine mit der inzwischen zwölfjährigen Katharina und dem zehnjährigen Robin Deutschland. An viele Einzelheiten aus der Zeit kann sich Peter nicht mehr erinnern, aber den Abschied auf dem Frankfurter Flughafen hat er noch genau vor Augen: „Verwandte und Freunde bliesen Trübsal, wir saßen mit breitem Grinsen da. Das war schon surreal. Unser einziges Gefühl war: Jetzt geht es los! Manchmal denke ich, unser Leben hat erst hier begonnen." Sabine nickt: „Es war das erste Mal, dass wir wirklich entschieden haben, wie wir leben wollen." Peter: „In die Karriere bin ich reingerutscht. Irgendwann war es eine Notwendigkeit: Die Familie muss ernährt werden, man will einen Lebensstandard halten. Das ist alles passiert, mit mir passiert. Die Entscheidung auszuwandern war ein radikaler Einschnitt."

Auch persönlich. „Ich habe einen neuen Mann geschenkt bekommen", erzählt Sabine und strahlt. „Wenn wir in Deutschland auf eine Party gegangen sind, hat Peter immer nur das Notwendigste gesagt. Oft hieß es: Der ist aber schüchtern! Hier ist er auf einmal richtig aufgelebt." Peter meint, das habe vielleicht auch mit der neuen Sprache zu tun. Aufs erste Hören klingt das ein bisschen seltsam, stellte Peter in Neuseeland doch sofort fest, dass er mit seinem Englisch ziemlich hintendran war. „Im Job hatte ich viel mit Taiwan und Japan zu tun gehabt, bin regelmäßig rübergeflogen und habe auf Englisch verhandelt. Dann kam ich hier an und habe überhaupt nichts verstanden. Alle sprachen in doppeltem Tempo, und dann der Kiwi-Akzent! Und ich musste gleich in der ersten Woche in die neue Firma. Mir wurde schnell klar, entweder sage ich gar nichts mehr, dann kann ich keine Fehler machen, oder ich gebe mir einfach mal ein Jahr Zeit, Unsinn zu reden und Fehler zu machen. Und dafür habe ich mich letztendlich entschieden." Die Freude über den Befreiungsschlag ist Peters herzhaftem Lachen noch heute, mehr als ein Jahrzehnt später, deutlich anzuhören.

Auch Sabine musste von Anfang an ran. Sie brachte die Kinder in die Schule, übersetzte für sie. Und obwohl sie das Gefühl hatte, eigentlich selbst einen Übersetzer zu brauchen, war sie schon zwei Monate nach der Ankunft als Pflege- und Haushaltshilfe im Einsatz, machte sich später als Fußpflegerin selbstständig. „Ich hatte beschlossen: Sollen die Leute doch lachen, wenn es sich lustig anhört, wie ich rede, dann lache ich eben mit." Mit dieser Einstellung bestand Sabine auch Einladungen von Rotary und Lions Club, die wissen wollten, woher die neuen Mitbürger kamen und was sie nach Neuseeland geführt hatte. „Es gab damals noch nicht viele Deutsche in Levin. Wir hatten Seltenheitswert. Alle waren sehr nett und höflich." Peter nickt: „Eine türkische Familie, die nach Deutschland zieht, wird in den seltensten Fällen die positiven Erfahrungen machen, die wir hier gemacht haben. Und sprachlich hatten wir wahrscheinlich ähnliche Defizite."

Eine Rückkehr nach Deutschland stand für Familie Tetzlaff nie ernsthaft zur Diskussion. Peter: „Wir hatten verabredet, dass wir uns nach einem Jahr alle vier zusammensetzen und darüber sprechen. Das haben wir auch getan. Nach zweieinhalb Minuten war das Gespräch zu Ende." Sabine: „Katharina und Robin sagten: Wir bleiben hier, ihr könnt uns nicht zwingen, wieder nach Deutschland zu gehen." Ähnlich unkompliziert war ein Jahr zuvor auch der Wechsel nach Neuseeland verlaufen. Katharina sei ein bisschen traurig über den Abschied von ihren Freundinnen gewesen, aber Robin hätte eigentlich nur interessiert, ob es in Neuseeland Palmen gibt, erzählt Sabine. „Das konnte ich ja nun ganz ehrlich mit Ja beantworten."

Dazu, dass sich die Kinder in der neuen Umgebung rasch zu Hause fühlten, hat sicher beigetragen, dass ihre Eltern sich für den Kauf eines *lifestyle block* entschieden, wie man in Neuseeland Hobbyfarmen oder auch Häuser mit etwas mehr Grund und Boden nennt. 10.000 Quadratmeter in diesem Fall. Auf ihrem 400 Quadratmeter kleinen Grundstück in Idstein bei Frankfurt, das schon eines der größten in der Straße war, hatten Peter und Sabine vom Aussteigen geträumt. Jetzt konnten sie einen Teil des Traums realisieren und das noch dazu ohne die Notwendigkeit, dass die „Farm" irgendetwas abwarf. Ein paar Tiere hatten sie beim Kauf gleich mit übernommen. Eine Ente durften die Kinder unter der Schreibtischlampe „ausbrüten". Sie gehörte später zur Familie, und Golden Retriever Sam wachte darüber, dass die Katze ihr nichts antat. Robin liebte es, in dem Bach zu fischen, der über das Grundstück floss.

Peter arbeitete sich rasch in die Feinheiten des Dreirad-Baus für Behinderte ein. Besonders die Arbeit mit den Kindern gefiel ihm. „Es ist toll zu sehen, wie Kinder, die sich nur auf Krücken bewegen können oder sogar im Rollstuhl sitzen, Fahrrad fahren können, wenn das Fahrrad für sie maßgeschneidert ist." Nebenbei baute Peter noch ein lokales Sanitätshaus auf, weil der Dreirad-Handel am Anfang nicht groß genug war, um die Familie zu ernähren. Später wurde auch für den Export produziert. Eines der Dreiräder ging sogar an den Hof des Königs von Tonga, den früher einmal dicksten König der Welt.

Für Sabine fühlte sich Neuseeland an wie nach Hause zu kommen. „In Deutschland habe ich mich oft unverstanden gefühlt", sagt sie. „Ich bin auch häufig aggressiv geworden. Das ist vielleicht die stärkste Veränderung, dass ich hier nicht mehr aggressiv bin. Ich mochte es nicht, ständig interpretiert, beurteilt und in eine Schublade gesteckt zu werden. Und ich mochte auch die Frage nicht: Was macht denn dein Mann von Beruf? Das fragt dich kein Kiwi. Prestige-Dinge sind hier total unwichtig. Du als Person bist wichtig. Das gefällt mir und auch, dass hier immer die Türen offen stehen und Zeit für eine Tasse Kaffee ist." Gibt es etwas, das ihr fehlt? „Manchmal der deutsche Humor – trocken, ein bisschen zynisch, aber der andere versteht, dass es lustig gemeint ist. Diesen Humor haben die Kiwis nicht."

Sabine und Peter sind längst nicht nur gefühlt sondern auch von Amts wegen Neuseeländer. Peter machte 2002 den Anfang, vor allem aus praktischen Erwägungen. Die Überlegung war: Wenn einer von ihnen die neuseeländische Staatsangehörigkeit besitzt, hat die Familie einen festen Fuß im Land und den zweiten in Deutschland. 2007 schwor auch Sabine den Eid auf die Queen. Sie konnte den Text auswendig, das war ihr wichtig. „Der Bürgermeister, der bei der Zeremonie dabei war, kam auf mich zu und sagte: Du willst wirklich Kiwi sein, das merkt man." Katharina und Robin haben nach wie vor deutsche Pässe. So können sie reisen und überall in Europa arbeiten, wenn sie wollen. Im Augenblick wollen sie nicht: Die studierte Grafikdesignerin Katharina lebt mit ihrem Mann und ihren zwei kleinen Söhnen auf einer Farm nördlich von Auckland, Robin ist Küchenchef eines Cateringunternehmens in Wellington.

Auch Peter und Sabine sind seit ihrem Umzug 1998 nicht wieder in Deutschland gewesen. Sabine: „Irgendetwas war immer, warum es gerade nicht ging. Aber vielleicht nutzen wir das auch als Ausrede. Anscheinend ist uns die Reise nach Deutschland nicht wichtig genug." 2010 starb Peters Mutter, die alle zwei Jahre für drei, vier Monate zu Besuch gekommen war. Sie war die letzte starke Verbindung, ein Motiv, vielleicht doch noch einmal nach Deutschland zu reisen, wenn es ihr nicht mehr gut genug gehen würde, sich auf den weiten Weg nach Neuseeland zu machen. Darüber, dass es unsinnig sei, zu ihrer Beerdigung zu kommen, weil sie ja davon nichts hätte, hatte man beizeiten miteinander gesprochen.

Sabines Eltern waren ebenfalls ein paarmal zu Besuch in Neuseeland. In den 60er Jahren hatten sie selbst auswandern wollen, nach Australien. Sie besaßen sogar schon ein Visum und die Schiffspassage nach Melbourne. „Im letzten Augenblick haben sie gekniffen. Wahrscheinlich war auch der Druck zu Hause zu groß, die Vorwürfe der Eltern, dass der einzige Sohn sie im Stich lassen wollte", meint Sabine. Vor allem ihr Vater habe es sein Leben lang bereut, diese Chance nicht wahrgenommen zu haben. „Er fand es gut, dass wir nach Neuseeland gehen wollten und hat uns ermutigt, den Schritt zu tun. Meine Mutter hatte eher das Gefühl, alle lassen sie allein. Auch mein Bruder lebt nicht in ihrer Nähe… Es ist uns nicht leicht gefallen, unsere Entscheidung zu treffen. Aber wir haben uns gefragt, ob wir auf unser Lebensglück verzichten wollen, nur um nicht anderen Leuten weh zu tun."

Zu Peters Lebensglück zählt ganz sicher, dass er in Neuseeland seinen Traumberuf als unabhängiger Finanzplaner gefunden hat. Dabei hatten er und Sabine eigentlich vorgehabt, sich eine Auszeit zu gönnen, nachdem sie 2005 ihre Anteile an dem Dreiradhandel an den Geschäftspartner zurückverkauft hatten und nach Tauranga in die Bay of Plenty gezogen waren, wo das Klima besonders mild ist und die Sonne öfter scheint als in den meisten anderen Regionen Neuseelands. Aber schon nach vier Wochen war Peter die Unruhe in Person: „Ich wollte unbedingt wieder etwas machen. Nur Golf zu spielen reichte mir nicht.“ Peter heuerte als Trainee bei einer großen Finanzberatungsfirma an. „Das war damals noch möglich“, erläutert er. „Du hast bis Freitag vielleicht Staubsauger verkauft, hast dir am Samstag Visitenkarten gedruckt und warst am Montag *Financial Adviser*. Keine Regularien, nichts. Man fing als Trainee an, kriegte ein Buch mit C-Klienten und sollte mit denen etwas anfangen. *Learning by doing.* Die interessanten neuen Kunden wurden natürlich von den Advisern betreut, die schon lange im Unternehmen waren.“

Inzwischen ist Peter Partner in einem landesweiten Verbund von Finanzberatern und hat seine Ausbildung zum *CFP*, zum *Certified Financial Planner*, abgeschlossen, der höchsten Qualifikation in der Branche. Was ihm am besten gefällt, ist seine Unabhängigkeit: „Der Kunde bezahlt mich, etwaige Investmentkommissionen werden an ihn weitergereicht. Anders als ein Berater in einer deutschen Bank muss ich also nicht versuchen, ein bestimmtes Produkt zu verkaufen, sondern kann wirklich im Interesse des Kunden beraten.“

Ein Großteil seiner Klienten sind deutsche Einwanderer, bei denen es – zumindest am Anfang – allerdings oft weniger um Portfolio-Konstruktion als um Themen wie die Eröffnung eines Bankkontos, den Umtausch von Devisen, den Abschluss von Versicherungen oder um steuerrechtliche Fragen geht. Peter: „Viele Einwanderer kommen zwar mit Geld, zum Beispiel aus einem Hausverkauf, aber sie wissen noch nicht, ob sie wirklich hierbleiben oder ob sie das Geld vielleicht schon im ersten Jahr brauchen, um sich in Neuseeland ein Haus zu kaufen. Man kann oft keinen langfristigen Plan machen.“ Damit Peter mehr Zeit für die Investmentberatung bleibt, kümmert sich seit 2011 Tochter Katharina um die Versicherungskunden. Sabine erledigt schon seit ein paar Jahren Buchhaltung und Bankaufträge und genießt es im Übrigen, möglichst viel Zeit mit ihren kleinen Enkelsöhnen zu verbringen. „*Fair enough*", sagt Peter und lacht.

Irgendwann will Sabine wieder eine Arbeit machen, bei der sie mehr direkten Kontakt mit Menschen hat. Am liebsten im medizinischen Bereich. Vielleicht wird sie an die in Tauranga absolvierte Ausbildung als *Phlebotomist* anknüpfen, eine Art abgespeckte medizinisch-technische Assistenz, wer weiß. In Neuseeland angekommen sind Peter und Sabine schon lange, aber still stehen sie deswegen nicht.

Damit passen sie gut nach Down Under. Neuseeländer sind ja ein mobiles Volk. Man macht beruflich immer mal wieder etwas anderes. Und man wohnt auch nicht über lange Zeit am selben Ort. Laut Statistik zieht jeder Zweite mindestens alle fünf Jahre innerhalb des Landes um. Ein eigenes Haus ist kein Hinderungsgrund, das wird dann eben verkauft. Sabine: „Wir zogen nach Levin, wollten vielleicht mal nach Tauranga. Und schwuppdiwupp, waren auch wir richtige Kiwis und fingen an, andauernd umzuziehen. Nach dem ersten Umzug dachte ich noch: Das mache ich aber nicht noch mal! Mittlerweile denke ich, es gehört einfach dazu." Mit der Besonderheit, dass Peter und Sabine sich nicht ins gemachte Nest setzten, sondern ihre Häuser auch noch selber bauten.

In das Immobilienthema seien sie in ihrem zweiten Jahr in Neuseeland eher zufällig hineingestolpert, erzählt Peter. „Am Anfang war das Geld knapp, wir hatten das 10.000 Quadratmeter große Grundstück und überlegten, was wir noch machen konnten." So entstand die Idee, einen Teil des Grundstücks abzutrennen, ein Haus darauf zu bauen und anschließend zu verkaufen. „Kiwis ziehen gerne in fertige Objekte, und wir hatten und haben Spaß am Gestalten", erläutert Peter. „Was man in Deutschland überhaupt nicht machen könnte, klappt hier wunderbar: Man baut ein Haus, bestimmt die Farbe an der Wand, die Kacheln im Bad, den Teppich, die Vorhänge, alles – und sucht dann einen Käufer dafür."

Das neue Haus war schon verkauft, bevor es fertig war. Zum Glück, sonst wäre es finanziell eng geworden. Und Peter und Sabine hatten Blut geleckt. Also kauften sie – zu einer Zeit, als der *property boom* gerade so richtig begann – von dem Geld, das sie an dem ersten Projekt verdient hatten, zwei kleinere Grundstücke, die lange brach gelegen hatten, und bauten darauf Häuser Nummer zwei und drei. Das eine verkauften sie, in das zweite zogen sie selbst ein und verkauften anschließend auch ihre kleine Farm. Auf Dauer gefiel ihnen das neue Heim am Stadtrand aber doch nicht so gut. Lieber doch ein bisschen mehr Land, ein bisschen weiter raus aus der Stadt… Also wurde das nächste Grundstück gekauft, das nächste Haus gebaut. Peter: „Wir haben uns jedes Mal gesteigert. Den Grundriss haben wir von Anfang an selbst entwickelt und nur einen Bauzeichner damit beauftragt, unsere Ideen umzusetzen. Später habe ich auch immer mehr von der Bauplanung und von den Verhandlungen übernommen, bei Haus Nummer vier auf einem fast 1.500 Quadratmeter großen Seegrundstück auch die gesamte Außengestaltung.“

Haus Nummer fünf planten und bauten Peter und Sabine besonders sorgfältig, als sie 2007 von Tauranga nach Levin zurückkehrten. Eigentlich wollten sie langfristig dort bleiben. Aber als alles einigermaßen angewachsen war, war der Plan auch schon wieder überholt. Das Geschäft entwickelte sich schneller als gedacht, und Auckland, wo viele von Peters Kunden ankommen, erschien als Standort zunehmend attraktiv. Das galt umso mehr, als dort auch Katharina lebt, die ihre Eltern gerade zu Großeltern gemacht hatte. Sabine war es an Neuseelands Westküste ohnehin seit Jahren zu kalt und zu windig gewesen.

Seit August 2010 leben Peter und Sabine in Auckland, genauer: oberhalb einer der Buchten am North Shore. Bis zum Strand sind es 200 Meter. Das Haus haben Peter und Sabine dieses Mal gemietet. Es zu kaufen, wäre zu teuer gewesen, sagen sie. Aber einmal wollten sie leben, wo andere Urlaub machen. Und so gehen sie in der Mittagspause oft schwimmen oder springen an einem schwülwarmen Abend in die Fluten, wenn sie mit Golden Retriever Sam am Strand von Takapuna unterwegs sind.

„Für uns ist es hier wie im Paradies“, sagen die beiden. „Dabei muss es ja gar kein Haus am Strand sein. Man ist auch aus der Stadt so schnell am Meer und kann irgendwo sitzen mit seinen Fish and Chips oder einem Glas Wein.“ Peter genießt auch die jedenfalls für neuseeländische Verhältnisse vielen Menschen um sich herum: „Das sind keine einsamen Strände hier.

Mit Golden Retriever Sam am Strand von Takapuna

Andere gehen mit ihren Hunden ebenfalls spazieren oder baden. Man schwatzt mal mit diesem und mal mit jenem. Oder man geht abends noch mal in die Stadt und isst ein Eis. Da sind tausend Leute unterwegs. Cool. Ganz anders als in Levin, wo abends die Bürgersteige hochgeklappt werden. Ich wundere mich über mich selbst: Anscheinend habe ich doch die Großstadt vermisst. Ich bin ja in Frankfurt aufgewachsen." „Vielleicht hat man einfach irgendwann genug von der Ruhe", meint Sabine.

Teilzeit Neuseeland

Helmut und Ilka Klingemann, Whangarei

„Die meisten meiner Träume habe ich mir erfüllt", sagt Helmut Klingemann (Jahrgang 1928). Schon früh zog es den gebürtigen Leipziger von zu Hause fort und immer weiter in die Welt hinaus. Auf Schleppern und Kähnen befuhr er Rhein, Main und Neckar, malochte im Bergbau und betreute Großbaustellen in Afrika und Arabien. Jahrelang segelte er mit Ilka (Jahrgang 1940), seiner dritten Frau, über die Weltmeere, bis eine Krankheit dieser Lebensphase ein Ende setzte. Seither überwintern die beiden auf der Nordinsel.

Ich treffe Helmut und Ilka zufällig beim Frühstück in meinem Bed & Breakfast in Auckland. Sie sind in der Stadt, um sich neue Pässe ausstellen zu lassen. Helmut macht ein paar Bemerkungen übers Reisen und über den Wert der Freiheit, die meine Neugier wecken. Wir verabreden, dass ich ein paar Tage später auf der Fahrt in die Bay of Islands einen Zwischenstopp in Whangarei einlege, wo Helmut und Ilka gerade ihren siebten neuseeländischen Sommer erleben.

Helmut wurde im Zweiten Weltkrieg groß, in Leipzig und in Dresden. Seine Eltern waren überzeugte Nationalsozialisten. „Und so wurden auch wir Kinder erzogen", sagt Helmut. Sein Vater erhielt nach der Machtergreifung durch die Nazis einen politischen Posten als Direktor der Nachrichtenabteilung der Stadt Leipzig. Er war im Frankreichfeldzug, dann lange in Russland und anschließend zur Partisanenbekämpfung wieder in Südfrankreich, wo er im Herbst 1944 von der Résistance gefangen genommen und erschossen wurde. Helmut war in der Hitler-Jugend, leitete auch selbst HJ- und Landdienstlager, betätigte sich beim Volkssturm. Mit 16, unmittelbar vor Kriegsende, wurde er noch als Soldat eingezogen und mit einem Haufen alter Männer und anderer Jugendlicher als letztes Aufgebot an die Ostfront geschickt. In der Lausitz wurden sie von vorrückenden Russen praktisch überrollt. „Ein paar Russen nahmen meinen Kollegen und mich mit auf ihrem Panjepferdewagen Richtung Westen. Wir mussten das

Ilka und Helmut Klingemann

Eingemachte für sie aus den Kellern holen und probieren, damit sie nichts Vergiftetes aßen."

Zurück in der Heimat unterstützte Helmut die Mutter und diejenigen seiner jüngeren Geschwister, die den Krieg überlebt hatten. Als er im ersten Nachkriegswinter die Grenze von Sachsen nach Bayern, also damals von der russischen zur amerikanischen Besatzungszone überschreiten wollte, wurde er von einer Streife aufgegriffen und verbrachte in einem Jugendcamp des ehemaligen Konzentrationslagers Dachau acht Monate in amerikanischer Gefangenschaft. Nach der Entlassung hielten sich Helmut und sein Freund Otto aus Magdeburg eine Weile mit Schwarzmarktgeschäften über Wasser. Dann heuerten sie bei der German Mine Sweeping Association in Cuxhaven an, die unter britischem Kommando deutsche Minen aus der Nordsee räumte und die übriggebliebene Munition der Wehrmacht vernichtete. „Ich wollte schon als Junge immer etwas anderes machen als die anderen", sagt Helmut. Später fanden Otto und er Arbeit auf dem Schlepper „Stefan", der Lastkähne den Rhein herauf und herunter schleppte. Otto, der Schlosser gelernt hatte, schaufelte Kohlen in den Kessel, Helmut arbeitete als Matrose an Deck.

Auf einem befreundeten Schiff lernte er Inge kennen, die ebenfalls aus Sachsen stammte. Als er genug gespart hatte, um sich einen Anzug zu kaufen, wurde geheiratet. Das war 1950. Danach befuhr das junge Paar gemeinsam auf Lastkähnen Rhein, Main und Neckar, bis ihnen die soziale Isolation zu groß wurde und sie in Gelsenkirchen an Land gingen. Die nächsten acht Jahre arbeitete Helmut auf der Zeche Wilhelmine Victoria. „Ich half beim Wirtschaftswunder und schaffte Berge von Kohle aus 800 Metern Tiefe herauf, machte meine Gesellenprüfung als Hauer." Nebenher fing Helmut, der nie gerne zur Schule gegangen war und auch keinen Schulabschluss hatte, an zu lesen: Sigmund Freud und C.G. Jung, amerikanische Romane und Simone de Beauvoir. Er interessierte sich für Picasso und moderne Kunst. „Das blieb natürlich nicht ohne Wirkung auf meine Weltanschauung." Er habe immer etwas neben der Arbeit gebraucht, sagt Helmut, etwas Kreatives. Später sollten das vor allem seine Leidenschaften fürs Fotografieren und Tauchen sein.

Weitgehend neben der Arbeit auf der Zeche besuchte Helmut auch eine Aufbauschule, machte sein Fachabitur und absolvierte ein Fachhochschulstudium zum Steiger. Sein Abenteuergeist erhielt in dieser verhältnismäßig langen Phase der Sesshaftigkeit Nahrung durch die ersten Reisen ins Ausland. 1956 brachen er und seine Frau mit dem Motorrad nach Jugoslawien auf. Ein Jahr später fuhren sie nach Korsika. „Das machte damals kein Mensch."

Dennoch hielt es Helmut nicht im Bergbau. Nach Abschluss des Studiums schlug er den sicheren Job aus, den man ihm anbot, und bewarb sich stattdessen bei dem Baukonzern Philipp Holzmann. Im Hinterkopf hatte er all die interessanten Arbeitsmöglichkeiten im Ausland, die sich ihm bieten würden. „Ich wollte ja nicht den Rest meines Lebens im Ruhrpott verbringen." An seine erste Baustelle kann sich Helmut noch gut erinnern: das Autobahnkreuz Leverkusen, wo er eineinhalb Jahre lang Nachkalkulationen machte. Heute würde man vielleicht Controlling dazu sagen. Dem Niederlassungsleiter gegenüber erwähnte er immer mal wieder, dass er am liebsten auf eine Auslandsbaustelle ginge.

Anfang der 60er Jahre war es endlich so weit: Die Firma schickte den inzwischen gut 30-Jährigen nach Liberia, wo eine Erzbahn und eine Anlage zur Erzaufbereitung gebaut werden sollten. „Da kommst du aus Gelsenkirchen, und plötzlich bist du im tiefsten Afrika!" Helmuts Augen leuchten noch heute bei der Erinnerung. Eigentlich sollte er als Bauführer arbeiten. Tatsächlich wurde eher ein Vermesser gebraucht. Damit hatte sich Helmut während seines Studiums nur am Rande beschäftigt. „Zum Glück hatte ich zwei Reclamheftchen über Vermessungskunde dabei", sagt er. Vom Fluss bis zu der Stelle, wo das Werk entstehen sollte, musste ein Weg geplant und das Unterholz beseitigt werden. „Um das Ziel nicht zu verfehlen, zündeten wir einen großen Haufen Reifen im Busch an. So konnte man sehen, ob die Richtung stimmte", erzählt Helmut. „Man musste einfallsreich sein. Das gefiel mir. Ich bin gerne Pionier."

Drei Monate später kam seine Frau nach. Das Haus war noch nicht ganz fertig, und Helmut und Inge lebten vorübergehend im Wohnwagen. „Ich war mit meinen Leuten auf der Trasse. Sie schlugen singend das Unterholz weg, als plötzlich einer gelaufen kam und rief: ‚*Boss Man, Boss Man! Missy Boss Man snake in house!*' Inge hatte eine Schlange im Wohnwagen gesehen. Eine Schlange war in Liberia nichts Ungewöhnliches. Die krochen einem dauernd über den Weg. Man machte sich keine großen Gedanken darüber, sondern hatte eigentlich immer eine dieser weiß-roten Stangen, die beim Vermessen benutzt wurden, in der Hand, um damit den Boden abzuklopfen oder auch mal eine Schlange zu köpfen. Inge stand ganz blass neben dem Wohnwagen. Ich bin zusammen mit einem meiner Männer rein. Wir hoben das Bett ein bisschen an, und auf einmal kam die Schlange raus, eine Schwarze Mamba. Als sie sich aufrichtete, haben wir sie geköpft."

Schlangen gab es nicht nur in Westafrika. Ilka erzählt, wie sie als Kind auf einem Trümmergrundstück im schleswig-holsteinischen Trittau miterlebt hatte, dass eine Frau von einer Schlange gebissen wurde. Bis endlich ein Arzt kam, war die Frau tot.

Noch während der schweren Bombenangriffe im Juli 1943 lebte Ilka mit ihrer Familie in Hamburg. „Meine Mutter zog mir einen nassen Bademantel an. Wir gingen in einen Park in der Nähe, weil unser Haus zerstört war.

Dann wurden wir auf einen Lkw geladen und zum Bahnhof gefahren, von dort ging es nach Schlesien. In Breslau lebten wir vielleicht ein halbes Jahr in einem Kloster. Ich kann mich noch daran erinnern, dass ich immer bei den Nonnen sein wollte, weil die so schön sangen. Als mein Vater Front-Urlaub hatte, brachte er uns nach Hamfelde bei Trittau. Das war der Urlaubsort meiner Großeltern." Im Gegensatz zu seinen Eltern seien Ilkas Eltern ganz gegen die Nazis gewesen, wirft Helmut ein. „Gemeinsam haben wir, dass wir beide ohne Vater aufgewachsen sind." Ilkas Vater starb in russischer Gefangenschaft in Polen. Wo sein Grab ist, weiß sie nicht. Sie hat mal danach geforscht, aber vergeblich.

Zurück zu Helmuts Lebensgeschichte: Auf Liberia folgten zwei Jahre Bagdad, der Bau eines Kraftwerks. Danach von 1967 bis 1969 ein großes Bewässerungsprojekt in Saudi-Arabien, anschließend, ebenfalls in Saudi-Arabien, der Bau einer Garnisonsstadt. Helmuts Projekte wurden immer größer. „In der Garnisonsstadt war ich zuständig für die Einrichtung sämtlicher Wohnungen, von Werkstätten, Hospital, Bäckerei, Schlachterei und allem, was dazugehört. Der Etat allein dafür betrug 700 Millionen Dollar." Während der letzten Jahre wurden die Einsätze kürzer, da war Helmut vor allem als Troubleshooter unterwegs. Seine Frau, die ihn jahrelang begleitet hatte, blieb irgendwann lieber zu Hause. Nach 27 Jahren Ehe ließen sich die beiden schließlich scheiden. „Ich bin schon ein anstrengender Mensch", meint Helmut. „Manchmal stöhnt die Ilka auch ein bisschen. Aber insgesamt schauen wir, dass sich keiner von uns zu sehr verbiegen muss."

Helmuts zweite Ehe hielt nur drei Jahre. Noch während des Scheidungsverfahrens lernte er Ilka kennen. Beide lebten damals in Wiesbaden. Helmut fühlte sich zwar eigentlich noch nicht wieder reif für eine Beziehung, wusste aber, dass er sich Ilka nicht durch die Lappen gehen lassen sollte. „Ich dachte, mit der kannst du Pferde stehlen, die passt zu dir." Ilka war sich anfänglich nicht so sicher. Das jüngste ihrer beiden Kinder war damals erst 15. Aber dann zog sie doch zu Helmut.

Die Hochzeitsreise 1984 ging nach Indonesien. Helmut und Ilka waren mit dem Rucksack unterwegs. Als ihnen die vielen Zugfahrten zu beschwerlich wurden und sie sich einen Flug nach Bali gönnten, erlebten sie eine Bruchlandung im Sumpf. Der Flieger brach auseinander, explodierte, nachdem alle Passagiere draußen waren.

Da hatte Ilka nun ihren Abenteurer! Sie selbst hatte nach dem Besuch der Handelsschule als Sekretärin gearbeitet, hatte geheiratet, Kinder bekommen und war seither Hausfrau gewesen. In Indonesien hielt sie sich tapfer. Sich hinstellen und heulen sei nicht ihre Art, sagt sie.

Die Fluggesellschaft spendierte als Entschädigung gleich noch ein Flugticket nach Indonesien, das Helmut und Ilka ein Jahr später auch einlösten. Sie reisten herum, bis Ilka trotz Prophylaxe an Malaria erkrankte. Eine deutsche Krankenschwester, die auf einer nahe gelegenen Lepra-Station arbeitete, kümmerte sich um sie.

Kurz und gut: Helmut stellte fest, dass seine Frau nicht so leicht umzuhauen war und er prima mit ihr reisen konnte. Zur selben Zeit wurden die Auslandsaufträge in der Firma weniger, Helmut erhielt das Angebot, in den Vorruhestand zu gehen. Da kam ihm die Idee, eine Segelyacht zu kaufen. Nur zu Hause zu hocken, dafür fühlte er sich mit Ende 50 zu jung. Ilka, die inzwischen wieder als Sekretärin arbeitete, war anfangs wenig begeistert, hatte aber kaum Chancen gegen ihren Mann. Die beiden machten einen Segelschein und verkauften ihre Wohnung, zogen in eine kleine Mietwohnung nach Niedernhausen.

Weil er seine Frau noch ein bisschen motivieren wollte, reiste Helmut mit ihr nach Guadeloupe, wo die Gelegenheit bestand, ein Stück auf einer Suncoast 42 mitzusegeln, einer Fahrtenyacht aus Stahl, die Helmut gut gefiel. Ilka war begeistert – von der Karibik und auch von dem Boot: „Es ist nicht so schmal und drinnen schön hell." Motivation gelungen. Danach war es nur noch ein Schritt bis zur eigenen Yacht: der „Matahari". Bei der Wahl des Namens hatten Helmut und Ilka nicht die vermeintliche Spionin im Sinn. Im Indonesischen bedeutet Matahari „Auge des Tages", ein Bild für die Sonne. „Ein schöner Name, der auch über Funk gut rüberkommt", findet Helmut. Um sich mit dem Schiff vertraut zu machen, ging es erst einmal auf Rundreise durch die Ostsee. Irgendwo in dänischen Gewässern spielte der Kompass verrückt, aber Helmut und Ilka fanden auch ohne seine Hilfe zurück nach Kiel.

Im März 1987 hörte Helmut auf zu arbeiten. Am 7. April 1987 zogen Ilka und er aufs Boot. Fast 15 Jahre lebten sie von da an überwiegend auf dem Wasser. Die Wohnung bei Wiesbaden behielten sie trotzdem, bis heute. Darauf hatte Ilka bestanden. Ein Bein wollte sie dann doch gern an Land haben. „Das habe ich auch schnell eingesehen", sagt Helmut. „Ich hätte das für mich vielleicht anders entschieden, aber es war kein Problem."

Ilka ist nicht gerade ein Wasserfrosch. Sie ging nicht gern schwimmen – immer nur so weit, wie sie Grund unter den Füßen hatte. Und Tauchen? „Um Gottes Willen! Das hat Helmut allein gemacht. Und wenn irgendwas ins Wasser fiel, musste er das wieder rausholen." Angst vor der Tiefe hatte Ilka trotzdem nicht. Dabei war das Schiff gerade mal 12,80 Meter lang.

Allein neun Jahre bewegten sich die Klingemanns in der Karibik. Wo es ihnen gefiel, blieben sie eine Weile. Das Segelsetzen war Helmuts Sache, Ilka steuerte das Boot in den Wind. Und sie war auch diejenige, die unterwegs auf den Märkten einkaufte. Ilka ist sprachbegabter als ihr Mann, kann sich auch auf Französisch und Spanisch verständigen. Helmut beschäftigte sich lieber mit den technischen Möglichkeiten der Kommunikation. „Der Funk war ja ein wesentlicher Bestandteil unseres Lebens, um Kontakt mit Zuhause und mit Menschen in aller Welt zu haben." Ilka erinnert sich, dass es ihr am Anfang nicht leicht gefallen ist, so weit von ihren Kindern entfernt zu sein, auch wenn die inzwischen volljährig waren. Am schwersten war es zu Weihnachten. „Aber Helmut war nicht dazu zu bewegen, Weihnachten in Deutschland zu verbringen."

Gemeinsam mit Bertil, dem Mann von Ilkas Kusine, segelten sie über den Pazifik zu den Marquesas-Inseln, einem der fünf Archipele von Französisch-Polynesien. „Das war noch ein richtiges Abenteuer", sagt Helmut und seine Augen funkeln. „Alles so wild, kaum touristisch und unheimlich abgelegen: wilde Vulkanfelsen, eine üppige Natur, Pampelmusen so groß wie Menschenköpfe." In Rangiroa, dem größten Atoll des Tuamotu-Archipels, lagen sie vor Anker, und auch in der Lagune von Bora Bora, das zur Gruppe der Gesellschaftsinseln gehört. Ein Traum, da sind sich Helmut und Ilka einig.

Ist es den beiden in all den Jahren nicht auch mal langweilig geworden auf ihrem Boot? Die Antwort kommt wie aus der Pistole geschossen in Stereo: „Nein!" Und wie zum Beweis präsentiert Helmut Bilder vom Schiff, von Seelöwen, mit denen er geschwommen ist und die wirklich auf Tuchfühlung gingen, vom Schnorcheln in wunderbar türkisblauem Wasser, von Trauminseln, Buchten und einsamen Stränden, von Sonnenuntergängen, Äquatortaufe und Beach-partys, von unterwegs

Der stolze Skipper auf seinem Boot

gefangenen Mahi-mahi, wie die Goldmakrele in Teilen des Pazifik genannt wird…

Natürlich schien nicht immer die Sonne, aber dann blieb auch keine Zeit zum Fotografieren. „Einmal, als wir in der Karibik auf die mexikanische Küste zusteuerten, blies uns der Wind mit 35 Knoten um die Nase", erzählt Helmut. „Vor uns lauter Felsen und Riffe, durch die wir hindurch mussten. Und auf einmal wurde es dunkel, mitten am Tag. Wir waren in ein tropisches Tief geraten. Plötzlich hatte der Wind 50 Knoten, zum Glück ablandig. Wir haben gemacht, dass wir wegkamen, raus auf die offene See. Die ganze Nacht über haben wir immer wieder auf dem Radar nach den dicken Wolken geschaut, aus denen der Wind in Böen herausblies. Am nächsten Morgen leckt man seine Wunden, ist stolz, dass man es geschafft hat. Ja, in solchen Situationen hat man schon Angst… Und anschließend gab es einen Tapferkeitsorden für meinen Schatz, irgendein schönes Schmuckstück." Im Laufe der Zeit hat Ilka einige „Tapferkeitsorden" erhalten. Sie alle

Ilka mit polynesischem Blumenkranz

haben ihre Geschichte. An den Sturm vor der mexikanischen Küste erinnert eine Kette aus bunten Steinen mit dazu passendem Armband.

2001, sie waren gerade auf den Fidschi-Inseln, war es vorbei mit dem Segeln. Ilka bekam eine schwere Depression. Sie und Helmut flogen nach Hause, das Boot wurde verkauft. Als es Ilka endlich besser ging, wollten die beiden zumindest wieder dem deutschen Winter entfliehen und unternahmen eine Reise nach Thailand. Dabei stellten sie allerdings fest, dass die Tropen an Land nicht (mehr) ihre Sache waren. „Die Stunden von Mittag bis Spätnachmittag mit Air-Condition drinnen zu verbringen, fanden wir doof. Hotelurlaub gefiel uns auch nicht besonders nach der Exklusivität auf dem Boot. Bei leichter Brise in einer Bucht zu schaukeln war doch ganz etwas anderes."

Was also tun? Helmut und Ilka erinnerten sich daran, dass sie schon fast auf dem Weg nach Neuseeland gewesen waren, als Ilka so krank wurde. Ihr Plan damals war, nach Australien zu segeln, sich noch ein bisschen am Great Barrier Reef umzuschauen und dann das Boot zu verkaufen, um nach Neuseeland zu fliegen, von dem die anderen Skipper so schwärmten. „Nach Neuseeland zu segeln ist ja oft ziemlich heftig", sagt Helmut. „Darauf hatten wir in unserem Alter nicht mehr so richtig Lust."

Die beiden nahmen Kontakt auf zu ihrem Netzwerk von Segelfreunden. Zu Renate und Hartmut, die in Whangarei auf ihrer Segelyacht leben. Kennengelernt hatte man sich 1990 in Trinidad und war sich im Laufe der Jahre immer mal wieder irgendwo begegnet. Und zu all den anderen, die im Südpazifik herumsegeln, im April raus zu den Inseln und im November, bevor die Zyklone toben, zurück nach Neuseeland. Mit ihrer Hilfe fanden Helmut und Ilka ein Haus zur Miete nördlich von Whangarei, eröffneten ein Bankkonto – und entschieden von Jahr zu Jahr wiederzukommen. Bis Ilka im Januar 2010 einen Schlaganfall hatte und unklar war, ob das in Zukunft noch klappen würde. Es klappte. Noch ein Sturm mehr, den die beiden zusammen durchgestanden haben. Inzwischen wohnen sie in einem kleinen Haus auf dem Grundstück von Seglern in Onerahi, Whangareis einzigem Vorort mit Zugang zum Meer. Die Wohnung hatten die Vermieter, die selbst aus Deutschland stammen, ursprünglich mal auf die vorhandene Garage gebaut, damit ihre Mutter, wenn sie aus Deutschland zu Besuch kam, ihr eigenes Reich hatte.

Helmut ist glücklich über das neue Miet-Refugium. „Wir würden im Traum nicht daran denken, uns hier Eigentum anzuschaffen", sagt er. „So sind wir in der Lage, uns jederzeit eine andere Lebensform zu suchen, wenn wir das möchten." Helmuts Bedürfnis nach Freiheit scheint grenzenlos zu sein. An ein Schlüsselerlebnis kann er sich noch heute gut erinnern: den Verkauf der Eigentumswohnung in Wiesbaden vor einem Vierteljahrhundert. Der Möbelwagen war abgefahren, Helmut holte das Auto aus der Tiefgarage und dachte, jetzt würde er kommen, der etwas traurige Augenblick des Abschieds. Stattdessen: ein ungeheures Glücksgefühl. „Ich habe laut gejubelt im Auto. Seitdem weiß ich, Eigentum macht unfrei. Das will ich nie mehr." Helmut überlegt einen Moment. Dann fügt er hinzu: „Ich denke, dass es wichtig ist, sich den Lebensraum zu schaffen, in dem man sich wohlfühlt. Erst dann kann man auch für seine Mitmenschen und seine Umwelt wertvoll sein."

Was ist Heimat für die beiden? „Das kann man nicht sagen", antwortet Ilka spontan. Kurzes Schweigen. „Wiesbaden", sagt sie dann. Das empfindet sie als ihr Zuhause. Dort hat sie gelebt, seit sie 20 war. Dorthin kehrt sie auch mit Helmut immer wieder zurück. Aber Neuseeland sei auch Zuhause. Anders, aber auch Zuhause. „Im Grunde habe ich zwei Zuhause." Wohler fühle sie sich eigentlich in Neuseeland, verrät Ilka, weniger gestresst.

„Hier drin ist mein Zuhause", erklärt Helmut und zeigt auf seine Brust. Das sei schon lange so, wahrscheinlich schon, seit er mit 16, 17 begann, auf sich gestellt zu leben. Der Taunus sei auch schön, meint Helmut, aber Neuseeland landschaftlich doch reizvoller. Und er findet den Umgang der Menschen dort offener. Helmut und Ilka wünschen sich beide, dass ihr Teilzeit-Leben in Neuseeland so lange wie möglich weitergeht. Helmut: „Der Abenteurerdrang lässt mit zunehmendem Alter zwar ein wenig

Grün, so weit das Auge reicht: die Klingemanns vor ihrem Refugium

nach. Aber doch nicht so weit, dass man das ganze Jahr in Deutschland verbringen möchte. Dort kommt mir das Leben oft so klein und eng vor, wie in einem Ameisenhaufen."

Die Kontakte zur Seglerszene sind Helmut und Ilka auch in Whangarei ganz wichtig. Jeden Dienstagabend trifft man sich im „Reva's", dem Szenelokal am Town Basin. Außerdem sind sie Mitglied von Trans Ocean, einem Verein zur Förderung des Hochseesegelns mit Sitz in Cuxhaven, zu dessen Mitgliedern auch einige Hundert Weltumsegler zählen. Natürlich gibt es in Whangarei eine „Zweigstelle" des Clubs, die von einem deutschen Segler geleitet wird.

Fahren mit links

Zeit, mich auf den Weg nach Norden in die Bay of Islands zu machen. Von Whangarei aus fahre ich über gewundene Straßen direkt an den Pazifik: von Tikipunga über Tutukaka und Matapouri nach Hikurangi. Namen, so schön wie ein Gedicht. Dann folge ich ein Stück dem Highway, und schon geht es rechts ab in die Old Russell Road, die eher noch kurviger ist als das Gedicht davor. Kurviger und voller Überreste der Erdrutsche infolge der sintflutartigen Regenfälle vor einer Woche. Ich bin beeindruckt und an Steuer und Kupplung meines Corolla Manual auch ordentlich gefordert.

Links zu fahren und zu schalten klappt inzwischen erstaunlich gut, auch wenn ich beim Abbiegen immer noch erst mal den Scheibenwischer anstelle des Blinkers betätige. Es wird bis fast zum Ende der Reise dauern, bis sich mir der tiefere Sinn dieser mechanischen Fehlleistung erschließt. Solange nämlich, bis mir die Gynäkologin Simone Petrich in Dunedin („Medizin nach Maß", S. 194) verrät, dass es ihr und ihrem Mann auch lange so gegangen sei und sie sich schließlich damit getröstet hätten, dass es gewiss kein Nachteil sei, vor dem Befahren einer Kreuzung für freie Sicht zu sorgen.

In den Bergen oberhalb von Helena Bay lege ich eine Teepause in einer Galerie mit angeschlossenem Café ein, das mir Helmut Klingemann empfohlen hatte. Traumblick aufs Meer inklusive. Und, was soll ich sagen: Betreiber des Cafés sind einmal mehr deutsche Auswanderer.

Planung ist alles

Daniela und Mark Schmitz, Paihia

Die Arbeit machte ihnen im Prinzip Spaß, wurde aber immer mehr. Die wenige Freizeit: total verplant. Dass sie sich alles kaufen konnten, verschaffte Daniela (Jahrgang 1973) und Mark Schmitz (Jahrgang 1971) schon eine Weile keinen rechten Genuss mehr. Auszuwandern erschien als Ausweg. Freunde und Familie erklärten sie für verrückt. Dabei gibt es wohl kaum ein Etikett, das Daniela und Mark weniger gerecht würde. Mit Akribie gingen die sicherheitsbedachten Rheinländer auch das Unternehmen Auswandern an – und sagen heute: „Mutig fanden wir uns nicht. Wir wussten ja ziemlich genau, worauf wir uns einließen."

Seit 2009 leben Daniela und Mark in einer Bilderbuchlandschaft im subtropischen Norden Neuseelands: in Paihia, dem Zentrum der Bay of Islands mit ihren rund 150 kleinen und kleinsten Inseln vor der Ostküste. Die Gegend zählt zu den beliebtesten Urlaubszielen des Landes und ist vor allem im Sommer ziemlich überlaufen. Von dem Badeort Paihia aus starten Ausflugsboote aller Art in die Inselwelt, man kann segeln, Kajak fahren und tauchen, mit Delfinen schwimmen oder auf hoher See angeln. Die Bucht der Inseln ist aber nicht nur ein Paradies für Wassersportler, dort steht auch die Wiege der heutigen Nation. Ihren Namen verdankt sie wie so viele andere Küstenabschnitte Neuseelands dem britischen Seefahrer und Entdecker James Cook, der das Land 1769/70 auf seiner ersten Südseereise kartografierte. Ihm folgten Walfänger und Missionare. Und in dem Örtchen Waitangi unmittelbar nördlich von Paihia unterzeichneten am 6. Februar 1840 die ersten 43 Maori-Häuptlinge den Vertrag von Waitangi, mit dem die Hoheitsrechte auf das Vereinigte Königreich übergingen. Neuseeland wurde britische Kronkolonie. Den *Treaty of Waitangi* gibt es in zwei Fassungen, eine in Englisch und eine in Maori, die zum Teil voneinander abweichen und auch nicht immer eindeutig sind. Die korrekte Auslegung des Vertrags beschäftigt bis heute die Gerichte und hat bereits zu hohen Schadenersatzzahlungen an Maori-Stämme geführt.

Daniela und Mark Schmitz bei den Feierlichkeiten zum Waitangi Day

Am Ende meines Besuchs in der Bay of Islands wird sich der Tag der Vertragsunterzeichnung zum 171. Mal jähren. Daniela, Mark und ich werden mit den Nachbarn und Tausenden anderer Besucher die Brücke nach Waitangi überqueren und zum *Treaty Ground* laufen, wo mit einem Volksfest an die historischen Ereignisse erinnert wird. Wir werden unter der sengenden Sonne des Südsommers zusehen und zuhören, wenn Flaggen gehisst und Salut geschossen wird, wenn die rituellen Hakas getanzt und Militärmusik gespielt wird und Dutzende Maori Nachbauten der schweren Waka-Einbäume an Land hieven, mit denen ihre Vorfahren vor Jahrhunderten von den polynesischen Inseln aus ins Land kamen. Aber vorher lasse ich mir von Daniela und Mark erzählen, was die beiden hierher geführt hat.

Daniela war in den 90er Jahren schon einmal in Neuseeland gewesen, hatte ein paar Wochen in einer Gastfamilie gelebt und einen Sprachkurs besucht. Nach ihrer Rückkehr verkündete sie ihrer Mutter, sie werde irgendwann einmal ein Bed & Breakfast in Neuseeland aufmachen. Jahrelang hörte die Mutter nichts mehr von dem Plan. Daniela hatte sich inzwischen in Mark verliebt. Die beiden absolvierten neben ihrer Arbeit ein Studium zum Immobilienwirt und bauten mit Unterstützung von Verwandten und Freunden ein Haus am Niederrhein. Als sie damit fertig waren, waren sie 25 und 27 Jahre alt, und alle Zeichen standen auf Karriere.

Daniela und Mark übernahmen verantwortungsvolle Positionen im größten deutschen Wohnungsunternehmen, das weit über 200.000 Immobilien bewirtschaftet. Lange Arbeitstage bestimmten ihren Alltag. „Es ging jahrelang immer nur aufwärts", erinnert sich Daniela, „immer mehr Aufgaben, immer mehr Verantwortung. Das war am Anfang auch noch sehr angenehm. Die Arbeit machte Spaß, und man musste beim Einkaufen nicht die Mark beziehungsweise den Euro umdrehen." Das war beiden wichtig. „Du brauchst viel Geld, wenn du schöne Sachen kaufen willst", sagt Mark. „Ich bin immer gerne Motorrad gefahren und fand es toll, als ich mein altes Motorrad gegen ein neues eintauschen konnte. Und ein vernünftiges Auto zu fahren, ist auch toll. Dann kamen noch ein besserer Job und noch ein besseres Auto. Das kann man schon genießen." Doch irgendwann lösten neue Anschaffungen nicht mehr so viel Freude aus wie am Anfang, eine gewisse Sättigung setzte ein. Mark kaufte die dritte Playstation und packte sie tagelang nicht einmal aus, weil er gar keine Zeit dafür hatte. Und wohl auch keine Lust, damit zu spielen.

Das empfinden beide im Rückblick als Wendepunkt, als Auslöser für eine Veränderung. Sie fingen an, über ihr Leben nachzudenken. „All die Anschaffungen waren im Grunde eine Ersatzbefriedigung, eine Belohnung für die viele Arbeit", meint Mark. Daniela war zuletzt Abteilungsleiterin Vermietung für Köln, Bonn und Düsseldorf mit einem Bestand von 24.000 Wohnungen. Sie wurde von drei Teamleitern und 24 Mitarbeitern unterstützt. Außerdem war sie als Teilprojektleiterin an einer großen Umstrukturierung innerhalb des Unternehmens beteiligt. Mark arbeitete für eine Tochtergesellschaft in Dortmund und war mit seinen elf Mitarbeitern für 15.000 Wohnungen im flächenmäßig größten Bezirk des Unternehmens zuständig. Allein der Etat für Instandsetzungen betrug mehrere Millionen Euro.

Daniela erzählt, dass sie und Mark in der letzten Phase, die immerhin ein Jahr dauerte, in der Woche fast nur noch in ihrem Schlafzimmer gelebt hätten: „Wer zuletzt nach Hause kam, brachte Pizza oder anderes Fast Food mit. Wir sahen ein bisschen fern, jammerten über die viele Arbeit und darüber, wie kaputt wir waren, dann schliefen wir ein." An den Wochenenden waren die beiden immer verplant, trafen Verabredungen oft schon Monate im Voraus, um alle Kontakte aufrechtzuerhalten. Mark: „Wir haben zwei, drei Sachen am Tag gemacht, um alles zu schaffen." Daniela: „Mal spontan irgendwo auf ein Glas Wein hinzugehen, das war bei uns nicht drin." Daniela und Mark reagierten auch körperlich auf die ständige Anspannung: sie mit Magenschmerzen, er mit Rückenproblemen. Die beiden erkannten, dass sie nicht die nächsten 30 Jahre so weitermachen wollten wie bisher. „Es ist schön, ganz viel Anerkennung im Job zu bekommen", findet Daniela, „es ist super, wenn man sich alles kaufen kann, und es ist toll, wenn man viele Freunde hat. Aber wenn man das alles nicht mehr genießen kann, weil alles viel zu viel ist, muss man etwas ändern."

Es war an der Zeit, den neuseeländischen Traum wiederzubeleben. Danielas Traum, um genau zu sein. Mark lacht. „Zwei Menschen haben nicht zufällig denselben Traum", sagt er. „Aber der eine lässt sich vielleicht vom anderen anstecken." Daniela hatte mittlerweile schon ein paar Jahre an Marks Neugier auf die Welt gearbeitet: „Das Geschenk zu seinem 30. Geburtstag 2001 überreichte ich ihm in der Verpackung eines Hantel-Organizers. Er packte aus – und war total enttäuscht, weil er nicht das Gerät fand, auf das er sich so gefreut hatte, sondern Tickets für eine Reise nach Amerika." „Ich habe mich schon gefreut", widerspricht Mark. „Aber im ersten Moment fragte ich mich doch: Und wo ist das Gerät?" Daniela und Mark reisten mit dem Mietwagen durch Amerika, verbrachten jede Nacht woanders – und Mark erlebte, was Daniela ihm immer gesagt, er aber nie so recht geglaubt hatte: „Du nimmst so viel mit, so viele Erfahrungen. All die Erlebnisse und Eindrücke kann dir keiner mehr nehmen." Auch bei Mark war das Fernreisefieber ausgebrochen. Er machte Daniela an den Niagarafällen einen Heiratsantrag, gemeinsam ging es nach Thailand, Tunesien, Australien…

2006 begannen Daniela und Mark, sich ernsthafter mit dem Thema Auswandern zu beschäftigen. 2007 reisten sie für vier Wochen nach

Neuseeland. Im Mietwagen legten sie fast 6.000 Kilometer zurück, um einen Eindruck vom Land zu bekommen und sich vor allem die Ecken anzugucken, an denen sie sich vorstellen konnten zu leben. „Ich brauchte Planungssicherheit“, sagt Mark. „Ich musste das Land, in das wir eventuell auswandern, wenigstens schon einmal gesehen haben. Einfach so auszuwandern, wie manche Leute das tun, war für mich inakzeptabel. Wir haben auch unendlich viel recherchiert. Mein Notebook quoll über von Lesezeichen und Charts und Berechnungen von Einkommensverhältnissen, von Jobmöglichkeiten und Punktesystemen. Ich hatte mir sogar schon das Prozedere für die Führerscheinüberschreibung nach Neuseeland heruntergeladen. Ich musste einfach wissen, was kommt da auf mich zu.“ Nach vier Wochen Rundreise stand fest: Nicht nur Daniela sondern auch Mark konnte sich vorstellen, *down under* zu leben – am liebsten möglichst weit im Norden und Osten, auch des beständigeren Wetters wegen.

Zurück in Deutschland machten sich die beiden mit Hilfe des Einwanderungsberaters Peter Hahn auf den bürokratischen Weg zur Daueraufenthaltserlaubnis. Ohne *Permanent Residency*, hatten Daniela und Mark beschlossen, wollten sie nicht alles aufgeben, was sie sich in Deutschland aufgebaut hatten. Am Ende klappte auch alles, sogar besser als gedacht: Die New Zealand Qualification Authority erkannte die Ausbildung der beiden überraschend als *Level 5 National Diploma in Real Estate* an. Das brachte viele Punkte. Und ein Jobangebot gab es ebenfalls: In Wanganui, 200 Kilometer nördlich von Wellington, wurde ein *Property Manager* gesucht, der für einen Immobilienmakler eine Mieter-Bestandsverwaltung neu aufbauen sollte. Für Daniela und Mark so etwas wie das Kleine Einmaleins der Immobilienbewirtschaftung – und Neuland in Neuseeland, wo nur ein kleiner Teil der Wohnungen und Häuser zur Miete angeboten wird.

Zwischendrin wurde es allerdings noch einmal spannend für die Auswanderer. Schon ein Jahr vor dem Umzug nach Neuseeland trennten sie sich von ihrem Haus. „Das Haus zu verkaufen, an dem du so lange gebaut hattest, und noch nicht einmal zu wissen, ob sie dich überhaupt haben wollen in Neuseeland, das fand ich schlimm“, erinnert sich Mark. Dann gab es das Angebot ihres Arbeitgebers, im Zuge der laufenden Umstrukturierungen mit einer Abfindung selbst zu kündigen. Daniela und

Mark machten davon Gebrauch, obwohl immer noch nicht sicher war, dass es mit der *Permanent Residency* klappen würde. Mark: „Ich dachte: Wenn das in die Hose geht, haben wir ganz schön hoch gepokert." Daniela: „Wir haben uns damit getröstet, dass wir in dem Fall unser Geld anlegen und einfach mal neun Monate Urlaub in Neuseeland machen und schauen, ob sich dort etwas ergibt. Und wenn nicht, würden wir eben zurückgehen und uns einen neuen Job suchen."

In ihrem Umfeld stieß Mark und Danielas Entscheidung auszuwandern bei vielen auf Unverständnis, zum Teil bekamen sie sogar heftige Vorwürfe zu hören. „Meine beste Freundin, mit der ich seit der Grundschule befreundet bin, war richtig böse mit mir", erzählt Daniela. „Ihr seid wahnsinnig, ihr schmeißt euer Leben weg, bei der Entfernung kann man keinen Kontakt halten, sagte sie." Auch Mutter und Schwiegermutter waren alles andere als glücklich. „Warum tut ihr uns das an, es geht euch doch gut hier", lautete der Tenor. „Dabei sprechen wir jetzt sehr viel mehr miteinander als früher", sagt Daniela. „Ich weiß nicht, wie viele Stunden wir jede Woche allein mit den Eltern telefonieren." Skype und unverplanter Zeit sei Dank. Um Familie und Freunde an ihrem neuen Leben teilhaben zu lassen, schreibt Daniela außerdem regelmäßig Online-Tagebuch.

„Ihr habt doch alles, was wollt ihr denn noch!" – Die heftigen Reaktionen zu Hause, von denen mir nicht nur Daniela und Mark berichteten, hängen womöglich auch damit zusammen, dass denen, die bleiben, immer auch die eigenen Ängste und Grenzen vor Augen geführt werden. Da nehmen sich Freunde oder Verwandte einfach die Freiheit und gehen! Da ist jemand risikobereiter als man selbst, schiebt alle Bedenken beiseite, begnügt sich nicht mehr mit vager Sehnsucht und Träumen vom Südseeparadies. Irgendwie gehört sich das nicht. Obwohl die deutschen Fernsehsender seit ein paar Jahren andauernd irgendwem beim Auswandern zuschauen, gibt es ja keine Kultur, die den Menschen empfiehlt, ihr Land zu verlassen und sich woanders eine neue Existenz aufzubauen. Schon gar nicht, wenn sie dafür keine klassischen Gründe wie etwa wirtschaftliche Not in Anspruch nehmen können, sondern gehen, weil sie ihrer eigenen Vision von einem guten Leben folgen.

Daniela und Mark fiel es am Ende selbst schwer zu gehen. Daniela hat im Flugzeug stundenlang nur geweint. „Ich dachte: Warum tun wir den Leuten das an? Warum tun wir uns selbst das an, emotional?" „Ich war schon ein bisschen geschockt", erinnert sich Mark. „Ich dachte: Sie wollte das doch. Und nun: Alles umsonst?" Darüber sprechen ging nicht, Daniela hatte dicht gemacht, konnte sich den Tränenfluss selbst nicht recht erklären. In Singapur hatte sie sich schon ein bisschen erholt, und in Auckland war alles wieder gut. „Wir waren angekommen. Die Sonne schien, und der Mann am Zoll sagte: ‚*Welcome back home.*' Wir waren erstaunt, bis uns einfiel, dass wir ja die *Permanent Residency* hatten."

Von Auckland ging es gleich weiter nach Wanganui, wo die erste Arbeitsstelle schon wartete. „Es war gut für uns, diese Sicherheit zu haben", sagen die beiden. „Wir wussten erst mal, wo wir hingehen. Wir hatten eine Aufgabe, kamen ein bisschen rein in alles." Offiziell machte Daniela den Job als *Property Manager*, weil ihr Englisch besser war, aber Mark konnte freiberuflich mitarbeiten. Die Arbeit war viel lockerer, als sie das aus Deutschland kannten: Der kleine Hund des Maklers hockte meist bei Mark auf dem Schoß. Man hatte zwar kein eigenes Büro und musste auch um die Rechner kämpfen, aber es war alles sehr herzlich und unkompliziert. Das gute Betriebsklima änderte allerdings nichts daran, dass Daniela und Mark auf Dauer nicht in „Wanga Vegas" bleiben wollten. Daniela: „Wanganui ist die einzige Stadt in Neuseeland, in der es günstiger ist, Immobilien an der Wasserseite zu erwerben, weil dort viele Mitglieder der Hells Angels wohnen."

Als die Mieter-Bestandsverwaltung aufgebaut und die für Immigration New Zealand erforderlichen drei Monate Arbeit herum waren, stand einem Umzug in wärmere Gefilde nichts mehr im Weg. In der Bay of Islands, ein paar Kilometer außerhalb des Zentrums von Paihia, fanden Daniela und Mark ihr neues Zuhause. „Du bist in ein paar Minuten unten am Wasser, aber hier oben hast du deine Ruhe", sagt Mark. Und die Veranda, die einmal rund ums Obergeschoss des Hauses führt, eröffnet herrliche Blicke auf die Bucht.

Bei den umfangreichen Renovierungsarbeiten packten die Einwanderer fleißig mit an. „Den Handwerkern hatten wir gesagt: Am 25. Oktober

Mit Blick auf die Bay of Islands: Daniela und Mark auf ihrer Veranda

kommt der erste Besuch, da muss das Gästezimmer fertig sein", erinnert sich Daniela und will sich ausschütten vor Lachen. Ein bisschen überrascht, sagt sie, sei sie schon gewesen über die Arbeitsmoral der Kiwis. „Man kennt ja die Klischees: Wenn das Wetter schön ist, kommt der Handwerker nicht, sondern geht lieber fischen. Aber es waren immer alle da, teilweise sogar am Wochenende." Der Elektriker wiederum wunderte sich, wie viele Meter Kabel die Deutschen verlegt haben wollten, mit all ihren Steckdosen, mit Telefon-, Internet- und Fernsehanschlüssen in allen Räumen.

Nach dem Umbau betätigten sich Daniela und Mark ein paar Monate lang auf Provisionsbasis für den Makler, der ihnen ihr Haus verkauft hatte. Dadurch lernten sie viele Leute kennen, aber finanziell erschien ihnen der Einsatz zu wenig lukrativ, um darauf eine Zukunft zu gründen. Daniela: „In Paihia gibt es 18 Maklerbüros, viele Objekte sind bei mehreren oder sogar allen gelistet. Die Aussicht, dass während unserer Bürozeiten jemand hereinläuft und sagt: jetzt kaufe ich, erschien uns so gering, dass wir uns entschieden haben, lieber eine Auszeit zu nehmen und zu überlegen, was wir in Zukunft wirklich machen wollen."

Die beiden hatten das Projekt Auswandern ohnehin so kalkuliert, dass sie drei Jahre in Neuseeland leben könnten, auch ohne ein Einkommen zu erzielen. Dass sie nach Möglichkeit zumindest so lange im Land bleiben wollten, stand für sie von Anfang an fest. Denn so lange würde es dauern, bis ihre dauerhafte Aufenthaltserlaubnis auch unbefristet wäre. „Uns war immer klar: Selbst wenn sich unser Traum, auf Dauer in Neuseeland zu leben, vielleicht nicht so realisieren lassen würde, wie wir uns das dachten, konnten wir uns doch auf jeden Fall vorstellen, als Rentner wieder hierherzukommen. Deshalb gab es immer das Ziel, einen gesicherten Aufenthaltsstatus zu erreichen und das möglichst in jungen Jahren, wenn man das Land noch erkunden und viele Outdoor-Aktivitäten machen kann." Und dabei wiederum sollten keine Existenzängste stören. Daniela: „Wir wollten nicht womöglich eines Tages das Land verlassen müssen, weil uns das Geld ausgegangen war. Darüber, ob wir gehen oder bleiben, wollten wir selbst entscheiden."

Sicherheit – das große Thema von Daniela und Mark. Dass man auch mal loslassen darf und schauen und reifen lassen, was in der Zukunft sein soll, mussten die beiden erst lernen. „Eine Zeit lang haben wir uns sehr unter Druck gesetzt", sagen sie. „Auch die Leute in Deutschland erkundigten sich in jedem Telefonat und jeder E-Mail, was wir denn jetzt machen. Dabei hatten wir allen gesagt, dass wir nicht sofort Geld verdienen müssen und dass sich keiner Sorgen zu machen braucht."

Ihre eigenen Einstellungen zum Thema Arbeiten hätten sich in Neuseeland bereits sehr verändert. „Am Anfang hatten wir die Idee, wir würden hier auch Regale im Supermarkt einräumen oder Kiwis pflücken, Hauptsache, wir können bleiben", erzählt Mark. „Mittlerweile ist es so, dass wir doch lieber nach Deutschland zurückgehen würden, wenn es uns auf Dauer nicht gelingt, hier eine angemessen bezahlte, aber auch anspruchsvolle Arbeit zu finden. Wir wollen nicht um jeden Preis bleiben. Das so zu sehen, hat wohl mehr als ein Jahr gedauert."

Und was hat diese Veränderung bewirkt? „Letztendlich sind wir nach Neuseeland gekommen, um mehr Freizeit zu haben, mehr Lebensqualität", erläutert Daniela. „Wenn man dann aber einen 12,50-Dollar-Job macht und womöglich 50, 60 Stunden die Woche arbeitet, um gerade so über die Runden zu kommen, kann man besser wieder nach Deutschland gehen…" Mark: „…klotzt da noch mal zehn Jahre richtig ran und kann dann hier schon fast in den Ruhestand gehen." Das ist für beide eine ernsthafte Option, jetzt, wo sie ein bisschen Abstand haben und vor allem nicht mehr so erschöpft und ausgebrannt sind wie zuletzt in ihren mehr als Fulltime-Jobs. Im Augenblick denken Daniela und Mark allerdings nicht an Rückkehr nach Deutschland, sondern basteln am Konzept für eine eigene Importfirma, die ihnen ein gutes Leben in Neuseeland ermöglicht und ab und zu mal eine Reise in die alte Heimat. Ihr Traum wäre, neun Monate im Jahr in Neuseeland zu leben und drei Monate in Deutschland.

Begeistert sind die beiden, wie schnell sie in Paihia Kontakt gefunden haben – „durch den Job, aber auch durch unsere Nachbarn und durch Ross, unseren ehemaligen Chef, die hier aufgewachsen sind und tausend Leute kennen. Oft hieß es: Ihr habt doch das Haus so schön renoviert. Kann der Sowieso nicht mal vorbeikommen und sich das ansehen? Auch unsere Handwerker erzählten offenbar vielen, dass sie eine ganz tolle Baustelle gehabt hätten. Man schickte uns lauter Leute ins Haus, die wir überhaupt nicht kannten", erinnert sich Daniela. „In Deutschland hätten wir das merkwürdig gefunden", meint Mark, „aber hier war das okay. Wir tranken ein Bier zusammen und zeigten den Leuten das Haus. Für hiesige Verhältnisse ist es tatsächlich ungewöhnlich. Allein die Farben empfinden viele als super mutig: schwarze Fliesen und dunkelroter Tropenholzboden, dazu weiße Wände, während hier sonst alles eher *half spanish white* ist, beige."

„Die Leute hier sind viel offener und unkomplizierter", hat Mark festgestellt. „Dadurch wirst du selbst auch offener. Du fährst vielleicht mit dem Motorrad zum Einkaufen. Vor dem Supermarkt spricht dich ein anderer Biker an und sagt: Schönes Motorrad hast du da. Hier ist meine Nummer. Wenn du mal eine Tour machst, ruf doch mal an. Dann fahren wir zusammen."

Ganz entspannt gehen Daniela und Mark inzwischen auch damit um, dass man sich bei Einladungen gegenseitig hilft und als Gastgeber nicht schon alles fertig haben muss, wenn die Gäste eintreffen. „Bei uns hätte früher

Leidenschaftliche Hobbyköche

niemand die Spülmaschine einräumen, geschweige denn an Schränke oder Kühlschrank gehen dürfen", sagt Daniela. „Hier ist das ganz normal." Genauer gesagt: Die Frauen gehen einander zur Hand. Die Männer schnippeln natürlich nicht mit in der Küche, sondern trinken inzwischen schon mal ein Bier. „Und wenn gegrillt wird, stehen wir am Grill", sagt Mark und grinst. „Ich musste erst lernen, dass das hier etwas anders ist als in Deutschland", berichtet Daniela. „Am Anfang habe ich mit meinem Glas Wein in der Hand manchmal bei den Männern gestanden und gequatscht und mich gefragt: Wo sind bloß die ganzen Mädels hin? Bis ich sie in der Küche fand. Neuseeland ist schon ein Männerland, andererseits bedeutet das ja nicht, dass die Frauen hier total unterwürfig wären."

Bis Mark und Daniela so locker sind wie ihr ehemaliger Chef Ross, wird allerdings wohl noch ein bisschen Zeit vergehen. Der hatte ihnen gleich zu Beginn ihrer Bekanntschaft angeboten, in sein tolles Haus mit Super-Meerblick zu ziehen, um mal ein paar Tage der eigenen Baustelle zu entfliehen, während er selbst mit seiner Familie auf die Südinsel reiste. Das nette Angebot kaschierte er sogar noch mit dem Hinweis, die Katze müsse gefüttert werden. Ob die beiden das nicht übernehmen wollten. Daniela: „Wir haben sofort Ja gesagt. Und dann haben wir praktisch zehn Tage

Urlaub in diesem wunderschönen Haus gemacht." Können sich Daniela und Mark vorstellen, selbst so etwas zu tun? „Ich weiß nicht", sagt Mark ehrlich. „Ich bin pingelig, das ist einfach so. Aber ich bin auch da besser geworden. Wenn ich daran denke, wie der Baum des Nachbarn bei einem Sturm auf unser Auto fiel... Ich bin relativ entspannt geblieben. Das wäre früher anders gewesen."

Daniela und Mark genießen es, dass sie in Neuseeland endlich auch Zeit füreinander haben. Sie kochen häufig zusammen oder fahren mit ihren Motorrädern herum – in das beschauliche Russell auf der Landzunge gegenüber zum Beispiel, das nach Unterzeichnung des Vertrags von Waitangi für kurze Zeit Neuseelands Hauptstadt war, mal eben an die Westküste zu den riesigen alten Kauribäumen oder gleich an den Ninety Mile Beach oben im Norden, der in Wahrheit „nur" etwa 90 Kilometer lang ist. Von Paihia aus sind viele Ziele schnell erreicht. Das wissen auch die Besucher aus Deutschland zu schätzen, die sich bei Mark und Daniela bisweilen die Klinke in die Hand geben. Die Klinke des Gästeappartements, um genau zu sein. Aus Danielas ursprünglicher Idee, in Neuseeland ein Bed & Breakfast zu betreiben, könnte also durchaus noch etwas werden.

Wenn Verwandte oder Freunde fragen, was sie aus Deutschland mitbringen sollen, sagen Daniela und Mark meist: Kinderschokolade und Lakritz. Oder: Soßenbinder, Spargelcremesuppe und Salatkrönung. „Nichts Existenzielles", betont Mark, „aber schöne Sachen, wenn einer fragt." Die allerersten Mitbringsel ihrer Freunde werden die beiden wohl nie vergessen: Georg reiste mit zwei Koffern an. In einem befanden sich T-Shirts und Hosen, in dem anderen zehn Kilo Süßigkeiten made in Germany. Und Rolf, der davon in Danielas Online-Tagebuch gelesen hatte, schleppte kurz darauf elf Kilo Süßes an. Das hat sich inzwischen deutlich relativiert. Es sei ja auch ganz schön, wenn man mal etwas vermisst, meint Daniela. Mark zum Beispiel weiß schon genau, dass er die ersten Tage nur Spargel essen wird, wenn er und Daniela im Juni das erste Mal nach mehr als zwei Jahren zu Besuch nach Deutschland reisen werden.

Aber so richtig doll vermissen die beiden eigentlich nichts in Neuseeland. Und besonders blöde Erlebnisse fallen ihnen auch nicht ein. Höchstens vielleicht... Ernsthaft krank möchten sie in ihrer neuen Heimat nicht so gern werden. Mark erzählt, wie er sich ein paar Tage vor unserem Treffen den Daumen ausgekugelt hatte: „Ich bog den Daumen im ersten Schock zurück in die Ausgangsposition. Er ließ sich dann locker hin und her bewegen. Leider war die Straße nach Kawakawa, wo sich das nächste Krankenhaus befindet, nach heftigen Regenfällen und Erdrutschen gerade unpassierbar." Der Notruf, bei dem sich Daniela erkundigte, was Mark machen solle, empfahl, Schmerztabletten zu nehmen und abzuwarten, ob die Straßen am nächsten Tag wieder frei sein würden. „Ob die Leute hier härter im Nehmen sind?", fragt sich Daniela. Den Eindruck könne man schon haben, meint sie. „Wenn die Nachbarn, die ja meist etwas älter sind, zum Beispiel ein neues Knie oder eine neue Hüfte kriegen, sind die auch bereits wenige Tage nach der Operation wieder zu Hause."

Tatsächlich sind Daniela und Mark in Neuseeland bisher kaum krank gewesen. Dauermüdigkeit, Gereiztheit, Magenschmerzen und Verspannungen haben sie in Deutschland gelassen. „Mark sagt immer: ‚Seitdem wir hier sind, lache ich viel mehr'", erzählt Daniela. „Ja, ich glaube, bis jetzt haben wir alles richtig gemacht."

Nachtrag. Daniela und Mark waren inzwischen zu Besuch in Deutschland. Ein bisschen muss es wie früher gewesen sein: Ihr Terminkalender platzte aus allen Nähten, aber sie haben es geschafft, all ihre Lieben zu treffen, manche sogar mehr als einmal. Die Begegnung mit der alten Schulfreundin blieb ein wenig distanziert, aber mit den meisten fühlte es sich an, als habe man sich vor einer Woche zuletzt gesehen. Mark hat ganz viel Spargel gegessen. Der Abschied war auch dieses Mal nicht leicht, aber jetzt sind beide froh, dass sie wieder zu Hause in Paihia sind.

On the road again

Bis zu den nächsten Interviews sind es noch ein paar Tage. Ich beschließe, einen Abstecher an die Westküste zu machen: zu Tane Mahuta und den anderen Riesen-Kauribäumen und zu den wilden schwarzen Stränden weiter südlich – das Thema Einwanderer natürlich immer im Blick.

Kurze Pause in Kawakawa, das von Paihia aus längst wieder gut erreichbar ist. Kawakawa ist eines dieser unzähligen eher gesichtslosen Örtchen im Land, verfügt aber selbst über das wahrscheinlich schönste – zugleich öffentliche und stille – von allen. Geschaffen hat es der Wiener Künstler Friedensreich Hundertwasser, der die letzten 25 Jahre seines Lebens auf einer Farm in der Nähe verbrachte und auch dort beerdigt wurde.

Es ist immer noch gnadenlos heiß. Die Straße ist gepflastert mit gefühlt Tausenden von zu Brei gefahrenen Possums. Kein schöner Anblick! Die kleinen Pelztiere sind in Neuseeland eine echte Plage. Eingeführt wurden sie in der ersten Hälfte des 19. Jahrhunderts, um die Pelzindustrie im Land aufzubauen. Seither hat sich die Population mangels natürlicher Feinde auf den Inseln fast ungehindert vermehrt – nach Schätzungen der Naturschutzbehörden auf inzwischen 70 Millionen Exemplare, die sich Nacht für Nacht durch mehr als 20.000 Tonnen Blattwerk fressen. Außerdem ernähren sich Possums von Vogeleiern und Jungvögeln. Besonders für den flugunfähigen Kiwi sind sie eine ernste Bedrohung. So muss man sich wohl nicht wundern, wenn die menschlichen Kiwis nicht gut auf die – lebendig – ganz putzig aussehenden Pelztiere zu sprechen sind und sich bemühen, möglichst viele von ihnen zu erlegen – und sei es mit dem Auto.

Auf kurvenreicher Straße erreiche ich den Waipoua Kauri Forest, einziger größerer Überrest der einst mächtigen Kauriwälder Neuseelands. Nur ein paar Schritte, und vor mir erhebt sich Tane Mahuta, mit über 50 Metern der höchste Kauribaum des Landes. Benannt ist er nach dem Herrscher des Waldes, dem Sohn von Himmelsvater und Mutter Erde in der Maori-Mythologie. Er ist so alt wie unsere Zeitzählung. Oder doch fast. Die Gelehrten streiten sich, und mir ist es egal. Ich bin einmal mehr überwältigt von der Schönheit und Ruhe, die die alten Riesen ausstrahlen. Licht bricht in schwindelnder Höhe durch die Kronen der Bäume, die schnurgerade gen Himmel streben, wenn sie nicht gerade einem benachbarten Konkurrenten geringfügig ausweichen müssen. Im Erdreich gehalten werden diese Giganten vor allem durch ihr eigenes Gewicht. Umgestürzte Exemplare zeigen, wie lächerlich klein das Wurzelwerk ist.

Im Kauri-Museum in Matakohe nahe des Kaipara Harbour begebe ich mich am nächsten Tag auf einen Streifzug durch die Geschichte der neuseeländischen Holzindustrie und die Storys der Bobs und Bills und wie die Sägewerker alle hießen, die im 19. Jahrhundert vor allem aus England ins Land kamen. Als vor nicht einmal 200 Jahren die ersten Siedlungen von Weißen an der Bay of Islands entstanden, bedeckten Kauriwälder noch weite Teile des Northland. Schon Anfang des 20. Jahrhunderts hatten die Siedler den größten Teil gefällt. Aus den gewaltigen Stämmen gewannen sie lange breite Bretter makellosen Holzes, die fast universell verwendbar waren: für den Bau von Schiffen, Häusern und Möbeln ebenso wie als Eisenbahnschwellen oder Stützbalken im Bergbau. Das Kauriharz, das die Maori zum Kochen und Feuermachen, zum Tätowieren und als Kaugummi benutzten, verarbeiteten die Europäer zu Farben und Lacken.

Anschließend verbringe ich wieder einmal Stunden im Auto. Im Visitor Centre in Helensville schlage ich noch großartig alle Quartierangebote aus, will näher ans Meer, am liebsten direkt an die Strände von Piha und Karekare, wo Teile von Jane Campions Film „Das Piano" gedreht wurden. In Riverhead beschließe ich, es gut sein zu lassen für den Tag. Autofahren in Neuseeland dauert oft so viel länger als geplant, und das nicht nur wegen kurviger Straßen und Geschwindigkeitsbegrenzungen. Sogar unmittelbar am Highway tun sich Bushwalks auf, die „mal eben" begangen sein wollen. In Riverhead finde ich nicht nur ein Quartier für die Nacht. Mein sympathischer Gastgeber Jeff stellt auch gleich noch Kontakt zu seiner Kollegin Evi Schuck her, die Anfang der 80er Jahre zusammen mit ihrem Mann aus Süddeutschland nach Neuseeland gekommen ist. Ein Treffen mit den beiden ist schnell vereinbart.

Jetzt aber erst einmal los Richtung Waitakere Ranges und Traumstrände! Durch dichten Regenwald schlängelt sich die immer enger werdende Straße, erst die Hügel hinauf und dann wieder hinab ans Meer. Der Blick von oben auf die Bucht von Piha mit dem Löwenkopf-Felsen mittendrin ist einfach überwältigend! Der Strand von Karekare ein paar Buchten weiter südlich hält sich zunächst bedeckt: Am Ende der noch viel schmaleren Straße geht es zu Fuß über eine Brücke. Pohutukawa-Bäume, wegen ihrer leuchtend roten Blüte im Dezember auch Weihnachtsbäume genannt, umschließen den Wanderer wie in einem lichtdurchfluteten Tunnel. Weiter führt der Pfad durch Strandgras und Palmen. Und dann ist er plötzlich da, dieser aus dem „Piano" bekannte Blick auf den schwarzen Sand, auf den markanten Felsen im Hintergrund und auf die steigenden Fluten! Ganz deutlich habe ich das Klavier vor Augen, das die stumme Ada (Holly Hunter) aus Schottland mit nach Neuseeland bringt, um eine arrangierte Ehe mit einem britischen Siedler einzugehen. Der holt die Angetraute zwar mit einem Haufen Träger ab, muss das Klavier aber zunächst am Strand zurücklassen…

Die Wellen rollen kraftvoll und völlig unberechenbar auf den feinen schwarzen Sand. Bei jedem Rückzug hinterlassen sie grandiose Wolkenspiegelungen. Die Luft flimmert vor den vulkanischen Klippen, die die Bucht begrenzen. Ganz allmählich taucht die Nachmittagssonne das Meer in ein platinfarbenes Glitzerkleid. Ein Ort von berauschender Schönheit und Magie – ob mit oder ohne Piano! Und nicht einmal 50 Kilometer von Auckland City entfernt.

Karekare Beach

Kochen für Kiri

Evi und Peter Schuck, Auckland

Richtige Kiwis seien sie geworden, meint Evi Schuck (Jahrgang 1945), die vor 30 Jahren mit Ehemann Peter (Jahrgang 1948) von Ulm nach Neuseeland kam. Kehrwoch und wöchentliches Autoputzen ade. Peter läuft sommers wie winters in kurzen Hosen und T-Shirt herum. Doch Evi und Peter leben in Neuseeland nicht nur äußerlich legerer, sondern auch wesentlich entspannter als im deutschen Ländle. Dabei können sie mit der Zahl ihrer Arbeitsplatz- und Ortswechsel die für ihre Mobilität bekannten Kiwis noch in den Schatten stellen.

Ihr gegenwärtiges Zuhause steht in dem Aucklander Vorort Hobsonville, benannt nach dem ersten neuseeländischen Gouverneur William Hobson. Zur Ostküste mit ihren weißen Sandstränden sind es 20 Autominuten, zur raueren Westküste gut doppelt so viele. In dem kleinen Gärtchen vor dem Haus gedeihen Silberfarn und Gummibaum einträchtig nebeneinander. Peter verwöhnt uns während des gesamten Gesprächs mit selbst zubereiteten Leckereien. Herrlich! Ich bin entschlossen, in Zukunft öfter Köche zu interviewen.

Ende der 70er Jahre waren die Schucks für zwei Wochen nach Neuseeland gereist um zu schauen, ob ihnen das Land gefällt und Peter dort womöglich Arbeit findet. Ein Hotel bestätigte ihm schriftlich, dass man ihn beschäftigen würde. Mit der Bestätigung gingen Peter und Evi zur neuseeländischen Botschaft in Bonn und stellten einen Einwanderungsantrag. Peter wurde aufgefordert, einen Sprachkurs zu besuchen und Englisch zu lernen. Einmal ging er tatsächlich zum Unterricht, danach nicht mehr. Beim zweiten Gespräch in der Botschaft kriegte er trotzdem seinen Stempel. „Die Mitarbeiterin meinte, die Sprache würde er wohl besser in Neuseeland lernen", erzählt Evi. Wie sich die Zeiten geändert haben!

Aber warum wollten sie überhaupt gehen? Und warum nach Neuseeland?

Evi und Peter Schuck

Afrika und Asien erschienen ihnen von der Mentalität her zu fremd, sagen die beiden. Südamerika war ihnen zu unsicher, Kanada zu kalt. Evi: „Ich wollte es nicht allzu kalt, und wir wollten weit weg." Am Ende blieben Neuseeland und Australien übrig. Den Ausschlag für Neuseeland gab, dass man die erforderliche medizinische Untersuchung bei seinem Hausarzt machen lassen konnte, im Gegensatz zum australischen Verfahren, bei dem man pro Person 1.500 D-Mark für den Check zahlen sollte. Das hätte ein zu großes Loch in die Haushaltskasse gerissen. Außer Evi und Peter gab es noch ihre drei Kinder: den damals achtjährigen Alex sowie Birgit, 16, und Claudia, fast 18, aus Evis erster Ehe. Die Mädchen waren alles andere als begeistert von der Idee auszuwandern, mussten aber mit, schon weil es nach den Einwanderungsbestimmungen nicht gegangen wäre, ein Kind in Deutschland zurückzulassen, wie sich Evi erinnert.

Peter und Evi gefiel es schon eine Weile nicht mehr in Deutschland: „Zu viele Leute, zu voll." Evi mochte auch das deutsche Schulsystem nicht. Die Mädchen hätten einen *„nervous breakdown"* wegen einer halben Note gehabt. „Der Druck war so immens, die beiden waren so im Stress, das wollte ich mit dem Kleinen nicht noch einmal durchmachen. Und dann haben sie auch noch angefangen, Atomkraftwerke zu bauen." Peter: „Zwischen Ehingen und Ulm, vielleicht zehn, 15 Kilometer von unserem Haus entfernt, sollte ein AKW gebaut werden." Das war der Tropfen, der das Fass zum Überlaufen brachte. „Da haben wir gesagt: Bloß weg hier!" Tatsächlich wurde das Atomkraftwerk dann gar nicht gebaut. Die beiden sind trotzdem froh, dass sie „raus" sind.

Dabei gab es keinerlei Vorbilder daheim. Peter und Evi waren die einzigen in ihrem Verwandten- und Bekanntenkreis, die jemals die Idee hatten auszuwandern. „Mein Bruder wohnt seit 40 Jahren im selben Haus. Er hat 33 Jahre in derselben Firma gearbeitet und bis heute in keinem Flugzeug gesessen", erzählt Peter. Evi: „Die anderen waren entsetzt, als sie von unseren Plänen erfuhren. Freunde und Bekannte, aber vor allem die Lehrer an Birgits Schule, die gerade die Mittlere Reife gemacht hatte, meinten, das könnten wir doch nicht tun. Die armen Kinder, hieß es. Oder: Und was ist mit eurer Rentenversicherung?"

Peter hatte die letzten Jahre im Ulmer Ratskeller gekocht. „Finanziell ist es uns nicht schlecht gegangen", sagt er. Nachdem sie ihr damals noch nicht abbezahltes Haus zu einem ziemlich niedrigen Preis verkauft und Flugtickets für die Familie gekauft hatten, war davon nicht mehr viel übrig: 5.000 D-Mark.

In Auckland arbeitete Peter zunächst im Hotel Intercontinental, jetzt Hyatt, an der Symonds Street. Allerdings nur vier Monate lang, dann reichte es ihm, dass er Abend für Abend im Top-of-the-Town-Restaurant Kartoffelbrei stampfen sollte, und das nach 17 Jahren anspruchsvoller Tätigkeiten in Deutschland. Ob es an den fehlenden Englischkenntnissen lag, ob Ausländerfeindlichkeit im Spiel war – egal. Im nächsten Restaurant, das von einem Holländer betrieben wurde, harmonierte es jedenfalls besser: Peter durfte nach Herzenslust kochen und zeigen, was er konnte.

Das ging ein Jahr so. Dann machten sich Peter und Evi selbstständig: mit *Event Catering*. „Wie sagt man dazu auf Deutsch?", fragt Peter. Ich muss lachen. Im Laufe unseres Gesprächs wird sich der Mann, der fast ohne ein Wort Englisch nach Neuseeland kam, noch mehrfach über das *„bloody* Deutsch" beschweren, wenn ihm wieder einmal nicht der treffende Begriff in seiner Muttersprache einfallen will.

Die Küche, in der Peter und Evi das Essen für die Veranstaltungen zubereiteten, war vielleicht 30, 40 Quadratmeter groß, die Speisen europäisch. Fleischwaren lieferten zwei Schweizer Metzger, die sich gerade in Auckland niedergelassen hatten. Schwarzwälder Kirschtorte und Kümmelbrot bezogen Peter und Evi von einem Konditor aus Berlin, der zuletzt in Singapur gearbeitet hatte. Auch unter den Kunden gab es viele Deutsche: Konsulatsangehörige und Manager, die in den Niederlassungen ihrer Firmen in Auckland arbeiteten und sich regelmäßig im Deutschen Club trafen. Besonders in den ersten Jahren hätten sie gezielt Kontakt zu Deutschen gesucht, erzählt Peter. Aus geschäftlichen Gründen, aber auch, um Deutsch zu sprechen. Übertreiben wollte Peter es schließlich nicht mit der neuen Sprache.

Der vielleicht berühmteste Gast von „Cordon Bleu Parties", so hieß das Unternehmen, war Kiri Te Kanawa, Neuseelands wunderbare Opernsängerin, die anlässlich der Eröffnung des Aotea Trust 1983 zwei Konzerte in der alten Town Hall von Auckland gab. Organisatoren des Events waren Air New Zealand und American Express. Peter und Evi machten das Catering. „Das war natürlich eine tolle Promotion für uns", sagt Peter. Und dann sei die Kiri auch noch so nett. Überhaupt nicht eingebildet. Später habe man sie noch mal beim Skilaufen getroffen. Die beiden zeigen mir Fotos, mit Kiri, von den tollen Buffets… Peter hatte damals noch einige Kilo weniger auf den Rippen.

Schon 1984 verkauften er und Evi ihr Unternehmen wieder und zogen nach Christchurch auf die Südinsel. Die „Cordon Bleu Partics" waren gut gelaufen, aber die beiden empfanden es auf Dauer als Belastung für ihre Beziehung, so eng und so viel zusammenzuarbeiten. Und Evi verrät, dass es ihr auch nicht immer gefallen habe, wie es bei der High Society hinter den Kulissen zugegangen sei. Auf einen allerdings lässt sie nichts kommen: auf David Lange, den 2005 verstorbenen ehemaligen Labour-Premierminister, dessen Vorfahren väterlicherseits aus Bremen stammen und für den die Caterer mehrfach tätig waren. International bekannt wurde Lange vor allem wegen seines Einsatzes für Neuseeland als atomwaffenfreie Zone und gegen Atomtests im Pazifik.

Bei dem Umzug nach Christchurch war Familie Schuck nur noch zu dritt: Evi, Peter und Sohn Alex. Tochter Claudia, die in Süddeutschland eine Fremdsprachenschule besucht hatte, war nach zwei Monaten Neuseeland zurückgekehrt, um die Schule zu beenden. Ihre zwei Jahre jüngere Schwester Birgit ging ebenfalls wieder nach Deutschland, sobald sie volljährig war. Claudia lebt längst wieder in Auckland, aber Birgit ist in Deutschland geblieben. Sie kommt ab und zu mal zu Besuch nach Neuseeland, finde das Land auch schön, könne sich aber nicht vorstellen, irgendwo anders zu leben als in Nürnberg, erzählt ihre Mutter.

Peter, Evi und Alex also zogen nach Christchurch und kurze Zeit später weiter nach Omarama, ein kleines Dorf am Rande der neuseeländischen Alpen. „So wie dort hatten wir uns Neuseeland immer vorgestellt", sagt Evi. „In Omarama haben wir das erste Mal die Milchstraße gesehen, so dunkel war es nachts." Dabei bedeutet das Maori-Wort „Ort des Lichts". Während Peter in der Küche eines großen Hotels kochte, arbeitete Evi dort als Zimmermädchen und traf sich nach Feierabend mit den anderen Frauen des Dorfs, um Wolle zu spinnen und zu färben. Gefärbt wurde mit dem, was die Natur hergab: Zwiebeln, Moos, Walnusskernen. Das hatte Evi vorher noch nie gemacht, war aber gleich begeistert. Und ein bisschen Merinowolle auf dem Leib konnte bei den manchmal ziemlich eisigen Temperaturen auch nicht schaden. Der damals zwölfjährige Alex besuchte die Dorfschule. Nebenher versuchte er sich als Possum-Jäger. Der geplante Verkauf der Felle lief allerdings nicht so wie erhofft.

Von Omarama ging es nach Dunedin und von dort weiter nach Queenstown, in das Zentrum des neuseeländischen Abenteuertourismus. Dort blieben die Schucks insgesamt sechs Jahre, für ihre Verhältnisse eine halbe Ewigkeit. Alex, der in Dunedin die *Intermediate School* abgeschlossen hatte, besuchte in Queenstown die *High School*. Seine Eltern managten zusammen ein Hotelrestaurant, dann arbeitete Peter als Küchenchef in einem anderen Hotel, schließlich machten er und Evi sich erneut selbstständig. Ein befreundeter Steuerberater hatte Peter das „Upstairs Downstairs", ein Lokal mit zwei Speiseräumen, zum Zwangsversteigerungs-Sonderpreis angeboten.

Mir schwirrt der Kopf von all den Wechseln. Peter und Evi haben ganz offenbar Hummeln im Hintern. „Hummeln?", sagt Peter und lacht. „Das sind komplette Nester." Er sei auch in Deutschland schon ein Wanderer gewesen – und ist sich sicher, so wäre er überall auf der Welt. „Alle Köche, die ich kenne, sind so. So lernst du mehr. Jede Küche ist anders. Der Kick ist, wenn du deinen *footprint* hinterlassen kannst, wenn du sagen kannst, ich habe die Küche von dem niedrigeren Level auf einen höheren gebracht. Wenn du weißt, weiter kommst du hier nicht, musst du gehen."

Ein bisschen haben die Veränderungen auch damit zu tun, dass sich Peter nicht so gut unterordnen kann. Er greift deshalb gern zu, wenn sich die Möglichkeit der Selbstständigkeit ergibt. Die wiederum hat zur Folge, dass Evi und Peter enger zusammenarbeiten müssen, als beiden eigentlich lieb ist. Sie seien alle zwei dickköpfig, sagt Evi, nicht so sehr Menschen, die gut folgen könnten, eher welche, die anderen sagen, wo es langgeht. Also haben sie in Queenstown versucht, möglichst getrennte Zuständigkeitsbereiche zu etablieren. Peter sollte sich um die Küche kümmern, Evi ums Restaurant. Natürlich hat er trotzdem in ihren Bereich hineinregiert. Das gehe auch gar nicht anders, meint Peter. Er sei schließlich gelernter Hotelkoch, ein Vollblutkoch noch dazu, während Evi ihre Kenntnisse erst im Laufe der Ehe erworben habe. Wie auch immer: Unter dem Strich scheint es für beide gesünder zu sein, wenn sie ihr je eigenes Reich haben. Peter und Evi nicken. „Unsere Kunden fanden es dagegen süß, dass wir das Restaurant zusammen gemacht haben", erzählt Evi. „Und auch der Alex hat oft mit gekellnert, gespült und gekocht."

Das Leben in Queenstown empfanden Schucks als nicht ganz einfach. Evi: „Man hat keine Freunde in Queenstown, man hat bloß Bekannte, die auch ein Geschäft haben. Alles, was man spricht, ist: ‚Wie läuft euer Geschäft?' Es geht nur ums Geld. Cafés, Restaurants, Jetboote, Bungee-Jumping und Sky-Diving: Die ganze Stadt lebt vom Tourismus. Es ist ein bisschen künstlich dort." Peter und Evi nutzten die knappe Freizeit, um auf den „Hausbergen" von Queenstown Ski fahren zu lernen.

Alex trug der Wintersport sogar eine Reise nach Deutschland ein. Auf der Piste hatte er einen jungen Mann kennengelernt, dessen Eltern in der Nähe der österreichischen Grenze einen Skilift betrieben und der ihm einen

Job als Skilehrer anbot. Evi: „In den Jahren davor hatte Alex sich sogar geweigert, Deutsch zu sprechen. Wir sprachen daheim Deutsch mit ihm, er antwortete auf Englisch. Nachdem er die Schule abgeschlossen hatte, wollte er plötzlich unbedingt nach Deutschland. Da wollte er wissen, wo er herkam." Alex reiste nach Deutschland, jobbte als Skilehrer, erkundete Europa, verbrachte ein Jahr in Kanada. Evi: „Er musste herausfinden, wo er leben wollte. Irgendwann sagte er: Ich komme zurück. Wenn ich Kinder habe, möchte ich die in Neuseeland haben."

1993, nach sechs Jahren Queenstown, davon vier im eigenen Restaurant, beschlossen Peter und Evi, auf die Nordinsel zurückzukehren. Das hatte auch damit zu tun, dass ihre älteste Tochter inzwischen wieder in Auckland lebte. Claudia hatte in Deutschland geheiratet und musste, als sie mit ihrem Mann und dem ältesten Sohn nach Neuseeland zurückkehrte, ein komplett neues Einwanderungsverfahren durchlaufen. Ihre frühere *Permanent Residency* war in der Zwischenzeit verfallen. Claudia arbeitet heute als selbstständige Reiseleiterin, organisiert vor allem Touren für Gäste von Kreuzfahrtschiffen und bildet auch *Tour Guides* aus. Claudia kenne Neuseeland *„inside out"*,

Ein Silberfarn im Garten

sagt Evi, die im Sommer selbst gelegentlich Touristen durch die Stadt oder zu den Attraktionen der näheren Umgebung begleitet. Nach Muriwai Beach nordwestlich von Auckland fährt sie am liebsten. „Da besuchen wir die Tölpel-Kolonie. Auf dem Rückweg gibt es meist noch eine Weinprobe."

Aber zurück zu Peter und Evis stationsreicher Wanderung durch das Land: Von Queenstown ging es nach Auckland, von dort nach Rarotonga, der größten und am dichtesten besiedelten der Cook-Inseln im Südpazifik. Der Inselstaat steht in freier Assoziierung mit Neuseeland und hat die gleiche Währung. Peter hatte angenommen, dass auch die Steuersätze gleich wären. Tatsächlich wurde er den hohen Sätzen für Ausländer unterworfen und verdiente unter dem Strich weniger als in Neuseeland. Das sah er nicht ein, und das Geld reichte auch nicht zum Leben. Also zurück nach Auckland – und von dort weiter nach Gisborne im äußersten Osten, dorthin, wo der legendäre englische Captain Cook zuerst das neuseeländische Festland betreten hatte und wo auch die Sängerin Kiri Te Kanawa geboren wurde. Zweieinhalb Jahre lang managten Evi und Peter wieder einmal ein Restaurant zusammen. „Da haben wir uns nicht mal allzu viel gestritten", sagt Evi und lacht. Dann zogen sie weiter nach Taupo am gleichnamigen See mitten auf der Nordinsel.

Während Peter wie immer kochte, stellte Evi die Weichen für ihre aktuelle Berufstätigkeit: Sie arbeitete als Pflegerin in einem Altenheim. Eine Ausbildung hat sie nie gemacht. „Hier nimmt man auch gern ungelernte Kräfte", sagt sie. „Für die muss man nicht so viel bezahlen. Im Moment werden vor allem Inder und Philippinos eingestellt oder *islanders*, also Leute von Samoa oder Tonga. Die sind etwas kräftiger gebaut und haben keine Probleme, Alte oder Kranke auch mal hochzuheben. Und sie sind sehr lieb zu den Alten, fast als wären es ihre eigenen Verwandten. Die würden ihre alten Leute nie in ein Pflegeheim geben." Evi ist selbst schon lange nicht mehr in der Pflege tätig, macht inzwischen vor allem Beschäftigungstherapie mit den Bewohnern eines Alten- und Pflegeheims.

In Auckland leben sie und Peter jetzt elf Jahre. Peter hat die meiste Zeit in Hotelküchen gekocht. Seit ein paar Jahren ist er Küchenchef eines *Retirement Village*, einer Art Seniorenresidenz. Peter: „Von den 260 Bewohnern leben

50 in *serviced appartments*, für die kochen wir Mittagessen und bereiten das Abendessen zu. Die anderen versorgen sich selbst, dürfen aber natürlich zu den monatlich stattfindenden Buffets und wöchentlichen Bratenabenden kommen." Die Menüpläne stimmt Peter mit einem staatlich geprüften Diätassistenten ab. Ein richtiger Rentenjob, sagt er. Mit zunehmendem Alter wissen er und Evi geregelte Arbeitszeiten und freie Wochenenden einfach mehr zu schätzen. „Wir können mal ins Kino oder ins Konzert gehen. Das haben wir ja nie gekonnt."

Und das soll auch so weitergehen? Peter zögert kurz. „Ja", sagt er dann. „Er hat ja bloß noch drei Jahre", ergänzt Evi. 50 Jahre wird Peter dann im Beruf sein. Er könnte auch jetzt schon aufhören, denn Evi erhält bereits ihre Volksrente. Wenn der erste Ehepartner das Rentenalter erreicht, könne der zweite *„piggyback"*, im Huckepackverfahren, ebenfalls in den Ruhestand gehen, erzählen die beiden, dürfe dann allerdings nur wenig hinzuverdienen. Solange Peter berufstätig ist, will auch Evi weiterarbeiten. Vor kurzem hat sie auf vier Tage die Woche reduziert.

In dem Heim, in dem sie arbeitet, gibt es fast nur pflegebedürftige Bewohner, viele seien dement. Evi: „Die, die es sich leisten können, gehen in ein *Retirement Village* und bleiben dort so lange es irgend geht. Die anderen bleiben so lange wie möglich zu Hause und kommen dann ins Heim."

In der Küche stapelt sich das Geschirr. Evi lacht. Das sei typisch für Profiköche. Die hätten ja auf der Arbeit immer jemanden, der hinter ihnen herräumt. Zuhause macht Evi das. Kein Problem, sagt sie. Dafür brauche sie ja nicht zu kochen.

Ich frage die beiden, was sie in Neuseeland gesucht und was sie gefunden haben. „Frieden", sagt Peter spontan. „Wenn ich an den Druck denke, unter dem ich in Deutschland gearbeitet habe, dann ist hier alles viel lockerer." Man mag es kaum glauben nach dem Parforceritt der vergangenen Stunden durch die Küchen Neuseelands. „Ich habe natürlich auch hier viel gearbeitet", räumt Peter ein. „Aber es ist weniger stressig. Auf meiner letzten Arbeitsstelle in Deutschland, im Ratskeller in Ulm, haben wir jeden Tag ungefähr 600 Mittagessen zubereitet und 400 oder 500 Abendessen. Wir waren vielleicht sechs Köche. In einem so kurzen Zeitraum so viele Essen durchzujagen, da ist man bloß noch eine Maschine."

Evi gefällt, dass man sich ausbreiten kann in Neuseeland. „Es gibt einfach mehr Platz als in Deutschland." Am jetzigen Standort schätzt sie, dass alles so nah ist: die Strände an Pazifik und Tasmanischer See ebenso wie der Urwald, die wilden Waitakere Ranges ebenso wie die *Bushwalks* um Auckland. Peter und sie würden die Nähe zur Natur auch viel nutzen, vor allem an den Wochenenden auf langen Spaziergängen mit ihrem Australian Kelpie.

Sie seien längst Kiwis geworden, meinen die beiden, hätten ihr Leben nach Schema F abgelegt. Schema F, was ist das? Dass man jede Woche sein Auto putzt, fällt Evi ein. Auch die Kehrwoch gehöre dazu. „Und dass man sich gut anzieht, wenn man fortgeht." In Neuseeland läuft Peter praktisch das ganze Jahr in überlangen kurzen Hosen und T-Shirt herum. Das macht ihn wohl tatsächlich zum Kiwi. Kleidung muss vor allem bequem sein, und kalt ist einem echten Neuseeländer anscheinend auch nie. Peter meint, sie seien nicht nur äußerlich legerer, sondern auch in ihrem Wesen entspannter geworden. „Ja, ich glaub schon", stimmt Evi zu. „Wir sind schon so lange fort, dass man es gar nicht mehr so genau weiß."

Seit 1989 haben die beiden neuseeländische Pässe. Anlass war der Wunsch, sich die deutsche Rente auszahlen zu lassen. Claudia und Alex sind bis heute deutsche Staatsangehörige. „Für manche Leute ist der Pass wichtiger als für mich", meint Evi. „Ich fühle mich trotzdem manchmal als Deutsche. Wenn wir im Urlaub gefragt werden, wo wir herkommen, antworte ich: Neuseeland. Wenn aber Fußballweltmeisterschaft ist und die deutsche Mannschaft spielt, sage ich: Wir haben gewonnen. Das hat nichts mit der Qualität der neuseeländischen Spieler zu tun. Im Fußball bin ich einfach deutsch, und in manchen anderen Sachen auch. Draußen hängt das bayrische Wappen, und auf dem Auto habe ich ein ‚D' kleben. Das haben sehr viele hier. Peter nicht. Aber im Grunde ist das Einzige, das mir manchmal fehlt, die Sprache, genauer: unser Dialekt. Den versuchen wir uns mit fränkischen und schwäbischen DVDs ins Haus zu holen." Evi stammt ursprünglich aus Nürnberg.

Peter spürt in Deutschland keine Wurzeln mehr. Evi sieht das ein bisschen anders: „Ich will nicht mehr hin, aber man kommt doch von dort." Auch durch Birgit, ihre jüngere Tochter, bestehe noch Verbindung zum Land. Und dann will Evi von ihrem Mann wissen, wieso er denn im Internet verfolge, was in Deutschland los ist, wenn das Land angeblich keine Bedeutung mehr für ihn habe. „Weil es mich interessiert", sagt Peter.

Interessieren tun ihn eine ganze Reihe Länder. Jedes zweite Jahr machen er und Evi eine große Reise. Die beiden waren viel in Asien, auch weil das im Wortsinn nahe liegt. Als nächstes soll es nach Borneo gehen, in den malaysischen Teil. Das kleine Sultanat Brunei kennen Peter und Evi schon. Vor einiger Zeit haben sie den Film „The Bucket List" („Das Beste kommt zum Schluss") gesehen. Jack Nicholson und Morgan Freeman spielen darin zwei zum Sterben verurteilte Krebskranke, die von der Krankenstation fliehen und sich mit einer Wunschliste, was sie in ihrem Leben unbedingt noch tun wollen, auf Weltreise begeben. „Ich habe geheult, als ich das gesehen habe", erzählt Peter. „Man denkt: Was habe ich noch vor mir, und was ist wichtig für mein Leben? Wenn deine Kinder groß sind und nach sich selber schauen können, ist Zeit für dich da. Dann musst du mal all die Sachen aufschreiben oder in deinem Kopf haben, die du noch machen willst. Mich würde zum Beispiel noch das Hinterland von China interessieren. Und noch mal nach Nepal, wenn es geht." Dort haben er und Evi vor Jahren Trekking gemacht. „Kambodscha, Burma. Alles sehr interessante Länder.

Fruchtbarkeitsgott Kokopelli

Man sieht die andere Lebensart der Leute, man sieht Pflanzen und Tiere, die man hier nicht findet, und dann das Essen, all die Gewürze… Ich habe schon viele Dinge mit heimgebracht und für die hiesige Küche übersetzt. Alles kann man dir wegnehmen, dein Haus, deine Arbeit, auch deine Gesundheit, aber nicht die Erinnerungen, die Erlebnisse, die Bilder im Kopf."

Um auch mir ein paar ganz besondere Bilder mit auf die Reise zu geben, beschließt Peter, dass wir am nächsten Tag unbedingt noch bei Colleen und John in Helensville vorbeischauen sollten. Die beiden sind nicht nur Gefährten auf der bevorstehenden Reise nach Borneo, sondern außerdem Schöpfer und Besitzer eines Hauses, an dem der Künstler Friedensreich Hundertwasser seine Freude gehabt hätte. Allein ein Jahr hat der Möbeltischler John damit verbracht, aus dem vorhandenen Erdreich Mauersteine zu formen und aufeinanderzuschichten. Das Dach, das an eine Pagode oder ein Zirkuszelt erinnert, wird von uralten australischen Telegrafenmasten gestützt. Durch Fenster und Glasflaschen im Mauerwerk fällt Licht in den unterschiedlichsten Farben. Mitten durch das offene Gebäude fließt ein kleiner Fluss. Nirgends gibt es Ecken oder Kanten. Treppen, Möbel, selbst die Waschbecken – alles hat John in jahrelanger Arbeit aus Holz gefertigt, das meiste aus *Macrocarpa*, der Monterey-Zypresse, die ursprünglich aus Kalifornien stammt. Ein Traum für Entdecker und noch dazu ein wohl behüteter, wie mir gleich beim Eintreten deutlich wird: Der Griff der Haustür stellt Kokopelli dar, Fruchtbarkeitsgott, Geschichtenerzähler und Glücksbringer der Navajo und Hopi-Indianer in New Mexico – und seit Jahren auch mein ganz persönlicher guter Geist. Wunderbar!

Das Heimweh blieb

Kirsten Reeck, Cambridge

Sie war gerade 40 geworden, als sie mit den Kindern zu ihrem Freund nach Neuseeland zog. Sie suchte die Herausforderung und ein neues Familienleben. Der Traum vom Familienglück währte nicht lange, Herausforderungen gab es im Laufe der Jahre viele. Kirsten Reeck (Jahrgang 1959) meisterte sie alle. „Ich könnte hier alt werden", sagt sie. Stattdessen entschied sie sich, nach Deutschland zurückzukehren. Weil sie selbst immer wieder Heimweh hat, aber auch, um sich als einzige Tochter um Mutter und Großmutter zu kümmern, die immer älter werden.

Lange bevor sie in der Fremde eine Sehnsucht nach daheim verspürte, hatte Kirsten vor allem das gegenteilige Gefühl kennengelernt. Das Fernweh liegt bei ihr vielleicht sogar in den Genen. Der Großvater war aus der Schweiz nach Pommern ausgewandert, der Vater fuhr schon mit 14 Jahren zur See. Er war jeweils ein Dreivierteljahr unterwegs und ein Vierteljahr zu Hause, bis er bei einem Schiffsausrüster im Hamburger Hafen anheuerte. Kirsten selbst ging nach der Fremdsprachenschule für ein Jahr nach London. Drei Monate arbeitete sie als Au-pair, aber eigentlich interessierte sie sich mehr für Firmen, die mit Mode und Medien zu tun hatten. Über die Buchhaltung gelang ihr der Einstieg in solch ein Unternehmen. „In dem Jahr bin ich erwachsen geworden", sagt sie. Anschließend zog es sie für ein halbes Jahr als Au-pair nach Genf. Ende 1980 war Kirsten zurück in Hamburg, arbeitete im Im- und Export, lernte ihren späteren Mann kennen. Als sie 25 war, wurde geheiratet, mit 26 kam das erste Kind: Florian, ein ADHS-Kind, hyperaktiv. 1992 wurde Fiona geboren. Ein Jahr später starb ihr Mann.

1995 begegnete Kirsten Fred. Der war zunächst ziemlich zurückhaltend, denn er beabsichtigte, nach Neuseeland auszuwandern. Das Letzte, was er wollte, war, sich kurz vorher noch in der alten Heimat zu verlieben. Aber dann wurde aus den beiden doch ein Paar. Als Fred bereits seine Einwanderungspapiere hatte, schickte ihn sein Arbeitgeber noch einmal

Kirsten Reeck

nach Argentinien. Nach einem halben Jahr kehrte er aus Buenos Aires zurück und ging dann auch bald nach Neuseeland. Nach Cambridge, das vor allem für seine Vollblutpferde-Gestüte bekannt ist. Das 14.000-Einwohner-Städtchen auf der Nordinsel ist umgeben von fruchtbarem Farmland, die Gegend ist ziemlich flach, aber mit schönen alten Bäumen bestanden – und *very british*.

Mit dem Umzug des Freundes begann für Kirsten eine Einwanderungs-Odyssee, die erst acht Jahre später mit dem Erwerb der eigenen Daueraufenthaltserlaubnis für Neuseeland enden sollte. 1997 machte sie mit den Kindern vier Wochen Urlaub in Cambridge. 1998 kam Fred zu Besuch nach Hamburg. Man telefonierte ein, zwei Mal die Woche miteinander, obwohl das damals noch sehr teuer war. Kein Vergleich zu den heutigen Möglichkeiten. Über einen in Deutschland ansässigen neuseeländischen Anwalt stellte Kirsten einen Antrag auf Partnerzusammenführung. Der Antrag wurde abgelehnt. Die Einwanderungsbehörden glaubten ihr nicht, dass sie und Fred noch ein Paar waren, obwohl sie nachweisen konnten, dass sie regelmäßig Kontakt hatten.

Im Frühjahr 1999, Kirsten war gerade 40 geworden, reiste sie noch einmal allein nach Neuseeland. Dann traf sie ihre Entscheidung. „Ich wusste, wenn es klappen soll, kannst du nur deine Sachen packen und rübergehen", sagt sie. „Da gab es kein Zurück mehr, so bin ich." Florian war gerade konfirmiert worden, Fiona stand kurz vor der Einschulung. Der Zeitpunkt erschien Kirsten günstig. Sie verkaufte ihr Haus im Norden von Hamburg, füllte zwei 20-Fuß-Container und machte sich mit den Kindern auf die Reise.

„Ich weiß nicht, woher ich dieses Gottvertrauen genommen habe, nur mit einem Besuchervisum nach Neuseeland zu gehen", sagt sie. „Heute denke ich: Das war ja absoluter Wahnsinn! Ich hatte natürlich gehofft, es würde mit Fred und mir klappen, wir würden als Familie zusammenleben. Das war ja ernst mit uns." Freunde und Familie hätten nicht nachvollziehen können, wie sie das schöne Haus verkaufen konnte, das sie gemeinsam mit ihrem Mann gebaut hatte. „Es sollte so sein", sagt Kirsten. „Ein halbes Jahr nach dem Verkauf soff der Keller ab. Das hätte mich ruiniert."

Am 31. August 1999 kamen sie und die Kinder in Neuseeland an. „Der 31. August war immer ein besonderer Tag für mich. Ich habe geheiratet, und Prinzessin Di gestorben." Die drei zogen zu Fred in dessen großes Haus in Cambridge, in dem alles Platz fand, was Kirsten per Container auf die weite Reise geschickt hatte. Nach der Ankunft gleich der erste Schock: Kirsten musste für Florian fast 10.000 NZ-Dollar Schulgeld im Jahr bezahlen. „Er wurde wie ein internationaler Student behandelt, während die Grundschule, auf der wir Fiona anmeldeten, akzeptierte, dass wir mit jemandem zusammenleben, der die *Permanent Residency* hat."

Fiona wurde, weil sie schon sechs war, gleich in Klasse zwei eingeschult. „Kinder gehen ja hier an dem Tag, an dem sie fünf werden, das erste Mal zur Schule, es sei denn, an dem Tag sind gerade Ferien", erläutert Kirsten. „Es gibt keinen einheitlichen Start. Also: Fiona begann in Klasse zwei. Sie konnte nicht lesen, sie konnte nicht schreiben, und sie konnte kein Englisch." Das arme Kind, würde man denken. „Nee", sagt Kirsten. „In dem Alter nicht. Fiona erhielt extra Englischstunden an der Schule und nachmittags noch ein bisschen spielerischen Unterricht bei einer Holländerin und kam prima klar. Sie ist nie zurückgestuft worden und fand auch gleich Freunde. Für Kinder ist es hier sowieso herrlich: Die ganz Kleinen müssen nicht mal am Tisch sitzen, und wenn sie allzu unruhig werden, dürfen sie zwischendurch kurz raus."

Tochter Fiona beim Kochen

Florian kam nicht so gut zurecht. Allerdings hatte er auch in Hamburg immer Schwierigkeiten gehabt, erzählt Kirsten: „Seit er klein war, gingen wir mit ihm von Arzt zu Arzt, von Therapie zu Therapie. Damals hieß das noch „Zappelphilipp-Syndrom". Ich war auch häufig seinetwegen in der Schule. Für ihn hatte ich mir gewünscht: Neues Land, neues Spiel, neues Glück! Das hat leider nicht so geklappt. Florian selbst wollte auch nicht nach Neuseeland. Du versuchst natürlich, alle Wünsche unter einen Hut zu kriegen, aber letztendlich sind es doch die Eltern, die die Entscheidungen treffen."

Ein halbes Jahr nach ihrer Ankunft in Neuseeland stellte Kirsten, dieses Mal mit Hilfe einer deutschen Juristin, einen neuen Antrag auf Familienzusammenführung. Auch der wurde abgelehnt. „Ich hatte noch gefragt: Sind wir nicht zu kurz zusammen?", erinnert sich Kirsten. „Aber die Beraterin meinte, das sei kein Problem. Tatsächlich kam es genau so, wie ich gedacht hatte: Für Immigration New Zealand zählte unsere Partnerschaft erst ab dem Tag, an dem die Kinder und ich neuseeländischen Boden betreten hatten. Damals musste man, glaube ich, mindestens ein Jahr zusammen sein."

Kurz bevor ihr zwischenzeitlich verlängertes Besuchervisum ablief, lernte Kirsten den Einwanderungsberater Peter Hahn kennen. Der sagte ihr, sie müsse ganz schnell Arbeit finden, um an ein Arbeitsvisum zu kommen. Kirsten hatte Glück: Durch Zufall lernte sie Jutta kennen, die einen Antiquitätenladen in Cambridge betreibt und deren Mann Kevin Inhaber eines Maklerbüros ist und ihr einen Job anbot. „Ich sagte, das habe ich ja noch nie gemacht. Kein Problem, hieß es. Du machst vier Wochen Abendkurs, und dann legst du los. Bezahlt wurde auf Provisionsbasis: zwei Prozent für mich und zwei Prozent für die Firma." Die Firma war auf Gewerbeimmobilien spezialisiert. Ihr erstes Objekt verkaufte Kirsten an Fred: einen kleinen Laden in der nahe gelegenen Universitätsstadt Hamilton, als Geldanlage. „Das war 2000/2001. Damals liefen die Geschäfte noch richtig gut. Wir machten Reklame mit dem Slogan ‚Make money with borrowed money.‘ Die Rendite war höher als die Zinsen, die du für den Kredit zahlen musstest."

Kirsten sollte vor allem Investoren aus deutschsprachigen Ländern akquirieren. Entsprechend leicht war ihrem Arbeitgeber der Nachweis gefallen, dass er für den Job keinen geeigneten Neuseeländer gefunden habe. Neben der deutschen Muttersprache kann Kirsten Englisch, Französisch, Spanisch, außerdem ein bisschen Italienisch und Russisch vorweisen. „Manches wurde im Laufe der Jahre natürlich verschüttet. Das will ich wieder freilegen, wenn ich in Hamburg bin."

Kirsten nahm Kontakt auf zur New Zealand German Business Association in Auckland, besuchte diverse Veranstaltungen mit Kevin und Jutta, darunter auch ein Mittagessen mit dem damaligen Bundespräsidenten

Johannes Rau, der zu einem Staatsbesuch in Neuseeland war. Auch an der Feier zum 50-jährigen Bestehen des Australien-Neuseeland-Vereins in ihrer Heimatstadt Hamburg nahm Kirsten teil. „Es war sehr festlich. Ich kannte niemanden und musste mich ganz schön in den eigenen Hintern treten, um aus meiner Komfortzone herauszugehen. Zum Glück wurde Lindauer Sekt ausgeschenkt, der aus neuseeländischem Chardonnay und Pinot Noir hergestellt wird. Ich nutzte die Gelegenheit, das Ehepaar neben mir zu fragen: Schmeckt Ihnen denn der Sekt? Es stellte sich heraus: Die beiden kannten Neuseeland, und das Eis war gebrochen."

Privat verlief Kirstens Leben zu der Zeit nicht so erfolgreich. Die Partnerschaft mit Fred ging auseinander, und ein Jahr später kehrte ihr damals 17-jähriger Sohn nach Deutschland zurück. In Cambridge hatte Florian mit Ach und Krach drei Jahre Schule hinter sich gebracht, hatte am Ende auch oft geschwänzt, was Kirsten gar nicht so mitgekriegt hatte, weil sie arbeitete. Die beiden stritten sich viel. Schließlich stimmte Kirsten zu, dass Florian nach Heidelberg gehen und dort bei Onkel und Tante leben sollte. Sie spielte kurz mit dem Gedanken, ebenfalls nach Deutschland zurückzukehren. „Aber es gab auch eine Stimme, die sagte: ‚Er ist jetzt alt genug. Soll er sein Leben leben!' Und eine andere Stimme sagte: ‚Wozu hat man schließlich Familie! Und wenn du zehn Mal die Mutter bist, jetzt soll sich auch mal jemand anders kümmern.'"

Kirsten ließ ihr Arbeitsvisum ein-, zweimal verlängern. Dann beschloss sie, noch einen Versuch zu machen, in den Besitz einer Daueraufenthaltserlaubnis zu kommen, dieses Mal partnerunabhängig. Sie hatte auch vorher schon mal prüfen lassen, ob ihre Ausbildung an der Fremdsprachenschule in Neuseeland anerkannt würde. Die New Zealand Qualification Authority lehnte ab mit der Begründung, die Ausbildung habe ja nur ein Jahr gedauert. Dass die Schulzeit so kurz war, weil Kirsten Abitur hatte, vermochte die Behörde nicht zu überzeugen. Kirsten war klar, wenn sie dauerhaft im Land bleiben wollte, musste sie sich neuseeländische Qualifikationen erarbeiten. Also absolvierte sie neben der Arbeit Kurse für das *National Certificate in Real Estate*. „Zu Stufe 4 gehörte zum Beispiel, Gutachten über Häuser zu erstellen. Ich habe damals mein eigenes Haus untersucht, das hatte so viele Macken!"

Auch der dritte Einwanderungsantrag wurde zunächst abgelehnt, aber eine Nachprüfung angekündigt. „Als der Umschlag schließlich kam, habe ich ihn erst mal in die Ecke gepfeffert, ich dachte, das ist doch nur wieder eine Ablehnung", erinnert sich Kirsten. „Die Nachprüfung fiel dann zwar positiv aus, aber ich konnte mich schon fast nicht mehr freuen, es hatte alles so lange gedauert und war so anstrengend gewesen."

Dann aber dachte Kirsten noch einmal neu darüber nach, was sie gerne tun wollte – und erwarb per Abendkurs ein *Certificate in Small Business Management*. Laut Statistik sind fast 90 Prozent aller neuseeländischen Unternehmen Kleinunternehmen mit fünf oder weniger Angestellten. Viele von ihnen arbeiten sogar von zu Hause aus. Kirsten schwebte zunächst vor, sich mit dem Import italienischer Stilmöbel selbstständig zu machen. Ihre Mutter war viele Jahre in der Branche gewesen, hatte für einen Handelsvertreter in Hamburg gearbeitet. Kirsten war schon als Jugendliche mit zu Messen gefahren und hatte geholfen. Ihre Freundin Jutta, die Antiquarin, könne darüber nur lächeln, meint Kirsten, aber Stilmöbel seien weltweit gefragt. Am Ende entschied sie sich gegen die Geschäftsidee. Die Kosten durch die langen Transportwege, dazu das Risiko, dass unterwegs etwas kaputt geht, erschienen ihr zu hoch.

Farmers Market in Cambridge

Stattdessen beschloss sie, in dem etwa 30 Quadratmeter kleinen Laden in der Empire Street im Zentrum von Cambridge, den sie zunächst als Anlageobjekt gekauft hatte, ein Schokoladengeschäft aufzumachen. Die Großmutter hatte in Hamburg mal so einen Laden gehabt... Auf die Idee war ihre Freundin Daniela Suter („Eine Frage der Mentalität", S. 78) gekommen. „Hier gibt es keine ordentliche Schokolade", hatte die Schweizerin gemeint. Kirsten lacht. „Als ich 1999 hier ankam, gab es sogar einen Schweizer Pralinenhersteller im Ort. Der ist dann leider auf die Südinsel abgewandert."

Um ein Gefühl für den neuseeländischen Einzelhandel zu bekommen, arbeitete Kirsten noch ein paar Monate in einem Inneneinrichtungsgeschäft in Hamilton. Im November 2006 war es schließlich so weit: Das „Chocolate Paradise" öffnete mit Schokolade von verschiedenen neuseeländischen Herstellern, dazu Ware aus Europa, die Kirsten über einen Schweizer Importeur in Kerikeri bezog. Sie versuchte auch immer mal, Produkte zu etablieren, die in Neuseeland gänzlich unbekannt waren: Rumkugeln zum Beispiel. „Vor allem Kunden, die schon gereist waren, interessierten sich dafür." Später kamen Bücher über Schokolade, Kerzen, die nach Schokolade dufteten, Tee und kleine Geschenkartikel dazu. An ein paar Tischen schenkte Kirsten heiße Schokolade und Kaffee aus.

Der Laden habe ihr großen Spaß bereitet, sagt sie, aber irgendwann war der Zeitpunkt erreicht, dass er sich einfach nicht mehr rechnete. Die Rezession machte auch vor Neuseeland nicht halt, und die Supermärkte nahmen zunehmend Qualitätsschokolade in ihr Sortiment auf. *„Time to move on"*, dachte sich Kirsten und sah sich nach einem Job um. Im April 2009 fing sie im Internationalen Büro der Waikato University in Hamilton an. Noch bis Ende Mai betrieben zwei Freundinnen parallel dazu das Schokoladen-Paradies weiter, dann machte Kirsten den Laden dicht. Heute befindet sich dort ein Blumengeschäft.

Im *International Office* der Uni blieb Kirsten bis zu dessen Auflösung. „Ich habe selten mit so einer duften Truppe von Leuten gearbeitet", sagt sie. Die Schließung des Büros hält sie nicht für eine besonders kluge Entscheidung: „Neuseeland finanziert im Rahmen des New-Zealand-Aid-Programms Menschen aus Dritte-Welt-Ländern, die bereits ein Studium hinter sich haben, ein Master- oder PhD-Studium. Für viele dieser

Studenten ist Neuseeland ein Kulturschock, alles ist fremd, da kann man doch nicht ausgerechnet das Büro, das sie willkommen heißt und ihnen bei allen anstehenden Fragen hilft, schließen. Jetzt stehen alle Studenten in derselben bürokratischen Schlange. Es heißt ja immer, Deutsche hätten viel Bürokratie. Aber das ist hier nicht viel anders." Zurzeit kümmert sich Kirsten um die Vergabe von Stipendien. „Geld zu verteilen ist ja auch eine schöne Aufgabe", sagt sie. Mehr Spaß hat ihr der eigene Laden gemacht. Jetzt allerdings genießt sie die geregelten Arbeitszeiten und ein regelmäßiges Gehalt.

Trotzdem hat sich Kirsten entschieden, nach Deutschland zurückzukehren. „Meine Wurzeln hier sind nicht sehr tief", sagt sie. „Ich liebe das Land, das Leben hier, aber… Manchmal denke ich: Du hast dein Häuschen, einen guten Job, Menschen, die du kennst und magst. Warum willst du das alles aufgeben? Ja, warum will ich zurück? Vielleicht, weil ich älter werde." Kirsten ist jetzt Anfang 50. Phasen von Heimweh hat es in zwölf Jahren Neuseeland immer mal wieder gegeben. Dann schaute sie deutsche DVDs: „Zwei Münchner in Hamburg" und solche Sachen, trank dazu ein Glas Wein und heulte ordentlich. Das Heimweh sei im Laufe der Jahre auch nicht besser geworden. Also gehöre sie am Ende wohl doch eher nach Deutschland. In den vergangenen Jahren ist Kirsten fast jedes Jahr zu Weihnachten in Hamburg gewesen. „Ich merke einfach, ich bin ein Großstadtkind", sagt sie.

„Erst die Fremde lehrt uns, was wir an der Heimat besitzen", schrieb der Dichter Theodor Fontane 1861 im Vorwort zu seinen „Wanderungen durch die Mark Brandenburg". In Kirstens Fall scheint das zu stimmen. „In jungen Jahren habe ich mich totgelacht über Begriffe wie ‚Heimat'. Heute sage ich: Hamburg ist meine Heimatstadt. Manchmal muss man erst weggehen, um das zu begreifen. Ich weiß, wo ich meine Wurzeln habe. Da will ich wieder hin."

Zu diesen Wurzeln gehören die Uraltfreundinnen. Die letzte reine Mädchenklasse vom Gymnasium Curschmannstraße in Hamburg-Eppendorf trifft sich noch heute zweimal im Jahr. Kirsten hat auch von Neuseeland aus versucht, so oft wie möglich dabei zu sein. „Das letzte Mal lag so viel Schnee", erinnert sie sich. „Und trotzdem sind sechs oder acht Frauen gekommen. Erstaunlich! Hier bleiben die Leute schon im Haus, wenn es ein bisschen regnet. Deutsche Freundschaften sind irgendwie enger. Auch hier in Neuseeland habe ich eher deutsche beziehungsweise europäische Freunde. Als Single-Frau wird man nicht so viel zu Familien eingeladen. Und Paare treffen sich auch eher mit anderen Paaren." Dabei fällt Kirsten allerdings ein: Damals, als es mit Fred so schwierig wurde, als es hart auf hart ging, da waren sie da, die Neuseeländer. Eine Frau, die sie erst eine Woche kannte, bot ihr, bevor sie in Urlaub flog, sogar ihre Hausschlüssel an, für alle Fälle.

Ein wichtiger Beweggrund für Kirsten, nach Hamburg zurückzukehren, sind auch ihre 76-jährige Mutter und die Großmutter, inzwischen stolze 95 Jahre alt. „Ich bin einziges Kind. Ich kann nicht mal eben sagen, mein Bruder oder meine Schwester kümmert sich." Vor allem an der Oma hängt Kirsten sehr. Die Mutter, sagt sie, sei in den letzten Jahren ein bisschen depressiv geworden. „Sie hat nie akzeptieren wollen, dass ich überhaupt ausgewandert bin. Sie hat mich auch nie hier besucht, obwohl sie früher viel gereist ist. Als ich ging, waren Mutter und Großmutter beide noch fit und fuhren zusammen in den Urlaub. Ich habe nicht daran gedacht, wie das zehn Jahre später sein würde. Ich dachte damals nur, ich bin 40, das ist vielleicht die letzte Möglichkeit für mich, noch mal wegzukommen."

Jetzt geht es für Kirsten darum, sich der Familie neu zu stellen: Kontakt mit der Großmutter zu haben, die Mutter ins Alter zu begleiten, eine neue Beziehung mit dem Sohn aufzubauen. Florian, der in einer Wohngemeinschaft in Hamburg lebt, freue sich schon sehr, dass sie zurückkommt, sagt Kirsten. Und für sie beide sei es wichtig zu lernen, wie sie in Zukunft miteinander umgehen wollen. Und wenn sie schon dabei ist, würde Kirsten am liebsten auch gleich noch ein paar Beziehungen in der Familie ihres verstorbenen Mannes kitten. „Ich bin ein Familienmensch", sagt sie. „Ich wünsche mir, dass so wie früher mal wieder alle an einem Tisch sitzen. Ich weiß natürlich nicht, ob das klappt. Vielleicht kann man die Vergangenheit auch nicht zurückholen. Jedenfalls ist das alles jetzt dran."

Kirstens Tochter hat sich kurzfristig entschieden, ebenfalls für eine Weile nach Europa zu gehen. Eigentlich wollte Fiona in Neuseeland bleiben und an der Universität von Hamilton Psychologie studieren. Die junge Frau hat ziemlich konkrete Vorstellungen von ihrer Zukunft, will später mal als Kinderpsychologin arbeiten, vielleicht auch in der Forschung und selbst mindestens drei Kinder haben. Mutter und Tochter hatten viele Gespräche über die bevorstehende Trennung geführt. Beiden war klar, dass der Abschied nicht leicht werden würde. Sie haben seit Jahren eine sehr enge Bindung. Jetzt haben sie Zeit gewonnen, können sich stufenweise voneinander abnabeln: Fiona hat sich um eine Au-pair-Stelle in England beworben. Nach der Auszeit will sie nach Neuseeland zurückkehren.

Kirsten selbst schaut schon mal nach Bürojobs in Hamburg. Ein bisschen deprimiert ist sie, weil sie meint, sich nicht mehr guten Gewissens mit mehreren Fremdsprachen bewerben zu können. Aber im Grunde ist sie eher zuversichtlich, etwas zu finden: „Ich habe hier so viel bewältigen müssen, ich lasse mich nicht so schnell abschrecken."

„Als ich Deutschland verließ", erinnert sich Kirsten, „habe ich die Herausforderung gesucht. Ich hatte das Gefühl, es lief alles so glatt in Hamburg. Das ist jetzt wieder so: Ich habe mein Häuschen, ich habe einen guten Job an der Uni, die würden mir sogar noch ein Studium bezahlen,

Auf dem Wanderweg

wenn ich das wollte. Im Grunde genommen läuft alles rund. Aber immer, wenn es zu glatt läuft, brauche ich eine Veränderung."

Manches von dem, was sich Kirsten erhofft hatte, als sie 1999 nach Neuseeland kam, hat sich nicht erfüllt. Ein neues Leben mit beiden Kindern aufzubauen, wieder ein traditionelles Familienleben zu führen vor allem. Nach Fred hatte sie noch zwei längere Partnerschaften, ebenfalls mit Deutschen. Ganz zuletzt gab es noch mal einen heftigen Flirt mit einem Australier. Dann ließ Kirsten die Jalousien herunter, wie sie sagt.

Im Rückblick empfindet sie

die Jahre in Neuseeland als schön, aber auch hart. „Wenn mir einer vorher gesagt hätte, wie schwierig manches werden würde, hätte ich es wohl nicht gemacht", vermutet sie. Aber sie bereut die Entscheidung nicht. „Ich weiß nicht, ob ich so viel gelernt hätte, wenn ich in Hamburg geblieben wäre. Hier wird es einem so viel leichter gemacht, alles Mögliche auszuprobieren. Es gibt hier diese Mentalität: ‚Wenn du denkst, du kannst das machen, dann mach es doch! *Go for it*!' Keiner fragt dich: ‚Hast du dafür auch die passende Ausbildung?' Einer kann vielleicht gut schnitzen, und ein anderer sagt: ‚Verkauf doch die Sachen!' Oder: ‚Du denkst, du kannst gut malen? Stell doch mal aus! Zeig, was du kannst!' Das Tolle ist: Das geht in jedem Alter. Wenn man mit 50 noch mal Kindergärtnerin werden will – warum denn nicht?" Diese Einstellung werde sie in Deutschland wohl ordentlich vermissen. „Ich bin gespannt", sagt Kirsten. „Fiona meint, ich sei nicht richtig deutsch, aber auch kein Kiwi, irgendwas in der Mitte."

Sie selbst findet: „Ich bin hier viel mehr die Kirsten geworden, von der ich tief drinnen wusste, dass ich sie werden kann. Vor meiner Ehe war ich ziemlich selbstständig gewesen, aber dann kümmerte sich mein Mann um alles. Er war sehr dominant, ein richtiges Alphatier. Wer mich heute kennenlernt, würde nicht glauben, wie ruhig und schüchtern ich damals war."

Ein wenig stolz ist Kirsten schon darauf, dass sie es in Neuseeland geschafft hat. „Es gibt diese Gewissheit, wenn ich etwas wirklich will und mich darauf konzentriere, dann kriege ich es letzten Endes." Das gibt ihr auch Mut für den Schritt zurück nach Deutschland. „Verschiedene Leute haben mir gesagt: Du in deinem Alter, bist du denn wahnsinnig! Die Ratschläge sind sicher nett gemeint, aber ich sage mir, sie kommen vielleicht von Leuten, die in ihrem Leben selbst eher zögerlich waren und nicht unbedingt sehr viel ausprobiert haben."

Eine Frage der Mentalität

Daniela Suter, Cambridge

Daniela Suter (Jahrgang 1965) ist nicht mit der Idee nach Neuseeland gekommen, für immer zu bleiben. Nach einer enttäuschten Liebe suchte die Schweizerin eine radikale Veränderung, die Möglichkeit, von außen auf ihr Leben zu gucken. Sie blieb sehr viel länger als sie jemals gedacht hätte. Eine Zeit lang wusste sie nicht, wohin sie eigentlich gehört: irgendwie nicht mehr in die Schweiz, aber auch nicht richtig nach Neuseeland, wo sie sich inzwischen eine neue Existenz aufgebaut hatte. Jetzt kehrt sie in das Land zurück, in dem sie geboren und aufgewachsen ist und mit dessen Mentalität sie sich am anderen Ende der Welt auf ganz neue Weise verbunden fühlte.

Auf Neuseeland ist Daniela durch ihre Kusine gekommen, die einen Kiwi mit Schweizer Vorfahren geheiratet hat und seit 1999 in Cambridge lebt. Als die Kusine abreiste, hatte Daniela angekündigt: „Ich besuche dich mal, wenn ich mindestens zwei Monate freinehmen kann." 2002 war es soweit. Daniela wollte die Kusine sehen, aber auch etwas vom Land. Keiner ihrer Freunde hatte so richtig Lust mitzukommen. Daniela wiederum ist nicht der Mensch, dem es Spaß macht, sich allein ein fremdes Land zu erobern. Also buchte sie für einen Teil der Zeit eine Kleingruppentour. Dabei entwickelte sich eine Liebschaft mit dem deutschen Reiseleiter. Die beiden überlegten, ob Daniela in seinem Unternehmen mitarbeiten könnte. Das hätte gepasst: Daniela ist gelernte Reisebürokauffrau.

Sie ist also der Liebe wegen nach Neuseeland gekommen? „Eigentlich war es eher aus enttäuschter Liebe." Daniela beschloss, den Schritt nach Down Under zu tun, obwohl klar war, dass aus der Urlaubsbekanntschaft nach ihrer Abreise auf Dauer nichts Tragfähiges werden würde. „Irgendetwas hat Klick gemacht. Ich wollte nicht einfach so weiterarbeiten, als ob nichts gewesen wäre", sagt sie, und man kann erahnen, wie tief sie damals getroffen gewesen sein muss. „Es war wichtig für mich, einen radikalen Schnitt zu machen und das auch durchzuziehen. Ich wollte mich total verändern. Ich

Daniela Suter

dachte, Neuseeland ist trotzdem ein schönes Land. Wieso versuchst du nicht, dort mal für ein Jahr zu arbeiten?"

Bis dahin war Basel der Nabel der Welt für sie gewesen.

Geboren ist Daniela in Luzern, aber die meiste Zeit ihres Lebens hat sie in der Stadt am Rhein verbracht, wo sie auch Schweizer Heimatrecht genießt. Dort lebten ihre Freunde, dort hatte sie ihre Wohnung und ihre Arbeit im Reisebüro. Von Basel aus unternahm sie mit Begeisterung Reisen in die ganze Welt, aber sie kehrte auch immer wieder gern dorthin zurück.

Daniela verschickte Bewerbungen an neuseeländische Reisebüros. Die meisten Arbeitgeber waren interessiert, aber nur einer auch bereit, sich dafür einzusetzen, dass sie ein Arbeitsvisum erhielt – wie der Zufall es wollte in Hamilton, dem Verwaltungssitz der Region Waikato, zu der auch das Städtchen Cambridge gehört, wo Danielas Kusine lebt. Das Reisebüro musste vor allem nachweisen, dass die Stelle nicht mit einem Neuseeländer besetzt werden konnte. Sonst hätte Daniela schlechte Karten gehabt: Ihr Beruf stand auf keiner *Shortage List*.

Auf den Listen der Einwanderungsbehörden für qualifizierte Zuwanderer sind die jeweils gerade am dringendsten benötigten Berufe aufgeführt. Auch in Neuseeland herrscht Fachkräftemangel, weil die Geburtenzahlen sinken und einheimische Arbeitskräfte abwandern. Reisebürokaufleute aber standen, wie gesagt, nicht auf der Bedarfsliste. „Immigration New Zealand geht davon aus, dass es im Land genügend Arbeitskräfte im Tourismus gibt", sagt Daniela. „Das Problem ist, dass die meisten nicht ausgebildet sind wie in Europa oder allenfalls ein Reise-College besucht haben. Manche sind selbst noch kein einziges Mal aus Neuseeland herausgekommen."

Im März 2004 reiste Daniela mit einem Arbeitsvisum ein. Zwei Jahre später kümmerte sie sich mit Hilfe einer Einwanderungsberaterin aus Hamilton um eine dauerhafte Aufenthaltsgenehmigung. Sie hatte zwar eigentlich nicht vor zu bleiben, aber man weiß ja nie… „Meine Sprach- und Fachkenntnisse, meine Reiseerfahrungen und nicht zuletzt die Unterstützung meines damaligen Chefs genügten, dass ich eine Einladung erhielt, die *Permanent Residency* zu beantragen. Ich musste noch einen Gesundheitscheck machen und ein polizeiliches Führungszeugnis einreichen, und zwei, drei Monate später hatte ich die *PR*. Seit 2008 ist sie unbefristet."

Danielas Beruf stand zwar immer noch nicht auf der *Shortage List*, aber die Behörden waren damals – vor der Wirtschaftskrise – weniger streng, meint sie. „Die große Rezession kam 2009. Da wären meine Chancen sicher schlechter gewesen." Daniela freut sich über die zusätzlichen Möglichkeiten, die ihr die dauerhafte Aufenthaltserlaubnis eröffnet. Auch wenn sie demnächst in die Schweiz zurückkehrt, kann sie sich gut vorstellen, später wieder nach Neuseeland zu kommen oder auch sechs Monate hier, sechs Monate dort zu leben. Sie hat sich gerade bestätigen lassen, dass die *Permanent Residency* ihr ein lebenslängliches Rückkehrrecht nach Neuseeland sichert. „Ich baue darauf, dass das auch so bleibt."

Bei ihrem ersten Arbeitgeber in Hamilton hielt es Daniela viereinhalb Jahre. Der Job hatte vor allem einen Nachteil: Er war schlecht bezahlt. Weil sie sich eine eigene Wohnung nicht leisten konnte, lebte Daniela jahrelang bei ihrer Kusine oder irgendwo zur Untermiete. Aber mit Anfang 40 hatte sie keine Lust mehr, sich immer an den Lebensstil anderer anpassen zu müssen und sich nie richtig zurückziehen zu können. „Man wird mit zunehmendem

St Andrews Church in Cambridge

Alter ja auch eigenbrötlerischer", sagt sie und lacht. „Irgendwann dachte ich: Entweder es gelingt mir, mir hier einen vernünftigen Lebensstandard aufzubauen, oder ich gehe zurück in die Schweiz."

Ein Freund riet ihr, als erstes die Wohnsituation zu verändern, eine neue Arbeit finde sich dann schon. Gesagt, getan. Seit drei Jahren hat Daniela ihr eigenes Reich: eine Art „mother-in-law house" oder „granny flat", ein kleines Häuschen in Cambridge, das über eine Garage mit dem Haupthaus nebenan verbunden ist und in dem sie zur Miete lebt. Dass es auf dem neuseeländischen Immobilienmarkt, der in erster Linie ein Käufer- und Verkäufermarkt ist, alles andere als einfach ist, eine schöne Mietwohnung zu finden, hat Daniela bei ihrer Suche zu spüren bekommen. Auch Hamilton biete keine vernünftigen Wohnungen, obwohl die Stadt fast zehnmal so groß ist wie das benachbarte Cambridge. Für Daniela ist Hamilton ohnehin nur ein Ort, der mit Kino und Restaurants über bestimmte Annehmlichkeiten und außerdem über schöne Parks verfügt, aber sonst kein besonderes Flair habe. Cambridge mit seinen alten Bäumen, dem kleinen See im Zentrum und sogar ein paar älteren Gebäuden findet sie dagegen „ganz hübsch, obwohl ich eigentlich ein Stadtmensch bin". Daniela wundert sich noch immer, dass sie einem Provinzstädtchen so viel abgewinnen kann: „Ich habe in Basel mitten in der Stadt gewohnt. Und das möchte ich auch wieder. Aber wer weiß, vielleicht denke ich schon kurze Zeit später, ich brauche mehr Luft zum Atmen."

Kurz nach dem Umzug in die eigene Wohnung klappte auch der Arbeitsplatzwechsel: In dem neuen Reisebüro verdient Daniela mehr als doppelt so viel, aber auch der Stress nimmt von Jahr zu Jahr zu. „Alles ist so grün und schön hier, und manch einer denkt vielleicht, man liegt nur auf der faulen Haut, aber ich habe noch nie zuvor so angestrengt gearbeitet. Wir stehen in der Firma unter einem enormen Umsatz- und Ertragsdruck, das ist fast ein bisschen amerikanisch, obwohl es sich um ein reines Kiwi-Unternehmen handelt." Daniela hat viel Erfahrung in ihrem Job. Sie sei schnell, sagt sie, und sie überprüfe auch alles noch einmal. „Ich mache nicht gern Fehler, und ich mache auch nicht allzu viele. Unsere Geschäftskunden reisen oft in wenigen Tagen kreuz und quer durch die halbe Welt, um zum Beispiel irgendwo Melk- oder Milchverarbeitungssysteme zu installieren. Dass da plötzlich ein Kunde ohne Visum am Flughafen steht – eine furchtbare Vorstellung."

Aus dem einen Jahr, das Daniela ursprünglich in Neuseeland bleiben wollte, wurden sieben. „Ich bin wohl ein eher konstanter Typ", meint die Schweizerin. „Nach einem Jahr dachte ich: Das ist hier noch nicht zu Ende." Und ein paar Jahre später, 2008, starb plötzlich ihre Mutter. „Das war sehr einschneidend. Ich konnte mir nicht vorstellen, in Basel all die Orte aufzusuchen, die mich an sie erinnert hätten. Sonst wäre ich vielleicht schon eher in die Schweiz zurückgekehrt. Ich bin zwar noch einmal dort gewesen, als meine Mutter bereits krank war, aber dass ich es nicht mehr rechtzeitig geschafft habe, bevor sie gegangen ist, daran habe ich sehr lange geknabbert. Ich hatte immer gesagt: Es braucht einen Anruf, und ich bin übermorgen da. Aber der Anruf kam nicht, jedenfalls nicht von meiner Mutter. Irgendwann rief meine Schwester an und sagte: Du musst jetzt kommen." Aber da war es schon zu spät. Die Mutter starb noch am selben Tag.

Die Beziehung zu ihrer Mutter war für Daniela einer der Gründe gewesen, nach Neuseeland zu gehen. „Ich musste mich endlich ein bisschen freistrampeln", sagt sie. „Meine Mutter hat sich früh scheiden lassen. Danach hat sie sich ganz darauf konzentriert, dass meine Schwester und ich es gut hatten. Wir waren ihr Ein und Alles. Eine Zeit lang waren wir beste Freundinnen, aber irgendwann wurde mir alles zu eng. Wir haben uns erst zum Ende hin wieder gefunden."

Apropos finden: Daniela selbst hat in Neuseeland viel von dem gefunden, was sie gesucht hat, als sie 2004 dorthin aufbrach – auch mehr zu sich selbst. Es tat ihr gut, mit der räumlichen Entfernung zugleich innerlich Abstand zu bekommen. „Ich wollte das Unbeschwerte im Leben zurückkriegen. Das ist mir gelungen", sagt sie. „Ich habe hier neue Leute kennengelernt, habe mir einen phantastischen Kreis aufgebaut. Und ich habe neue Sachen ausprobiert. Ich habe zum Beispiel angefangen, Golf zu spielen. Das ist hier ein richtiger Volkssport, überhaupt nicht *snobby*." Gerade in Cambridge gebe es so viele Clubs, und alle suchten händeringend nach Mitgliedern.

Danielas neuseeländischer Freundeskreis besteht überwiegend aus Deutschen, Schweizern, Engländern und Südafrikanern. Auch Kirsten Reeck („Das Heimweh blieb", S. 66) zählt dazu. Die beiden Frauen lernten sich auf einem Schweizer Fondue in Cambridge kennen. „Es gibt hier sogar einen Schweizer Club", erzählt Daniela. „Aber ich habe mich geweigert beizutreten. Das war mir zu spießig." Dagegen gehören sowohl sie als auch Kirsten einem kulinarischen Zirkel an, der wiederum aus einem Filmclub hervorgegangen ist, der sich auf deutschsprachige Filme spezialisiert hatte. In regelmäßigen Abständen trifft man sich in irgendeinem netten Restaurant zum Essen.

An den kulinarischen Abenden könnten durchaus auch Neuseeländer teilnehmen, betont Daniela. Ihre Erfahrung ist allerdings, dass es Kiwis nicht selten an der nötigen Verbindlichkeit fehle. „Wenn sich noch etwas anderes ergibt, das ihnen besser gefällt, kommen sie oft einfach nicht oder sagen kurzfristig ab. Das finde ich nicht so gut. Und das sage ich dann auch. Ich bin schon direkter als die meisten Neuseeländer. Den Kollegen sage ich gern: *What you see is what you get*. Wenn mir etwas nicht passt, mache ich kein Geheimnis daraus. Ich sage es nett, aber ich sage es."

Probleme hat Daniela auch mit der neuseeländischen „Saufmentalität": „Wenn die Kollegen zusammen weggehen, artet es immer in ein Besäufnis aus. Die Weihnachtsfeier – *binge drinking*, Komasaufen. Peinlich! Das heißt, mir ist das peinlich, den anderen nicht. Das ist vielleicht das englische Erbe. Engländer trinken ja auch ziemlich viel. Manchmal denke ich, meine Mentalität passt nicht so richtig hierher. Ich glaube, meine Zeit in Neuseeland läuft jetzt einfach ab. Ja, es gibt den Wunsch, wieder näher an den Leuten dran zu sein, mehr so zu ticken, wie die anderen um einen herum."

Dazu zählt für Daniela auch das Umweltbewusstsein, das im grünen Neuseeland deutlich weniger ausgeprägt sei als in Europa. Batterien wanderten meist in den normalen Hausmüll, der auch erst seit einigen Jahren getrennt werde. In manchen Dingen sei Neuseeland voraus, aber in vielem auch ziemlich rückständig, meint die Schweizerin. Fortschrittlich findet sie zum Beispiel, dass man sich per Internet-Telefonat für einen Job vorstellen kann. „Das ist hier an der Tagesordnung, was vielleicht auch mit der Geografie zusammenhängt. Man kann ja Leute aus anderen Ländern nicht so ohne Weiteres für ein Bewerbungsgespräch einfliegen lassen." Nicht so gut gefallen Daniela manche Einstellungen. „Neuseeland ist ein männerorientiertes Land", sagt sie. „Die Frauen machen in der Regel den ganzen Haushalt und arbeiten nebenbei." Allerdings könnten auch die Frauen sehr *„bossy"* sein. Die Kolleginnen im Büro zum Beispiel seien einerseits Hausmütterchen, die täten, was der Mann ihnen sagt. Auf der anderen Seite versuchten sie, den Eindruck zu vermitteln, sie hätten die Hosen an. „Vielleicht müssen sie so laut sein, um sich durchzusetzen", überlegt Daniela. „Das ist, wie die 60er und 70er Jahre noch einmal zu durchleben. Ich komme mir oft vor wie in einer Zeitmaschine." Daniela, die ja selbst in den 60ern noch keinen BH verbrannt hat, sieht sich gelegentlich inmitten einer Bewegung, wie sie in Europa längst wieder abgeflaut sei. „Da müssen Frauen nicht so *bossy* sein, damit sie gehört werden."

Und wie fühlt man sich in Neuseeland als Single? Manchmal, sagt Daniela, habe sie das Gefühl, dass ihr Gegenüber denkt, mit ihr stimme etwas nicht. In Neuseeland werde ziemlich früh geheiratet, die Mädchen bekämen auch früh Kinder. Neuseeland gehöre zu den Ländern mit der höchsten Teenager-Schwangerschafts-Rate weltweit. „Wenn man mit jemandem ins Gespräch kommt, wird man oft als Erstes gefragt: Hast du Familie hier? Ich sage dann immer: Ja, ich habe eine Kusine, ich habe einen Onkel…

Und dann kommt: Nein, nein, bist du verheiratet? Hast du Kinder? Für viele Neuseeländer ist es nur schwer vorstellbar, dass ‚frau‘ nicht zwingend nach der konventionellen Formel ‚ein Mann, ein Haus, zwei Kinder und ein Hund‘ leben muss.“

Sie selbst sei zufrieden, wie sie lebe, sagt Daniela. „Ergibt sich etwas, ist das okay. Ergibt sich nichts, ist das auch okay. Mein Lebensglück hängt nicht davon ab.“ Das Thema Männer sei jedenfalls kein Grund, das Land zu verlassen, zumal es ja so viele Einwanderer gebe. Was bleibt, ist der Wunsch nach mehr Gleichklang mit der Umgebung insgesamt.

Und deshalb freut sich Daniela jetzt auf die Schweiz, ebenso wie sich die alten Freunde dort auf ihre Rückkehr freuen. Zwei von ihnen haben ihr angeboten, erst mal bei ihnen zu wohnen und sich in Ruhe nach einer neuen eigenen Bleibe umzusehen. Daniela: „Es ist schon ein bisschen wie nach Hause zu kommen. Das ist auch ein beruhigendes Gefühl. Lange Zeit wusste ich nicht, wohin ich gehöre. Nach ein, zwei Jahren hier habe ich zu meiner Kusine gesagt: Ich gehöre, glaube ich, nicht mehr in die Schweiz, aber irgendwie auch nicht richtig nach Neuseeland. Jetzt schließt sich ein Kreis.“

„Für mich ist Heimat da, wo ich zufrieden bin“, sagt sie. „Aber Heimat ist auch da, wo meine Wurzeln sind, wo ich geboren und aufgewachsen bin und meine allerersten Freunde kennengelernt habe. Und Heimat ist da, wo meine Schwester lebt, obwohl wir sehr verschieden sind. Aber ich denke, wir werden uns wieder näher kommen, wenn ich erst wieder näher bin.“ Danielas Schwester ist in all den Jahren nie zu Besuch in Neuseeland gewesen. Sie selbst würde eine solche Gelegenheit nicht ungenutzt verstreichen lassen: „Wo ich Leute kannte, da bin ich im Urlaub hingereist.“

Daniela hat in Neuseeland festgestellt, dass sie immer noch mit sehr wenig gut leben kann. „Glück ist, mit dem zufrieden zu sein, was man hat“, sagt sie. „Ich bin nicht jemand, der ständig etwas kaufen muss.“ Aber genug Geld zu haben, um zu reisen und gut zu essen, das ist ihr wichtig. Ein eigenes kleines Reich zum Wohlfühlen, ein kleines Auto für die Unabhängigkeit, das genügt ihr. „Ich habe nicht gern zu viel Zeug. Das hat mit Geiz nichts zu tun, es engt mich einfach ein. Deshalb miste ich regelmäßig aus. Ich sehe auch, mit wie wenig Haushaltssachen ich hier zurechtkomme. Ich brauche nicht zwölf Teller von jeder Sorte. Hier habe ich vier. Und brauche ich wirklich 25 Tupperwares? Hier komme ich mit sechs oder sieben aus."

Und wie hat sich Daniela in Neuseeland verändert? „Ich bin vielleicht ein bisschen gewachsen", sagt sie, „geistig gewachsen. Ich habe meinen Horizont erweitert." Die Grundzüge seien allerdings unverändert: „Ich war immer offen, ehrlich und gradlinig. So war ich in der Schweiz, so bin ich hier. Und so werde ich auch bleiben. Ein klein wenig stolz bin ich: Ich habe es gewagt und den Horizont dafür geöffnet, anders zu leben, weil ich das wollte. Ich habe mir auch die Möglichkeit geschaffen, vielleicht mal hierher zurückzukommen, wenn ich das möchte. Oder einen Teil des Jahres hier und einen Teil in der Schweiz zu verbringen. Ich genieße hier Dinge, die ich in der Schweiz nicht machen kann. Umgekehrt natürlich auch." Am meisten werde sie wohl das Golfspiel vermissen. Aber auch die Weite, die Natur, besonders das Meer, obwohl sie als Schweizerin natürlich kein richtiger Meermensch sei. Als Baselerin ist sie allerdings auch kein ausgewiesener

Strandfreuden

Berg-, sondern eher ein Tal-Mensch. Mit dem Wandern in den Bergen hat Daniela erst in Neuseeland angefangen. Sie ist dort überhaupt mehr zum *outdoorsy* geworden. Mittlerweile stellt sie fest, dass ihre kulturellen Bedürfnisse wieder größer werden: „Ich freue mich auf Rom, auf Florenz, auf Berlin, Hamburg und New York, insbesondere auch darauf, dass man mal eben schnell dorthin reisen kann."

Ihr nächstes Projekt ist jetzt, sich in der Schweiz zu bewerben und sich dort wieder etwas aufzubauen. Und bis dahin das Leben in Neuseeland noch ordentlich zu genießen. Orte und Dinge anzugucken zum Beispiel, zu denen sie bisher nicht gekommen ist. „Innerlich gerate ich schon ein klein wenig in Stress", sagt Daniela und lacht. „Aber ich muss ja zum Glück keinen großen Hausstand auflösen. Ich gehe zurück mit zwei Koffern und meinen Golfschlägern. Zumindest einen mentalen Koffer werde ich auf jeden Fall in Neuseeland zurücklassen. Und sollte ich in der Schweiz ganz traurig sein und Neuseeland total vermissen, dann packe ich wirklich einen Container."

Leicht, meint Daniela, werde ihr der Abschied bestimmt nicht fallen nach all den Jahren. Aber irgendwann müsse man wissen, wohin man gehört. Dass auch ihre Freundin Kirsten in einer ähnlichen Phase ist, findet sie ganz hilfreich. Da könne man über alles reden, sich auch mal gegenseitig Tipps geben oder sich Mut zusprechen, wenn Zweifel kommen.

Den Abend verbringen Daniela, Kirsten und ich mit einer Freundin der beiden außerhalb von Cambridge in einem Restaurant am Stausee Lake Karapiro, auf dem 2010 die Ruder-Weltmeisterschaften ausgetragen wurden. Heike hat mit ihrer Familie lange in Südafrika gelebt und ist nach Neuseeland gezogen, weil es ihr in Afrika allmählich zu gefährlich wurde. Zu viele Überfälle, sagt sie. Heike will, anders als Kirsten und Daniela, nicht fort aus Neuseeland. „Wenn die beiden weg sind, schaffe ich mir einen Hund an", sagt sie und versucht, die Traurigkeit über den bevorstehenden Abschied von den Freundinnen zu überspielen.

Volle Kraft voraus

Ruth Bastet, Palmerston North

Ruth Bastet (Jahrgang 1951) wanderte Anfang der 80er Jahre mit ihrer Familie nach Neuseeland aus, um dem atomaren Wettrüsten in Europa zu entfliehen. Die Powerfrau, die auf dem zweiten Bildungsweg studiert und das erste Frauenhaus in Bonn mit aufgebaut hatte, suchte und fand neue Spielräume auf den Inseln im Südpazifik. Sie hat unterrichtet und ihre eigene Schule aufgebaut, war Biobäuerin und Immobilienmaklerin und hat vier Kinder großgezogen. Zurzeit lebt sie mit ihrem dritten Mann im australischen Brisbane.

Ich treffe die gerade 60-Jährige in Palmerston North. Dort lebt Sabrina, ihre jüngste Tochter. Ruth kommt alle paar Monate für ein paar Wochen zu Besuch nach Neuseeland. Sie ist ein ausgeprägter Familienmensch, ist selbst mit acht Geschwistern groß geworden: drei älteren Brüdern und den „Kleinen", für die Ruth als ältestes Mädchen früh zur Ersatz-Mutter wurde. „Unsere Mutter war, obwohl sie neun Kinder hatte, eigentlich keine Mutter. Ich glaube, sie war total überfordert. Sie wollte immer nur raus, war manchmal den ganzen Tag weg, und wir wussten nicht, wo sie war."

Mit 17 wurde Ruth schwanger. So früh war das nicht geplant gewesen, aber dass sie eigene Kinder wollte und alles ganz anders machen als ihre Mutter, stand für sie immer fest. Nach einem heftigen Streit mit der Mutter zog sie zu ihrem Verlobten in dessen Elternhaus. Udos Mutter war ein paar Wochen zuvor gestorben, und Ruth übernahm die Führung des Haushalts. Die beiden heirateten, 1969 kam Tochter Valerie zur Welt. Angst vor der Verantwortung hatte Ruth nicht. „Meine Tante nannte mich nur ‚Mutter Vernünftig'", sagt sie. „Ich war immer proper, wich nie von der Bahn ab. Auf mich war Verlass." Während der Schwangerschaft beendete sie sogar noch ihre kaufmännische Lehre.

Ruth lebte mit ihrer Kleinfamilie inzwischen in Kassel, später in Bonn. Als ihr Mann eine Erbschaft machte, kauften die beiden ein riesiges Haus.

Ruth Bastet

Dann tauchte ein junger Intellektueller auf – und mit ihm die Idee, aus dem viel zu großen Haus eine Wohngemeinschaft zu machen. Kalle, Student der Kommunikationswissenschaften und politisch sehr aktiv, faszinierte sowohl Ruth als auch ihren Mann. „Der diskutierte Sachen, an die ich im Leben noch nicht gedacht hatte", erinnert sich Ruth. „Ich bin ja eher einfach aufgewachsen. Weder im Elternhaus noch in der Schule hatte ich irgendwelche Anregungen erhalten. Ich war mit dem Hauptschulabschluss abgegangen, hatte meine Lehre gemacht, eine Familie gegründet. Von Politik hatte ich keine Ahnung. 68er? Davon war ich meilenweit entfernt!"

Außer Kalle zogen noch Astrid und Alfred ein, mit denen man sich auch gleich gut verstand. Astrid war künstlerisch veranlagt. Das begeisterte Ruth, die selbst immer einen Hang zu praktischer Kreativität verspürt, bis dahin allerdings kaum ausgelebt hatte. Plötzlich gab es Anregungen in Hülle und Fülle. Astrid beschloss, die Abendschule zu besuchen. Und Ruth dachte: Ich will auch mehr. „Intellektuell traute ich es mir eigentlich gar nicht zu, aber die anderen ermutigten mich. ‚Du bist doch nicht blöd', sagten sie. Und auf Valerie wollten sie auch mit aufpassen." Astrid, Alfred,

Ruth und Udo besuchten gemeinsam das Abendgymnasium. Ruth mit dem Ziel, Lehrerin zu werden. Es waren die Zeiten der großen Debatten um Chancengleichheit im Bildungswesen. Alle sollten gleichen Zugang zu den Bildungsinstitutionen haben, unabhängig von Geschlecht und sozialer Herkunft. „Bildung ist Bürgerrecht" lautete das Schlagwort.

Die drei Mitstreiter gaben im Laufe von vier langen Schuljahren einer nach dem anderen wieder auf. Und Ruth, die keine große Lust hatte, allein weiterzumachen, meldete sich kurzerhand für die Begabtensonderprüfung an, die einen Hochschulzugang ohne Abitur ermöglichte. Da waren die vorbereitenden Kurse allerdings schon belegt, und Ruth musste sich allein auf die Prüfungen vorbereiten. „Beim ersten Mal bin ich in Mathe durchgefallen, aber beim zweiten Mal hat es geklappt." Dann studierte Ruth an der PH: Kunst, Textiles Gestalten und Werken, dazu Erziehungswissenschaften und Psychologie für die Sekundarstufe I.

Auch in der Wohngemeinschaft gab es Bewegung. Kalle zog mit seiner Freundin in eine eigene Wohnung um die Ecke. Astrid und Alfred verließen ebenfalls das Haus. Zuwachs kam aus einer anderen WG: Helga trennte sich von ihrem Mann und zog mit Tochter Steffi ein. „Das war ideal", sagt Ruth. „Valerie und Steffi waren wie Schwestern. Und dann waren noch Bernd und Anni da. Bernd war Sozialpädagoge und kümmerte sich mit um die Kinder." In Ruths Ehe begann es derweil zu kriseln. „Mein Mann kam nicht damit zurecht, dass ich mich immer mehr von dem Heimchen am Herd entfernte, das er geheiratet hatte. Ich war einfach total interessiert. Ich entdeckte eine ganz neue Welt, las viel, holte nach, was ich als Teenager versäumt hatte. Ich wollte wissen, wollte mitreden können. Ich zog mich damals auch ein bisschen von meiner Familie zurück, weil einige meiner Geschwister mich auf einmal anguckten und sagten: Wer bist du eigentlich! Schon die Wohngemeinschaft war ihnen suspekt. Ich weiß nicht, was sie für Vorstellungen hatten. Sodom und Gomorrha, nehme ich an. Das größere Thema war aber sicher, dass ich studierte und mich für alles Mögliche interessierte. Das beunruhigte meine Geschwister. Ich glaube, sie hatten Sorge, dass ich etwas Besseres sein wollte. Ich selbst hatte auch manchmal das Gefühl, ich gehöre nicht mehr richtig dazu. Im Rückblick denke ich: Ich hatte Möglichkeiten, die die anderen nicht hatten."

Ruth engagierte sich auch politisch. Ein halbes Jahr schnupperte sie in eine kommunistische Frauengruppe hinein. „Das war mir aber zu militant. Männer sind sicher immer eine Herausforderung, aber dass man den Umgang mit ihnen meiden sollte, entsprach nicht meinen Vorstellungen." Über eine der Frauen kam Ruth zu dem Verein „Frauen helfen Frauen", der sich für die Einrichtung eines Frauenhauses in Bonn stark machte. „Das fand ich total interessant. Ich begann neben dem Studium, Flugblätter zu schreiben. Immer wieder wandten sich Frauen, die Opfer von häuslicher Gewalt geworden waren, direkt an uns. Es ging dann darum, wer sie bei sich zu Hause aufnehmen konnte. Das war ja nicht ungefährlich. Auch bei uns wohnten mehrfach Frauen, die von ihren Männern grün und blau geschlagen worden waren. Für mich war es ziemlich schockierend zu erfahren, was in Beziehungen alles möglich war."

Der Verein arbeitete mit dem Roten Kreuz zusammen. „Auch die Polizei rief uns an, weil sie nicht wusste, was sie mit den Frauen machen sollte", erinnert sich Ruth. Bei einem Hearing sprachen sich Polizei und Rotes Kreuz für das Frauenhaus aus. „Dann erhielten wir endlich finanzielle Mittel von der Stadt. Wir kauften ein altes Gestüt und bauten es in Eigeninitiative um. Möbel holten wir vom Sperrmüll oder kauften sie auf Trödelmärkten."

1977 wurde Bonns erstes Frauenhaus eröffnet. Ruth kümmerte sich fortan vor allem um die Betreuung der betroffenen Kinder. „Ich war wenig zu Hause. Das gefiel meinem Mann nicht. Er zog sich immer mehr zurück, war oft in seiner Werkstatt im Keller, war wohl auch mit der Wohngemeinschaft nicht mehr so glücklich, während ich genau das gefunden hatte, was ich wollte: ein soziales Umfeld, intellektuelle Anregungen." Trotz der Differenzen wurde 1978 Jan geboren. Ruth und ihr Mann hatten wieder etwas Gemeinsames, das schweißte ein wenig zusammen.

Dann kam plötzlich das Thema Auswandern auf. Auslöser war das atomare Wettrüsten zwischen Russen und Amerikanern. „Dieses permanente Säbelrasseln war furchtbar", sagt Ruth. „Was hatten die Kinder für eine Zukunft? Nato-Doppelbeschluss, SS-20- und Pershing-II-Raketen: Die Aussichten erschienen uns äußerst trübe. Wir hielten es ernsthaft für möglich, dass es wieder Krieg geben könnte. Freunde von uns waren im

Urlaub in Neuseeland gewesen und erzählten, wie schön es dort sei. Mein Mann fragte mich, was ich denn davon halten würde auszuwandern. Ich sagte, darüber müsse ich nachdenken. Ich hatte ganz viele Gedanken im Kopf: Auf der einen Seite fand ich es reizvoll, in einem Land zu leben, das so weit weg von allem war, dass es kein attraktives Ziel für irgendwelche Mächte sein konnte. Auf der anderen Seite entwickelte ich eine Art vorweggenommenes Schuldgefühl. Ich dachte, ich kann doch nicht meine Familie, meine Freunde einfach so zurücklassen. Mein Mann meinte, wir müssten uns selbst die Nächsten sein. Die anderen hätten ja auch die Möglichkeit etwas zu ändern, wenn sie das wollten. Und damit hatte er ja Recht. Udo war von Anfang an Feuer und Flamme, und ich ließ mich von seiner Begeisterung anstecken. Im Nachhinein denke ich: Was muss mein Mann über sich gebracht haben! Eigentlich ist er eher phlegmatisch und nicht so der Typ für Veränderungen. Ein guter Freund sagte mir: Es ist doch völlig klar, warum er auswandern will, dann hat er dich endlich wieder für sich. Über diese Einschätzung habe ich mir zwar Gedanken gemacht, aber abgeschreckt hat sie mich nicht. Dafür war ich zu neugierig auf das Paradies am anderen Ende der Welt, auf die unberührte Natur, darauf, Neues auszuprobieren und für die Kinder eine Zukunft aufzubauen. Das fand ich sehr attraktiv."

In der neuseeländischen Botschaft in Bonn zeigte man Ruth und ihrem Mann Filme über Neuseeland. „Einmal wurden wir gefragt, ob es uns etwas ausmachen würde, wenn die Kinder barfuß herumlaufen. In Neuseeland würden sich Kinder, wenn sie rausgehen, nämlich die Schuhe ausziehen. Was ich geantwortet habe, erinnere ich nicht mehr. Aber diese Natürlichkeit hat mir gefallen. So wie mich auch die offenen Gesichter anzogen, die wir in den Videos sahen. Dieses Lachen hatte eine starke Wirkung auf mich."

Seit Ruth die Filme sah, seit sie im Februar 1982 mit ihrer Familie nach Neuseeland ging, sind 30 Jahre vergangen. „Luxusgüter gab es hier damals noch gar nicht", erinnert sie sich. „Das gefiel mir. Ich war nie jemand, für den es wichtig ist, eine neue Wohnzimmergarnitur zu haben. Von dieser Gier nach materiellen Dingen, nur weil mein Nachbar sie hat, hatte ich mich in Deutschland schon ganz früh freigemacht. Als wir hier ankamen, gab es 100 Prozent Einfuhrzölle auf alle Luxusgüter, auf Autos, Fernseher, überhaupt alle elektronischen Geräte. Man musste sich also sehr gut überlegen, was davon man wirklich brauchte. Wir hatten damals einen 30-Fuß-Container gepackt. Da war ein Zeug drin! Mein Mann hatte darauf bestanden, alles mitzunehmen, damit wir versorgt waren. Dummerweise machte die Firma in Deutschland, die wir für den Umzug engagiert hatten, Pleite, und wir mussten den ganzen Container hier noch einmal bezahlen, sonst hätten wir ihn nicht ausgehändigt bekommen.“

Ruth und Udo kauften außerhalb von Palmerston North ein Haus mit ein paar Morgen Land drumherum, einen sogenannten *lifestyle block*. „Das war toll“, sagt Ruth, „nur saß ich plötzlich in ländlicher Umgebung allein mit zwei Kindern, die beide kein Englisch sprachen. Mein Mann hatte ja seine Arbeit und war den ganzen Tag aus dem Haus.“ Valerie war damals zwölf und Jan dreieinhalb. Für ihre Tochter, meint Ruth im Rückblick, sei es wohl kein so glücklicher Zeitpunkt gewesen, ihren engen Freundeskreis in Bonn zu verlassen und in Neuseeland neu anzufangen. Auf dem College sei sie von einer Mitschülerin sogar mal als „Nazi“ beschimpft und verprügelt worden. Ruth: „In den 80er Jahren traf man auf diese Assoziation ‚Deutsch gleich Nazi‘ noch öfter.“ Und Jan, der den Kindergarten besuchte, weigerte sich beharrlich, auch nur ein Wort Englisch zu sprechen. Sieben, acht Monate lang. „Er kann sehr stur sein“, sagt seine Mutter. „Dann sprach er von einem Tag auf den anderen fließend. Auf der Festplatte war alles drauf.“

Ruth selbst schloss als Erstes ihre Referendararbeit ab. Nebenher betätigte sie sich als Hobbyfarmerin. „Zusammen mit unserem Anwesen hatten wir 60 Schafe und einen Bock übernommen“, erzählt sie. „Der Bock hieß Hubert und war ein ziemlicher Filou, aber ich hatte ihn ganz gut im Griff. Jan konnte sogar auf ihm reiten. Mit den Schafen half mir Martin, unser Nachbar. Der hatte selbst Tausende von Schafen und erklärte sich bereit, unsere 60 Tiere mit zu scheren, wenn ich ihm helfen würde, Wolle zu sortieren. Klar, sagte ich. Und habe tagelang Wolle sortiert. Das ist vielleicht eine Arbeit! Martin war ein bisschen wortkarg, aber mein Englisch ja auch noch sehr holperig. Insofern passte das ganz gut.“

Als die Schafe das erste Mal Junge kriegten, konnte Ruth gar nicht zusehen. Sie dachte nur immer: Hoffentlich geht das gut! Es ging gut. „Ich bin dann jeden Tag über die Weiden gegangen und habe geschaut, wie viele neue Lämmer gekommen waren. Auf einmal sah ich ein Schaf, bei dem hinten ein Schnäuzchen und zwei kleine Füßchen herausschauten. Sofort rief ich Martin an. Wir fingen das Schaf ein, er holte das Lämmlein heraus und erklärte mir, was in so einer Situation zu tun ist. Ich weiß nicht, wieso, aber es passierte nachher dauernd, dass die Lämmer steckenblieben. Ich war schon richtig gut darin, sie auf die Welt zu holen und brauchte Martin oft überhaupt nicht mehr anzurufen." Aus Ruth, die weder Lamm- noch Kalbfleisch isst, war eine recht taugliche Farmerin geworden.

Aber glücklich war sie nicht. „Ich brauche keine Schafe, ich brauche Menschen um mich", sagt sie. Über die Goethe Society in Palmerston North hatte Ruth inzwischen Regina kennengelernt, die ein Jahr vor ihr nach Neuseeland eingewandert war und bis heute eine enge Freundin ist, aber sie fühlte sich trotzdem oft allein, vermisste auch ihre Familie in Deutschland. Ihr Mann wollte davon nichts hören. Im Juli 1983 reiste Ruth schließlich für ein paar Wochen nach Deutschland, um sich darüber klar zu werden, wie es in ihrem Leben weitergehen sollte. „Ich glaube, ich suchte unbewusst nach etwas, das mich nach Deutschland zurückziehen würde. Aber das kam nicht. Es war eine rein gefühlsmäßige Entscheidung, als ich mir sagte: Ich versuche es weiter in Neuseeland, mit oder ohne Beziehung. Im Grunde gefiel mir das Leben dort besser. Es war alles ein bisschen ruhiger. Die Leute akzeptierten einen viel mehr. Man wurde nicht ständig bewertet und beurteilt. Das gefiel mir wirklich gut. Und obwohl mein Englisch noch nicht so toll war, habe ich immer einen Weg gefunden, mich zu verständigen."

Bei dem Besuch in Deutschland war Ruth auch ihrem jetzigen (dritten) Ehemann Roland zum ersten Mal begegnet. Seine Mutter ist mit einem ihrer großen Brüder verheiratet. Ruth merkte schnell, dass sich Roland ordentlich in sie verguckt hatte, und sie fand ihn ebenfalls sehr sympathisch. Aber sie hielt sich bedeckt. „Er war noch so jung, gerade mal 20", sagt Ruth, die damals 32 war. „Und ich konnte auch keine weiteren Komplikationen in meinem Leben gebrauchen." Als sie nach Palmerston North zurückkehrte, eröffnete ihr Mann ihr, dass er sich von ihr trennen wolle. Ein paar Tage später zog er aus. „Irgendwie war ich froh", sagt Ruth. „Auch wenn ich spontan ziemlich platt war. Ich hatte ja eher mich als diejenige gesehen, die gehen würde."

Ruth arbeitete anschließend als Teilzeit-Lehrerin an der Montessori-Schule in Palmerston North. Im German Club lernte sie neue Leute kennen, darunter auch Michael, ihren späteren Ehemann Nummer zwei. „Michael war intelligent und spritzig, man konnte sich gut mit ihm unterhalten", sagt Ruth. „Er war allerdings auch ziemlich besitzergreifend. Sobald er bei uns eingezogen war, war er der Herr im Haus. Er hackte vor allem sehr auf Jan herum, der nie irgendwelchen Ärger machte. Ich hatte im Nachhinein große Schwierigkeiten mir zu verzeihen, dass ich so viele Jahre in der Beziehung geblieben bin. Wahrscheinlich wollte ich nicht schon wieder auf eine gescheiterte Ehe zurückblicken."

Ende 1985 wurde Joanna geboren. Ein paar Monate später zog die Familie nach Christchurch auf die Südinsel. Valerie besuchte ein *Hairdressing College*, Ruth verdingte sich als Aushilfs-Kunstlehrerin an *High Schools* und an der Rudolf-Steiner-Schule. Dann kauften sie und ihr Mann eine kleine Farm auf der Banks Peninsula. „In der Okains Bay lebten damals 33 Familien, bis auf uns alles Kiwis. Wenn ich so zurückblicke, war das eigentlich unsere beste Zeit", sagt Ruth. „Wir hatten zwar viel Arbeit und wenig Geld, aber es ging uns gut. Wir hielten Hühner, Enten, zwei Ziegen, ein paar Schafe. Ein paar Jahre lang versuchten wir uns im organischen Spargel-, Erdbeer- und Gurkenanbau, aber das funktionierte nicht so richtig." Ruth und ihr Mann waren die einzigen Biobauern in der Gegend, sogar mit Zertifikat. Die alteingesessenen Farmer belächelten die neuen Nachbarn zunächst ein bisschen, änderten aber ihre Meinung, als sie sahen, wie hart die beiden arbeiten konnten. Ruth machte Marmeladen und Chutneys ein, die sie mit dem Obst und Gemüse auf dem Markt verkaufte. Sie lernte zu spinnen, machte Seidenmalerei und Batikarbeiten. Die kunsthandwerklichen Erzeugnisse gab sie in einem kleinen Geschäft in Akaroa in Kommission. Nebenher arbeitete sie als Aushilfslehrerin in den Bays und engagierte sich in der Punket Society, die sich um Neugeborene und deren Mütter kümmert. „Es war einfach ein toller Platz zum Leben", sagt sie, „vor allem für die Kinder." Die gingen tatsächlich barfuß raus, wie es die Filme in der neuseeländischen Botschaft in Bonn versprochen hatten. 1988 wurde Ruths jüngste Tochter Sabrina geboren.

Weil sie in Okains auf keinen grünen Zweig kamen und Jan auch auf eine weiterführende Schule musste, beschlossen Ruth und ihr Mann schließlich, sich nach einem neuen Standort umzusehen. Michael erhielt ein Jobangebot in Levin, 50 Kilometer südwestlich von Palmerston North. Und Ruth überlegte, was sie selbst dort tun könnte. Sie wollte gern unterrichten, aber das vorhandene Schulangebot überzeugte sie nicht. „Ich war total angetan von Montessori-Pädagogik, hatte mich damit schon während meines Studiums intensiv beschäftigt. Mit Montessori erziehst du Kinder von klein auf dahin, selbst Dinge in Angriff zu nehmen. Du stehst nicht vor ihnen und sagst ihnen, was sie wie tun sollen, sondern schaffst die Voraussetzungen dafür, dass sie es allein herausfinden und tun können. Das hat mich fasziniert, seit ich damit zum ersten Mal in Berührung gekommen bin. Valerie hatte in Deutschland Montessori-Schulen besucht. In Palmerston North hatte ich an der Montessori-Schule gearbeitet. Ich dachte: Vielleicht sollte ich meine eigene Vorschule aufmachen. Ich machte mich schlau und stellte fest, dass ich alle Voraussetzungen dafür erfüllte." Ruth erhielt eine Lizenz für Zwei- bis Sechsjährige. In Neuseeland ist Montessori-Pädagogik ziemlich verbreitet, in Wellington gibt es sogar ein Montessori-College. Tatsächlich passt die Richtung ja auch gut in ein Land, dessen Einwohner es seit den Zeiten der ersten Siedler gewohnt sind, die Dinge selbst in die Hand zu nehmen.

Ruths Budget bis zur Eröffnung der Schule betrug 9.000 NZ-Dollar. „Mehr hatte ich nicht. Davon bin ich ausgegangen, und damit bin ich auch ausgekommen. Ich fand eine leer stehende Halle der Church of Christ, in der nur mal am Wochenende Kinder spielten. In den Räumen konnte ich mir einen Schulbetrieb vorstellen, auch wenn ich selbst mit Kirche nicht so viel am Hut habe. Die Kirchengemeinde war einverstanden zu vermieten, auch damit, dass ich die schrecklich dunklen Wände heller strich, den Fußboden abschliff und einen Teil des Grundstücks als Schulhof einzäunte, damit die Kinder nicht auf die Straße laufen konnten."

Durch Mund-zu-Mund-Propaganda und kleine Berichte in der örtlichen Presse hatte Ruth bis zu den Weihnachtsferien 1991 sechs Schüler, darunter ihre jüngste Tochter Sabrina, damals drei Jahre alt. Auch Joanna war noch kurz dabei, wechselte dann aber in die reguläre Grundschule. Nach Weihnachten ging es richtig los. Ruth: „Ich hatte noch mal ein paar Annoncen geschaltet, dann war die Schule pickepackevoll. Ich konnte 22 Kinder aufnehmen, und die hatte ich auch." Ruth war immer noch die einzige Lehrerin, beschäftigte aber im Rahmen einer Arbeitsbeschaffungsmaßnahme ein junges Mädchen als Helferin. Sie erhielt auch für jedes Kind staatliche Unterstützung, so dass das Schulgeld im Rahmen blieb. „Darauf musste man in Levin schon achten", sagt sie. „Das ist ja keine reiche Gegend."

In den folgenden Jahren entwickelte sich die Schule stetig weiter. Der Gebäudekomplex wurde um das ehemalige Pastorenhaus vergrößert, so dass 52 Kinder gleichzeitig unterrichtet werden konnten. In Spitzenzeiten waren 100 Kinder angemeldet. Es gab zwei Klassen und ein paar angestellte Lehrer. Ruth kümmerte sich primär um die Leitung der Schule. Privat verlief ihr Leben weniger erfolgreich: Anfang 1997 trennte sie sich endgültig von ihrem Mann. „Es war zum Schluss ein richtiger Rosenkrieg", sagt sie. Sie und die Kinder kamen vorübergehend bei Freunden unter.

Seit Sommer 1997 ist Ruth mit Roland zusammen, dem jungen Mann, der ihr bei ihrem Deutschland-Besuch 1983 zum ersten Mal begegnet war, als sie sich über ihr weiteres Leben klar werden wollte. Nachdem Roland erfahren hatte, dass Ruth sich von ihrem zweiten Mann getrennt hatte, kam er sofort nach Neuseeland. Noch einmal wollte er sich seine Traumfrau nicht entgehen lassen. Die war von dem neuen Mann an ihrer Seite ebenso wie ihre Kinder zwar von Anfang an begeistert, aber eine Heirat kam für sie nach zwei gescheiterten Ehen nicht mehr in Frage. Nach ein paar Jahren änderte Ruth ihre Meinung. „Für Roland war es schließlich die erste Ehe", sagt sie und lacht.

Ebenfalls Anfang des neuen Jahrtausends gingen die Schülerzahlen an Ruths Schule stark zurück, nachdem die Regierung die Early-Childhood-Subventionen gekürzt hatte. Ruth schloss eine Klasse und unterrichtete wieder viel selbst. Gleichzeitig fragte sie sich, ob sie mit ihren inzwischen 50 Jahren immer so weitermachen wollte oder vielleicht mal wieder etwas Neues ausprobieren sollte. So kam sie 2004 zur Immobilienmaklerei. Für Häuser hatte sich Ruth schon immer interessiert. Jetzt besuchte sie Real-Estate- und sogar Management-Kurse an der Uni Wellington, war insgesamt vier Jahre für Harcourts in Levin tätig. Zwei davon arbeitete sie zweigleisig, kümmerte sich nebenbei um die Verwaltung ihrer Schule. Den Unterricht machte nun wieder eine Lehrerin. Dann verkaufte Ruth die Schule an ein Paar, das bereits zwei Kindertagesstätten in Levin betrieb.

Die Schule war ihr bisher längstes Engagement. „Es war die Zeit, als meine Kinder aufwuchsen. Das passte gut. Wenn die Kinder mit ihrer

Schule fertig waren, konnten sie zu meiner kommen und hatten dort
weiter Spaß. Sabrina sowieso, die hat ja mit mir zusammen angefangen.
Der Aufbau der Schule war wahrscheinlich der wichtigste Job, den ich
in meinem Leben gemacht habe, abgesehen natürlich von der Erziehung
meiner eigenen Kinder."

2007, als ihre jüngste Tochter mit der Schule fertig war, folgte Ruth ihrem
Mann nach Australien. Roland war schon 2006 nach Brisbane gegangen,
wo er Arbeit als IT-Projektmanager gefunden hatte. Beide haben die
neuseeländische Staatsangehörigkeit, mit der ihnen der australische
Arbeitsmarkt ebenso offensteht wie jedem Australier. Ruth arbeitete ein
Jahr als *Community Relations Administrator* für die Konstruktionsfirma,
die den 2010 eingeweihten Clem7-Tunnel unter dem Brisbane River quer
durch die Stadt gebaut hat. Die Aufgabe der Kommunikationsabteilung
bestand vor allem darin, Gespräche mit all den Menschen zu führen, die
vom Tunnelbau betroffen waren, und nach praktischen Lösungen für
Beeinträchtigungen durch Lärm und Schmutz zu suchen. Bei Ruth liefen
die Fäden zusammen. Das war der erste Job in ihrem Leben, für den sie sich
jemals beworben hat. „Wer weiß, vielleicht habe ich ihn bekommen, weil
die Bohrmaschine ein deutsches Modell war", schmunzelt sie.

Mutter Ruth mit ihren vier Kindern

Im Augenblick ist Ruth nicht berufstätig. Sie malt wieder mehr, mit Acryl vor allem, meistens abstrakt. Für das Zusammenstellen von Farben und Strukturen hat sie ein Auge, sagt sie. Man kann ausprobieren, es muss nicht alles akkurat sein. Das entspricht ihr, Ruth ist selbst keine Perfektionistin. Sonst hätte sie an verschiedenen Stellen ihres Lebens irre werden müssen. „Für mich sind die Dinge nicht schwarz oder weiß", sagt sie. „Für mich gibt es eine groooße Grauzone. Was für den einen toll ist, ist für den anderen vielleicht nicht so toll. Heute geht es mir so und morgen vielleicht ganz anders. Das spiegelt sich auch in meinen Bildern."

Ruth fühlt sich mit ihrer Art *down under* sehr viel besser aufgehoben als in Deutschland. Den Raum zur Entfaltung, den sie wohl eher unbewusst gesucht habe, als sie mit ihrer Familie nach Neuseeland kam, habe sie tatsächlich gefunden. „Viele Sachen hätte ich in Deutschland nie machen können", sagt sie. „Da wäre ich ins Lehramt gerutscht, wo ich wahrscheinlich heute noch wäre, bis zur Pensionierung." Ruth erzählt, dass ihre Tochter Valerie, die bei der Einwanderung ja schon zwölf war, als Erwachsene noch einmal eine eigene Entscheidung getroffen hat. Mit Mitte 20 ging die junge Frau nach Deutschland, um sich darüber klar zu werden, wohin sie gehört. Nach vier Jahren wusste sie, es ist Neuseeland. Den deutschen Pass hat sie trotzdem behalten.

Ruth mag auch Australien. „Das Land ist schön, und die Australier sind ein total positives Völkchen, vielleicht weil sie so viel Sonne haben. Sie sind lustiger und vor allem unternehmungslustiger als Neuseeländer, die wahnsinnig nett und freundlich sind, aber längst nicht so einen Drive haben wie die Australier. Das liegt mir. Aber immer wenn ich im australischen Fernsehen Werbung für Neuseeland sehe, kriege ich richtig Heimweh. Dann verspüre ich so ein komisches Nagen und denke: Ich möchte wieder zurück. Ich möchte nach Hause." Dieses Gefühl von Heimat und Zuhause löst ganz Neuseeland bei ihr aus, hat Ruth festgestellt. Auf Dauer leben möchte sie am liebsten im Norden, irgendwo zwischen der Bay of Islands und der Bay of Plenty, schon wegen des beständigeren Klimas. „Ich mag es gerne warm."

Ein Filzhut für den Hobbit

Maggie und Josef Kieninger, Levin

„Unser Ziel war es, ein ganz anderes Leben zu leben", schreiben Maggie (Jahrgang 1960) und Josef Kieninger (Jahrgang 1954) in ihrer Kurzbiografie auf ihrer Website www.blueberryart.co.nz. Herauszufinden, wozu man (noch) fähig ist, das fanden der Grafiker und die gelernte Buchhändlerin aus dem schwäbisch-bayerischen Grenzgebiet spannend, als sie 2006 nach Neuseeland gingen. Ihr ganz anderes Leben spielt auf einer alten Blaubeerfarm im Süden der Nordinsel und ist eine bunte Mischung aus Blaubeeren und ganz viel Kunst, mit Alpakas und Shropshire-Schafen, mit Platz für Feriengäste, einem kleinen Café und einer Allee, die nur darauf wartet, in einen Skulpturenpark verwandelt zu werden.

Die Farm liegt ein paar Kilometer nördlich von Levin direkt am Highway, aber abgeschirmt von dessen Lärm, und ist einer der anregendsten Orte, die ich kenne. So viele Farben, so viel zu entdecken: ein Fest für visuelle Menschen! Das Wohnhaus erstrahlt in Weiß, Rot und Blau. Ein roter Hut, den Maggie für eine Hochzeit kreiert hat, bildet einen leuchtenden Kontrast zu der nicht minder kraftvoll-blauen Küche im Hintergrund. Überall hängen Bilder und Drucke, stehen und liegen Hüte und Materialien aller Art. Ein bisschen hat das auch damit zu tun, dass Josef gerade zusammen mit Brian, *„the builder"*, der inzwischen ein guter Freund ist, den Shop am Highway ausbaut, wo eben noch Heidelbeeren verkauft wurden und wo schon ein paar Wochen später Maggies Atelier sein wird – und eine Café-Bar mit verschiedenen Außenterrassen.

Während sich die Männer nach der Kaffeepause sofort wieder auf die Baustelle begeben, damit alles fertig wird, bis die nächsten Besuchergruppen auf der Farm eintreffen, begleite ich Maggie ins alte Packhaus. Den kleineren Teil des Gebäudes, in dem schon die Vorbesitzer Erdbeeren und Heidelbeeren verpackt haben, nutzen auch die Neufarmer während der mehrwöchigen Blaubeerernte. Der größere Teil beherbergt ihre Werkstätten. Josef macht hier seine *Woodblock Prints*, Maggie malt und

Maggie Kieninger

fertigt Hüte, Taschen, Schals und kleine Accessoires aus Filz und anderen Stoffen. Auf geführten Farmtouren zeigen die beiden, wie sie arbeiten. Meist sind es Gruppen von Einheimischen, die sich die Farm und die Ateliers anschauen: Vereine, Altenheime, Schulen.

Von der „historischen Abteilung" mit alten Bleibuchstaben geht es direkt zu Josefs Holzschnitten und Drucken. Für jede der oft ein Dutzend Farben eines Motivs schneidet der Künstler eine extra Platte. „Da er mit transparenten Farben arbeitet, muss er sehr genau überlegen, wie es rauskommt, wenn er die Farben übereinander druckt und wie dann auch die Schattenwirkung ist", erläutert Maggie. Jedes Jahr zu Weihnachten gestaltet Joe eine besondere Karte, die bis heute bei Sammlern in Deutschland begehrt ist.

In einer Ecke des Packhauses befindet sich eine kleine Rahmen-Werkstatt für Josefs Drucke und Maggies Bilder. Sie arbeitet hauptsächlich mit Acryl, farbiger Tusche und Pastell. Während wir uns unterhalten, will Maggie einen Hut für den Markt in Martinborough im kommenden Monat filzen. Einfach so irgendwo zu sitzen, dazu haben die Kieningers auf ihrer arbeitsreichen Farm selten Zeit. Schon wickelt Maggie eine ziemlich lange lila Wurst Merinowolle auseinander, zupft und belegt eine Schablone mit fluffigen großen Flocken.

Die Blaubeerfarmer halten selbst Shropshire-Schafe. Die Rasse wurde im 19. Jahrhundert von England nach Neuseeland eingeführt, war eine Zeit lang ziemlich verbreitet und genießt mittlerweile Seltenheitswert in einem Land, in dem zehnmal so viele Schafe wie Menschen leben. „Im Moment gibt es im ganzen Land nur 300 für die Zucht registrierte Muttertiere", berichtet Maggie. „Wir haben zwölf davon. Züchter sind, glaube ich, acht registriert. Merinos wollen wir nicht halten, weil das Gelände dafür nicht gut geeignet ist. Die sind sehr anfällig, kriegen leicht eine Art Fußpilz, den man dann mit Zink und allem Möglichen behandeln muss. Unsere Tiere sind robuster."

Auf der Website eines deutschen Fans der Rasse lese ich: „Falls Sie einen größeren Obstgarten besitzen und Ihnen die Pflege jede Menge Zeit und Energie raubt, eignen sich Shropshire-Schafe sehr gut als Rasenpfleger und Unkrautvernichter. Es wird nur ein Zaun und ein Unterstand zum Schutz vor brennender Sonne oder allzu schlechtem Wetter benötigt." Angeblich lassen die Tiere auch die Bäume in Ruhe, wenn sie genügend anderes zu fressen finden. Uneingeschränkt scheint das allerdings nicht zu gelten. Maggie und Joe hatten die Schafe, wie ich später erfahre, eigentlich mal angeschafft, um das Gras zwischen den Blaubeersträuchern kurz zu halten. Das erwies sich aber als keine so gute Idee, weil die Tiere die jungen Triebe der Blaubeeren bevorzugten. Jetzt grasen sie unter den Hasel- und Pekannussbäumen.

„Nachdem wir die Farm gekauft hatten, war die Frage: Was machen wir mit dem ganzen Land?", erzählt Maggie. 4,7 Hektar. Darauf rund 1.000 Blaubeersträucher, die seit Jahren nicht mehr richtig gepflegt worden waren. Damals befand sich auch noch ein – allerdings kaputtes – Netz über den Sträuchern. Josef und Maggie schnitten die Pflanzen zurück, verzichteten aber darauf, das Netz zu erneuern – das wäre zu teuer gewesen – und teilen sich die Früchte jetzt großzügig mit den Vögeln. Es geht ihnen nicht darum, die lukrativste Blaubeerfarm Neuseelands zu betreiben. „Überhaupt nicht", sagt Maggie. „Die Idee war: Es ist schwer, allein von der Kunst zu leben, es ist schwer, allein von den Heidelbeeren zu leben. Aber wenn man alles zusammentut, besteht die Chance durchzukommen." Bis jetzt können Maggie und Joe noch nicht von der Blaubeer-Kunst-Farm leben, weil die mit der Herrichtung der Gebäude verbundenen Ausgaben die Einnahmen übersteigen. Aber sie sind auf einem guten Weg.

Dabei ist keiner von ihnen als Farmer auf die Welt gekommen. Josef ist Grafikdesigner. Maggie hat eine Buchhandelslehre gemacht. Kennengelernt haben sich die beiden in einer Buchdruckerei in Maggies Heimatort Nördlingen, wo Josef als Schriftsetzer arbeitete. „Ich war Witwe mit 29 Jahren, hatte zwei kleine Kinder. Als mein Mann starb, war ich in Teilzeit in der Stadtbibliothek beschäftigt. Weil das finanziell nicht mehr ausreichte, habe ich mich umgeguckt und den Job in der Druckerei gefunden. Und da saß Josef. Josef war mein Chef." So war das. Punkt. Maggie schweigt und lächelt. 20 Jahre sind die beiden inzwischen zusammen.

Vor ihrem Umzug nach Neuseeland lebten sie zuletzt in Ellwangen an der Jagst, betrieben gemeinsam ein Grafikbüro mit drei Angestellten. Maggie arbeitete von zu Hause aus, machte die Texte, die Buchhaltung, Farbberatung, was so anfiel. Josef kümmerte sich im Hauptbüro um die Grafik. Er ging früh aus dem Haus und kehrte spät zurück, arbeitete oft auch am Wochenende. Auftraggeber waren ein paar große Firmen, die Stadt Ellwangen, das Landratsamt in Aalen. Die viele Arbeit ging zunehmend an Josefs Substanz, er litt an Tinnitus. Maggie: „Wir überlegten, was wir anders machen können. Irgendwie war uns klar: Wenn wir in Deutschland bleiben, kommen wir da nicht raus. Außerdem erschien uns das auch zu langweilig. Wir dachten: Wenn wir schon etwas verändern wollen, dann richtig."

2004 machten die beiden sechs Wochen Urlaub in Neuseeland. „Wir fuhren mit dem Campervan herum und dachten, das ist aber nett hier. Josef war vorher schon zweimal in Neuseeland gewesen. Als wir noch überlegten, kam durch Zufall über einen Bekannten ein Jobangebot von Ingo Schleuß („In guten und in schlechten Zeiten", S. 112) in Levin für einen Grafiker. Da haben wir beschlossen, wir probieren es." Josef reiste mit einem Arbeitsvisum vor. Das war im Februar 2006. Maggie verkaufte Haus und Geschäft, packte einen Container und kam im September nach. „Wir wussten nicht, ob wir eine Aufenthaltsgenehmigung bekommen oder nicht. Das Risiko sind wir eingegangen. So wie bisher ging es ohnehin nicht weiter."

Die Entscheidung auszuwandern sollte eigentlich eine Familienentscheidung sein, erzählt Maggie. „Wir hatten gesagt: Entweder gehen wir alle oder keiner. Als Josef schon in Levin war und auch das Haus und das Geschäft verkauft waren, kam meine große Tochter Marlies zu mir und sagte: ‚Mama, setz dich mal, ich muss dir was sagen.' Und dann erklärte sie:

Punkt 1: Ich komme nicht mit euch. Punkt 2: Ich bin wieder schwanger.“ Kevin, der erste Enkel, war ein wesentlicher Grund dafür gewesen, dass Maggie zu Hause gearbeitet hatte. So konnte Marlies ihre Ausbildung machen, während die Oma ein Auge auf den Kleinen hatte. „Ich dachte nur: Scheiße!“, erinnert sich Maggie. „Marlies sagte, sie hätte mir erst so spät Bescheid gesagt, damit wir keinen Rückzieher machen ihretwegen. Und dazu wäre es sicher auch gekommen. Es folgte dann eine richtige Loslass-Phase, die für mich schwerer war als für meine Tochter.“

Janis, die zweite Tochter, die Maggie nach Janis Joplin benannt hat, zu deren Fans sie bis heute zählt, kam nach Levin, nachdem sie ihre Ausbildung als Physiotherapeutin beendet hatte. Die Ausbildung wurde dort allerdings nicht anerkannt. In Neuseeland ist Physiotherapie ein Studium. „Mittlerweile ist Janis die Karriereleiter rauf und arbeitet als *Textile Developer* für eine Firma. Sie ist zuständig für die Kunden in Australien und hat sich inzwischen auch ein Haus in Levin gekauft. Wenn du gut bist, hast du es als Seiteneinsteiger hier leichter als in Deutschland.“

Maggie schweigt einen Moment, dann sagt sie: „Das einzige, was ich wirklich vermisse, ist die andere Tochter. Nicht konstant natürlich. Es ist mehr so ein Wehmutsgedanke manchmal.“ Einmal war Marlies mit Kevin und Tabea drei Wochen zu Besuch auf der Farm. Maggie selbst ist bisher jedes Jahr in Deutschland gewesen, in Zukunft will sie nur noch alle zwei Jahre fliegen. „Es ist finanziell ein Akt, und ich kann dem Josef auch nicht antun, ihn immer so lange allein zu lassen. Wenn ich weg bin, muss er die Farm schließlich alleine schmeißen.“

Maggies Eltern schicken ab und zu mal „Care-Pakete“ mit mittelscharfem deutschem Senf (für Joe), mit gekörnter Gemüsebrühe und original rosa und weißen Schokolinsen (für Maggie) ans andere Ende der Welt. Sie waren gar nicht begeistert, als ihre Lieben nach Neuseeland gingen – und ziemlich böse mit Josef, weil sie meinten, der sei Schuld. So toll, sagt Maggie, sei das Verhältis zwischen Eltern und Schwiegersohn früher nicht gewesen. Seit die Eltern allerdings zusammen mit Marlies und ihren Kindern zu Besuch in Neuseeland waren, sind Maggies Vater und Josef allerbeste Kumpel. Manchmal muss man offenbar weit weg gehen, um eine Beziehung herzustellen.

Auch ihre eigene Beziehung zu Eltern und Geschwistern hätte sich verändert, erzählt Maggie. „Man sieht sich nicht so oft, aber wenn man sich sieht, ist es intensiver. Ich habe das Zusammensein vor allem mit meinen Eltern noch nie als so intensiv empfunden. Die Gespräche sind anders. Die Akzeptanz meiner Eltern mir gegenüber ist

Josef Kieninger

viel größer. Ich selbst bin sehr viel nachsichtiger. Was mich früher genervt hat, stört mich nicht mehr. So sind sie halt, denke ich und lächle. Man ist einfach nicht so nah aufeinander. Aber in der Zeit, die man miteinander verbringt, sind beide Parteien wirklich da, im Kopf, im Gefühl. Ich glaube nicht, dass wir das jemals erreicht hätten, wenn ich geblieben wäre. Es ist schon so: Man kriegt etwas und gibt etwas anderes dafür her. Man muss für sich selber nur entscheiden, ist es das wert, das eine herzugeben, um das andere zu bekommen."

Gerade verarbeitet Maggie einen Hauch heller Tussahseide. Unter der Luftpolsterfolie, in der die Wolle in x Arbeitsgängen mit Hilfe von Wasser und Seife um die Hälfte geschrumpft wird, mischen sich die Farben und Materialien. Die Bewegungen der Hutmacherin wirken ganz ruhig und gleichmäßig. Das Zuschauen hat etwas fast Meditatives. Und offenbar auch das Tun. „Ungeduldig brauchst du dabei nicht zu sein", sagt Maggie. Bevor es weitergeht, will sie aber erst einmal eine rauchen.

Mein Blick fällt auf die Schafe, die friedlich zwischen den Nussbäumchen grasen, ein Stück weiter auf einen Zaun aus Treibholz, das Joe von seinen langen Spaziergängen mit Huntaway Bob und Golden Retriever Tess am nahen Waitarere Beach mitbringt, und auf die unzähligen Weidenbäume, die in einer leicht gewellten Allee zum hinteren Teil des Grundstücks führen. Josef und Maggie haben die morschen alten Bäume mannshoch heruntergeschnitten. Die Stümpfe ließen sie stehen, weil es gut aussieht – ebenso wie die Zweige an den beiden Bäumen am höchsten Punkt des kleinen Hügels. Entlang der Allee soll einmal ein Skulpturenpark entstehen. Einen Teil der Plastiken will Josef machen, der nicht nur Druckplatten schnitzt, sondern auch voller Begeisterung die Kettensäge schwingt. Baumstämme und Metall zum Verarbeiten sind reichlich vorhanden, Ideen ebenfalls. Jetzt fehlt nur noch die Zeit zum Umsetzen. Aber wenn erst einmal alle Gebäude fertig sind…

Dabei steckt den Farmern noch die letzte Blaubeerernte mit 14 bis 16 Stunden Arbeit am Tag in den Knochen. Morgens um sechs Uhr aufstehen, schnell einen Kaffee trinken und dann durcharbeiten bis 18 Uhr. So lange war der Shop für den Verkauf geöffnet. Danach hieß es für Maggie: Ab in die Küche und für alle kochen, anschließend Marmelade, Gelee, Saft und Sirup einmachen. Normalerweise beginnt die Ernte kurz nach Weihnachten. Dieses Mal waren die Früchte etwas früher reif. Kurz vor dem Pflücken musste wie immer das Gras direkt unter den Sträuchern per Hand entfernt werden. „Wenn man das nicht macht und es regnet oder es fällt Tau, bleiben die Grassamen an den Beeren kleben und du kannst sie nicht mehr verkaufen."

Besonders rentabel sei das Geschäft mit den Blaubeeren nicht, sagt Maggie. Man brauche viele Leute, weil alles Handarbeit ist, und müsse selbst Schulkindern den gesetzlichen Mindestlohn zahlen. Ein Dutzend Arbeitskräfte waren dieses Mal mit Josef und Maggie im Einsatz: zwei Hausfrauen und eine Schülerin aus Levin, ein deutscher Austauschschüler, ein älteres Ehepaar und ein Mann, die als Erntehelfer im Wohnwagen durch das Land ziehen, sowie fünf oder sechs WWOOFer, „Willing Workers on Organic Farms", Rucksackreisende zumeist, die gegen Kost und Logis ein paar Stunden am Tag auf ökologischen Farmen mithelfen, um die Reisekasse zu entlasten. Maggie und Joe finden es interessant, mit einer so bunt gemischten Truppe zu arbeiten. WWOOFer hätten sie jetzt schon das vierte Jahr gehabt. „Einmal hatten wir ein Mädchen aus Manhattan und dachten erst: ‚oh je!' Aber die war klasse. Die hatte schon auf Farmen in den USA gearbeitet. Ein anderes Mal war ein junger Rastafari von Martha's Vineyard dabei. Der stellte abends sein Auto unter die Bäume, holte die Boxen raus, schaltete das Mikro ein und spielte uns auf seiner Querflöte eine

Serenade." Die Welt zu Gast in Levin. Bei der Arbeit kommt man zwanglos miteinander ins Gespräch. Oder auch mal nicht. Einen *WWOOFer* hat Maggie mal rausgeworfen, weil der nur Urlaub machen wollte.

Back to work. Noch sieht der Hut im Entstehen für mein ungeübtes Auge eher so aus, als arbeite Maggie insgeheim am Projekt „Die sieben Zwerge". Oder, um visuell im Land zu bleiben, als fertige sie eine neue Kopfbedeckung für einen Hobbit. Der Film von Kult-Regisseur Peter Jackson wird ja nun doch in seiner Heimat Neuseeland gedreht. „Ich lege die Spitze nachher in Falten", erläutert die Künstlerin. Aha. Zwei Stunden dauert der Herstellungsprozess normalerweise. Ich schätze, ich verringere die Produktivität durch meine Fragen um etwa die Hälfte.

Gerade würde ich zum Beispiel gern verstehen, wie es zusammenpasst, dass Maggie und Joe Deutschland verlassen haben, weil vor allem Josef total überarbeitet war, die beiden in Neuseeland aber ebenfalls schuften wie verrückt. Ganz einfach: „Es geht nicht darum, auf der faulen Haut zu liegen, sondern darum, etwas anderes zu machen", erläutert Maggie. „Auswandern hat ja nichts mit Arbeitsscheu oder Aussteigen zu tun. Interessant ist doch: Kriege ich es hin oder kriege ich es nicht hin? Oder: Wie kriege ich es hin? Oder: Zu was bin ich fähig?" Der Schritt nach Neuseeland hatte für die beiden Süddeutschen viel mit Neugier auf sich selbst zu tun. Maggie: „Ich hätte auch keine Probleme zu sagen, das war nichts für mich, wenn es so wäre. Dann würde ich zurückgehen. Das Leben ist doch dazu da, Dinge auszuprobieren."

Zum Ausprobieren bot und bietet die Farm reichlich Gelegenheit. Es muss dort ziemlich anders ausgesehen haben, als Maggie und Joe zu ihrer ersten Besichtigung vorbeischauten. „Na ja", meint Maggie zurückhaltend, „im Vorstellen war ich schon immer ganz gut. Wir haben ja immer alte Buden gehabt." Ich muss daran denken, wie Josef während der Kaffeepause erzählte, dass er Maggie früher immer aufgefordert habe, das neue alte Anwesen in ein Paradies zu verwandeln. Warum sollte er sonst wohl nach Hause kommen, schob er noch grinsend hinterher. Und immer, wenn das Paradies fertig war, zog die Familie um. Maggie lachte nur und sagte: „Wer weiß, vielleicht werden wir hier nie fertig, dann können wir bleiben."

Jetzt greift sie zur Schere. „Um den Stoff weiter schrumpfen zu können, muss ich ihn von der Schablone befreien", erläutert sie. Die Grundlagen des Hutmachens lernte Maggie in einem Kurs in Zürich. „Hüte haben mich schon immer fasziniert. Ich trage selbst auch welche." Mit Büchern, Videoclips und allerlei Kursen bildete sie sich im Laufe der Jahre weiter. Wie breit ihr künstlerisches Spektrum geworden ist, hätte sie sich nie träumen lassen, als sie ihre berufliche Laufbahn begann. Weil die Eltern fanden, sie solle etwas Vernünftiges lernen, begann sie eine Ausbildung als Krankenschwester, die sie allerdings schon nach wenigen Monaten wieder abbrach. Mehr oder minder zufällig schlitterte sie in eine Buchhandelslehre, arbeitete eine Weile als Verlagsbuchhändlerin. Dann betrieb sie mit ihrem späteren Mann eine Jugendkneipe in der Oberpfalz. „Meine armen Eltern waren verzweifelt: die verschiedenen Jobs, dazu die Hippie-Zeit…" Schließlich wurde Maggie auch noch schwanger, der Kneipenjob war nicht mehr drin. Mit ihrem Partner zog sie in eine kleine Nachkriegsbaracke am Stadtrand von Nördlingen. Marlies kam zur Welt. Als die Kleine acht Monate alt war, beschloss Maggie, am besten gleich noch ein Kind zu kriegen. „Kaum hatte ich das gesagt, war ich auch schon wieder schwanger." Ihr Mann war als Schreiner viel auf Montage. Wenn die Töchter abends im Bett lagen, gestaltete sie Schaufenster. Dann zog die Familie aufs Land, Maggie nahm den Halbtagsjob in der Stadtbibliothek an. Und hier schließt sich der Kreis der Erzählungen: Ihr Mann starb, sie suchte nach einer besser bezahlten Stelle, lernte Josef kennen…

Soweit die Chronologie der Ereignisse. Dass sich dahinter Zeiten verbergen, die sehr viel Kraft gekostet, aber am Ende auch freigesetzt haben, ist zu spüren, als Maggie den nassen Filz ein ums andere Mal auf den Tisch klatscht. Für einen Augenblick hält sie inne. Dann beginnt sie, den Stoff gründlich auszuspülen. Die flauschig-fluffigen Wollflocken haben sich mit den eingestreuten Seidenfasern zu einem neuen Ganzen verbunden, das eine völlig andere Konsistenz besitzt als die Ausgangsstoffe. Die Wolle hält die Seide fest, die selbst nicht schrumpft und deshalb eine ganz krisselige Struktur hat. Um die Seife zu neutralisieren, setzt Maggie dem letzten Wasser ein wenig Essig zu. In Form bringen will sie den Hut am Haus unter den Bäumen. Auf dem Weg dorthin schauen wir bei den Alpakas vorbei. „Es ist so ein beruhigendes Gefühl, die Tiere grasen zu sehen", findet Maggie.

Maggie mit Alpakas und Hobbit-Mütze unter dem Arm

Besonders toll sei es, wenn die Kleinen geboren werden. „Nach einer halben Stunde springen sie schon herum." Die große Braune ist hoch trächtig, auch wenn sie gar nicht so dick wirkt. „Und wenn das Kleine da ist, sieht die Mutter auch nicht übermäßig dünn aus", verrät Maggie. Die Alpakas auf der Blaubeerfarm sind Huacayas. Ihr Fell weist feine, gleichmäßig gekräuselte Fasern auf. Bei Alpakas sagt man nicht Wolle dazu, erfahre ich. Maggie hält die Tiere, um ihre Fasern zu verarbeiten. Das Scheren übernimmt ein Nachbar, der selber Alpakas hat.

Als Maggie sich damals auf der Alpaka-Farm in Christchurch umschaute, war sie gleich ganz verliebt in die Tiere mit den wunderschönen großen Augen. Josef und sie kauften die Braune samt einem Jungtier und bereits wieder tragend und dazu den weißen Alten als Gesellschaft. Alpakas sind schließlich Herdentiere. Das erste Baby wurde geboren, Maggie war dabei. „Ich war bisher jedes Mal dabei", sagt sie und strahlt. „Die Geburten waren immer vormittags an einem schönen Tag. Alpakas können die Geburt bis zu drei Wochen verschieben. Beim ersten Mal dachte ich noch: Das gibt's doch gar nicht! Hinten hing das Baby halb raus, und vorne fraß das Muttertier seelenruhig."
Für die Tiere auf der Farm ist Maggie zuständig. Josef packt ebenso wie im Gemüsegarten gern mit an, aber die Theorie ist ihre Aufgabe. Maggie

besuchte ein paar Kurse über die Haltung von Kameliden, lernte, wie man die Klauen der Tiere schneidet, wie man sie impft. Und während wir die kleine Herde zum Grasen auf die Grünfläche vor dem Haus lassen, erzählt sie, dass sie die Tiere nach Künstlern benennt, die ihr gefallen: Frida (Kahlo), Leo(nardo da Vinci), Faye (Dunaway), Debbie (Harry – von Blondie) und so weiter. Alex, der große Alte, hieß schon so, als er auf die Farm kam. Hugo auch. Maggie ergänzt jetzt: (Victor) Hugo. Die ersten beiden Shropshire-Lämmer, die auf der Farm geboren wurden, nannte sie Max und Moritz.

Unter den Bäumen im Garten, wo unser Treffen am Mittag begann, stülpt Maggie den Filz über eine ihrer zahlreichen Hutformen, legt den Zipfel in konzentrischen, zur Mitte hin leicht ansteigenden Kreisen in Falten und steckt die Ränder mit Nadeln fest. Allmählich wird der Zipfel kleiner und immer kleiner und aus der Hobbit-Mütze am Ende doch noch ein Hut. Schön ist er geworden. Bis die ganze Feuchtigkeit raus ist, werden zwei Tage vergehen. Dann können auch die Nadeln gezogen werden. Hüte wie diesen hat Maggie vor zwei Jahren zum ersten Mal gemacht. Die laufen wie verrückt, sagt sie. Zweimal im Monat fährt sie damit zum Kunstmarkt in Wellington.

Ich nutze die Gelegenheit für ein paar letzte Fragen. Hat sich für die Kunst-Farmer erfüllt, wonach sie gesucht haben? „Ich habe nichts Bestimmtes gesucht", sagt Maggie sofort. Und auf Nachfrage: Ja, sie könne sich durchaus vorstellen, noch einmal ganz woanders hinzugehen. „Das Schwierigste für mich war, dieses anerzogene Sicherheitsdenken aufzugeben. Als das überwunden war, war alles andere eigentlich ein Selbstläufer. Ich würde sagen: Wenn du es einmal gemacht hast, kannst du es immer wieder machen."

Als traurige Bestätigung der Entscheidung auszuwandern empfand sie den Tod eines guten Freundes. Josef war schon in Neuseeland, sie selbst noch mit der Haushaltsauflösung in Deutschland beschäftigt. Der Freund starb an einem Gehirntumor. Maggie erlebte die letzte Zeit mit. „Das hat mir vor Augen geführt, irgendwann geht der Deckel zu", sagt sie. „Irgendwann ist Schluss, und es kann morgen sein. Dieses ganze Sicherheitsdenken ist eigentlich total für die Katz."

Was nicht heißt, dass sie ohne ein Zuhause auskäme. Ein Nest brauche sie immer, sagt Maggie, die sich im Gegensatz zu ihrem Mann für eine ziemliche Einzelgängerin hält. Und was gehört zu dem Nest dazu? Die Antwort kommt ohne Zögern: „Josef." Lange Pause. „Bücher." Lange Pause. „Sachen, um etwas mit meinen Händen zu machen." Pause. „Ich glaube, etwas Eigenes." In Neuseeland, auf der Farm, meint Maggie, fühle sie sich vielleicht mehr zu Hause als je zuvor in ihrem Leben. Heimat würde sie das aber nicht nennen, Heimat habe auch etwas mit Wurzeln zu tun. Wichtiger sei allerdings ein Zuhause. „Es reicht mir, wenn ich die Heimat ab und zu mal besuche, ein Zuhause, ein Nest brauche ich immer. Wo das Nest ist, ist eigentlich egal."

Maggie empfindet das Leben auf der Farm als in angenehmer Weise reduziert. Auf Wesentliches reduziert. Wenn der Mix aus Blaubeeren und Kunst genug Geld abwirft, um mal ein paar Wochen zu verreisen, hätte sie nichts dagegen, aber es müsse auch nicht sein. „Wir hatten eine erfolgreiche Zeit in Deutschland, in der wir auch ziemlich gut verdient haben. Das hat den Aufbau der Farm überhaupt erst ermöglicht."

Wer mit der Idee vom Paradies und wenig Geld in der Tasche nach Neuseeland komme, könne dagegen schon Frustrationen erleben, meint sie. „Manche deutschen Werte sind hier ja auch nicht so gefragt, diese Übergründlichkeit und Pedanterie, dieses pingelige Kleinkrämertum, dieses Überperfekte. Wer das mitbringt, macht sich hier keine Freunde. Man ist ja manchmal überrascht, wie viel davon in einem selber steckt. Wenn zum Beispiel ein Handwerker sagt, er kommt und kommt dann doch nicht. Einmal fragte einer nach einem Job. Wir sagten ihm, er könne ein Mäuerchen bauen. Nachdem er seinen ersten Lohn bekommen hatte – die Leute werden hier wöchentlich bezahlt, das Mäuerchen war noch nicht mal halb fertig –, erschien er erst mal nicht mehr. Bis das Geld alle war, dann war er wieder da. Und letztes Jahr hatten wir einen Pflücker, der blieb auch weg, als er seinen Lohn ausbezahlt bekommen hatte. Irgendwann rief er an und fragte, ob wir ihn zum Arbeiten abholen könnten, er hätte kein Geld für Sprit." Maggie will sich kaputtlachen, als sie davon erzählt. Natürlich hätten sie den Mann abgeholt.

In guten und in schlechten Zeiten

Ingo und Grit Schleuß, Levin

Es war der Wunsch, ihrem Leben einen Kick zu geben, der Ingo (Jahrgang 1969) und Grit Schleuß (Jahrgang 1971) Ende der 90er Jahre veranlasste, ihre Drogerie und die kleine T-Shirt-Druckerei in Brandenburg aufzugeben und nach Neuseeland zu gehen – obwohl keineswegs sicher war, dass sie würden bleiben dürfen. Heute haben die beiden drei Kinder, was sie sich in Deutschland nie hätten vorstellen können, und führen ein Unternehmen, das sogar schon für die neuseeländische Olympia-Nationalmannschaft produziert hat. „Auswandern ist lange nicht so schwer, wie viele Leute denken", finden die beiden – auch wenn richtig harte Zeiten hinter ihnen liegen.

Sonnabendmorgen in Levin. Ich fahre auf der Hauptstraße, die schnurgerade mitten durch das 20.000-Einwohner-Städtchen schneidet, Richtung Süden, vorbei an Supermärkten und den üblichen Fastfood-Filialen, an Motels, Tankstellen und Geschäften. Nein, sehr viel Charme versprüht das Zentrum der Agrarregion Horowhenua eine Autostunde nördlich der Hauptstadt Wellington zumindest auf den ersten Blick nicht. Umso schöner ist wieder einmal die Umgebung: die endlosen Strände an der Tasmanischen See im Westen, die zerklüftete Tararua-Gebirgskette im Osten und dazwischen auch noch zwei Seen. Besonders hat es mir der Strand von Waitarere nördlich von Levin angetan, an dem ich am Vortag viele Stunden gelaufen bin und Treibholz gesammelt habe. Der Blick trifft dort auf so viel Weite, dass man einen Fischer fragen möchte, wo das Meer endet und der Himmel beginnt, wie es in einem japanischen Haiku heißt.

Als ich die Fabrikationshalle der Company Branding Shop Ltd. (CBS) am Ortsausgang betrete, steht Ingo bereits an der Druckerpresse. Das Unternehmen ist auf individuelle Textildrucke und -stickereien spezialisiert. Der aktuelle Auftrag: drei T-Shirts, zwei kurzärmelige, ein langärmeliges. Das Motiv: der Kunde selbst, ein sportlich-muskulöser Typ, neben seinem Konterfei der Schriftzug „The Exercise Boss". Die Shirts

Ingo und Grit Schleuß vor ihrem Haus

wird der *Personal Trainer* tragen, wenn er seine Kunden beim Fitness-Training zum Schwitzen bringt. Ingo sucht weiße Korpus- und Ärmelteile aus einem deckenhohen Regal zusammen, die seine Mitarbeiterin nach dem Druckvorgang zusammennähen wird. Mist, wo sind nur die langen Ärmel Größe L geblieben? „Hey Doris", ruft er. „Kriegst du Ärmel Größe M in ein T-Shirt Größe L?" Kein Problem, sagt die. Und während Ingo die Abdeckung der Presse schließt und mit dem Drucken fortfährt, erzählt er von Brandenburg an der Havel, wo er und Grit aufgewachsen sind, und von ihrem langen Weg nach und in Neuseeland, der viel mit Motivation und Beharrlichkeit zu tun hat.

Ingos Eltern betrieben zu DDR-Zeiten eine 16 Quadratmeter kleine Drogerie in Brandenburg. Drei Jahre vor dem Mauerfall stellten sie einen Antrag auf Vergrößerung des Geschäfts. „Bis alles fertig war, vergingen Jahre", erinnert sich Ingo. „Pünktlich zur Einführung der D-Mark machten wir den neuen Laden auf. Die 60 Quadratmeter waren im Grunde schon bei der Eröffnung wieder zu klein." Mit der Wiedervereinigung hielten Super- und Drogeriemärkte auch im Osten Einzug. Eine Weile gelang es, die Umsätze zu halten. Dann gingen sie Jahr für Jahr drastisch zurück. Es war abzusehen, wie lange man noch so würde weitermachen können.

In der Zwischenzeit waren Ingos Eltern gestorben und Grit nach ihrer Lehre in einer großen Drogerie in Gifhorn mit in das Familiengeschäft eingestiegen. Das scheint nicht immer einfach gewesen zu sein. Grit hatte „nach westlichem Wissen und Gewissen" gelernt, wie Ingo sagt. Selbstbedienungsorientiert. „Ich selbst bin Ost-Drogist. Die staatliche Drogerie, in der ich gelernt habe, hatte, wenn es hoch kommt, 100 Quadratmeter Fläche. Da haben wir Tapeten verkauft, Farben, Lacke, Farbpulver, Spachtelmasse, Bürsten, Pinsel und anderes Malerzubehör, außerdem Pflanzenschutzmittel, Dünger und Samen, Lippenstifte natürlich, Knoblauch- und andere Gesundheitspillen, Schaumbäder, Seifen, Zahnpasta, Schuhcreme, das ganze Spektrum. In der Drogerie meiner Eltern mit ihren vier mal vier Metern Verkaufsraum haben wir bis auf Tapeten auch alles verkauft. Das funktionierte nur mit Bedienung, zeigen konnte man ja nicht viel."

Die unterschiedlichen Einstellungen zum richtigen Umgang mit König Kunde prallten auf 60 Quadratmetern in Person von Ingo und Grit aufeinander. „Wir gingen uns manchmal ganz schön auf die Ketten", sagt Ingo heute. So war er froh, als sich ein neues Betätigungsfeld für ihn auftat. In der Drogerie verkaufte man neben Farben auch Spraydosen, unter anderem an Graffiti-Sprayer. Über die wiederum entstand ein Kontakt zu einem Laden in Brandenburg, der T-Shirts bedruckte. „Mann", dachte Ingo, als er sah, dass der Drucker die Motive nur auf den Stoff kopierte, „da steckt noch Potenzial drin." Die Druckerei verfügte nicht einmal über einen Computer. Ingo wiederum ist von Computern fasziniert, seit er als Jugendlicher von seinem Cousin im westfälischen Ennepetal einen Commodore 16 bekommen hatte, als Gegenleistung für Farbe aus der elterlichen Drogerie für den Einzylinder-Traktor, mit dem der Cousin zur Schule fuhr. „Mit dem C16 war ich der King", sagt Ingo. Die Lust an Tüfteleien am Computer begleitet ihn seither. So überrascht es nicht, dass er auf die Idee kam, auch für den T-Shirt-Druck eigene Vorlagen zu erstellen, und einen eigenen auf bedruckte Shirts spezialisierten Laden im 50 Kilometer entfernten Potsdam eröffnete.

„Das Geschäft entwickelte sich nach einer Weile richtig gut", erzählt Ingo. „Sportclubs, Werbeleute, private Firmen erteilten Aufträge. ‚Bird Shirt', so hieß der Laden, war die Adresse für Textildruck in Potsdam." Als nicht so erfolgreich erwies sich der Versuch, zusätzlich in die Maschinenstickerei einzusteigen. „Ich hatte überlegt, was man noch machen kann", erläutert Ingo. „Auf Papier und auf Stoff konnte man drucken, Schrift in der einen oder anderen Form ausschneiden. Schön, dachte ich, aber was geht noch?" Dieses Forschen und Weiterwollen, bestätigt Ingo auf Nachfrage, sei wohl kennzeichnend für ihn.

Der Textildruck also florierte, aber das Ende der Drogerie im benachbarten Brandenburg blieb absehbar. Ingo und Grit erwogen, komplett nach Potsdam zu ziehen, zumal sie sich kaum noch sahen und die Katzen schon fast Ingos Platz im Schlafzimmer eingenommen hatten. Und so wäre es wohl auch gekommen, wenn die beiden nicht beschlossen hätten, noch ein Stückchen weiter zu ziehen.

Das erste Mal über Neuseeland gestolpert war Ingo in der „Jungen Welt", der kommunistischen Jugendzeitung der DDR. „Ich war vielleicht 15 damals. In dem Artikel stand, dass es in Neuseeland keine giftigen Tiere gäbe. Klasse, dachte ich. Mein Vater sagte sogar noch: Junge, geh weg aus Deutschland. Das war natürlich Unsinn. Man konnte ja nicht einfach weggehen aus der DDR. Als ich die wenigen Zeilen über Neuseeland las, stellte ich mir vor, dass es dort warm ist. Da könnte ich unter einer Brücke schlafen, dachte ich, es gab ja keine Bären, keine Löwen und auch keine Schlangen. Die Vorstellung gefiel mir. Von da an dachte ich jedes Mal, wenn etwas so richtig blöd lief: Auswandern müsste man! Zu meinem 25. Geburtstag schenkte mir meine Schwester ein Buch über Neuseeland. Zwei Jahre später, im November 1996, hatten Grit und ich die Nase mal wieder so richtig voll. Es war grau und kalt, es regnete, und die Kunden waren maulig. Uns war klar: Es musste endlich etwas passieren. Wir sagten uns: Jetzt gucken wir uns Neuseeland mal an, entweder ist das was für uns, oder das Thema ist vom Tisch, und wir ziehen nach Potsdam. Kurz entschlossen kauften wir Tickets und reisten auf der Nordinsel herum."

Die beiden waren kaum wieder zu Hause, da war die Entscheidung im Grunde gefallen. Dabei hatten sie sich eigentlich vorgenommen, die Eindrücke eine Weile sacken zu lassen und in Ruhe über alles zu reden. Ein einschneidendes Erlebnis hatten Ingo und Grit auf einer Farm im Wairarapa gehabt, einem dünn besiedelten Gebiet im Südosten der Nordinsel, das von

Weinanbau und Schafzucht geprägt ist. „Es war eine unserer ersten Nächte, wir fuhren eine Splitstraße an der Küste entlang, es wurde allmählich dunkel. Wir dachten schon, wir müssten wohl im Auto übernachten, als wir im Lichtkegel der Scheinwerfer ein Schild sahen: ‚Backpackers'. Wir fuhren hin. Die Tür ging auf, und wir wurden freundlich begrüßt: Kommt rein, wir sitzen gerade beim Abendbrot, wollt ihr mitessen?" Das war schon toll, aber am besten gefiel Ingo und Grit der Umgang der großen Familie untereinander. Die vier Kinder waren immer mittendrin. Keiner sagte: „Ihr geht jetzt in euer Zimmer!" Oder: „Seid mal leise!"

Die Besucher aus Brandenburg blieben eine Nacht in der kleinen Unterkunft, dann noch eine. Sie fragten, ob sie irgendwie helfen könnten auf der Farm oder im Haushalt. „Das kam ganz gelegen", erfahre ich später von Grit. „Da war gerade eine Geburtstagsparty. Ich half beim Kuchenbacken, Ingo brachte irgendwo Isolierungen und Rigipsplatten mit an. Wir fanden es richtig nett dort: die große Familie, die geräumige Wohnküche. Als ich im Flieger zurück nach Deutschland saß – ich musste etwas eher nach Hause als Ingo – dachte ich so bei mir: Eine Familie in Neuseeland kannst du dir vorstellen. Und als Ingo eine Woche später zurückflog, hatte er genau dieselben Gedanken." Der nickt und ergänzt: „Unser weiteres Leben in Deutschland stellten wir uns damals so vor, dass wir die nächsten 40 Jahre T-Shirt-Druck in Potsdam machen und dann früh in die Kiste springen wie meine Eltern. Und plötzlich entstand da ein ganz anderes Bild…"

Und das, obwohl Neuseeland nicht gerade auf Ingo und Grit gewartet hatte. Die deutsche Drogistenausbildung wird dort nämlich nicht anerkannt, so dass eine Einwanderung als Fachkräfte nicht in Frage kam. Der Einwanderungsberater Peter Hahn, mit dem die beiden Kontakt aufgenommen hatten, machte ihnen wenig Hoffnung. Aber Ingo und Grit ließen sich nicht beirren. „Wir hatten das Für und Wider abgewogen", erinnert sich Grit. „Und irgendwann haben wir uns gesagt: Was können wir verlieren? Geld, ja. Zeit auch. Aber dann war es eine Erfahrung. Und selbst, als wir hier ankamen und es mit der Einwanderung nicht so glatt lief, sagten wir uns: Wenn sie uns hier nicht haben wollen, packen wir eben unsere Sachen wieder ein und gehen zurück nach Deutschland oder versuchen es woanders. Immerhin hätten wir dann ein paar schöne Jahre in Neuseeland verbracht." Im November 1997 war Ingo noch einmal allein dort. Über Peter Hahn gab es Kontakt zu einem Unternehmensberater und über den wiederum zu einem Kleinunternehmen in Levin, in das Ingo und Grit mit einsteigen konnten, um so eventuell an eine Aufenthaltsgenehmigung zu kommen. Ingo: „Die Idee war, der Firma unter die Arme zu greifen, um dann zwei Jahre später den Einwanderungsbehörden gegenüber zu argumentieren: Wir sind gute Leute, ihr dürft uns nicht rausschmeißen." Bei dem „Unternehmen" handelte es sich um eine ältere Dame, die zu Hause Tischdecken nähte. „Als wir im Januar 1999 hier ankamen, haben wir Stück für Stück erfahren, dass sie eigentlich längst pleite war", erzählt Ingo. „Das Geld, das wir investiert hatten, war sofort dazu benutzt worden, alte Schulden zu bezahlen." Im ersten Moment hätten sie schon geschluckt. Auf der anderen Seite: „Die Leute haben uns vom Flughafen abgeholt. Wir haben die ersten 14 Tage bei ihnen gewohnt. Sie haben uns ein Auto organisiert, haben uns dabei geholfen, ein Bankkonto zu eröffnen, ein Haus zu mieten. Und sie haben die Kontakte zu der Siebdruckerei hergestellt, mit der wir unser eigenes Business in Gang gekriegt haben. Heute sage ich: Das Geld war gut investiert, auch wenn es etwas anders gedacht war."

Während die Einwanderer und ihr Berater noch überlegten, dass die einzige Chance der beiden auf eine Aufenthaltsgenehmigung darin bestand, sich selbstständig zu machen, kam ihnen der Zufall zu Hilfe: Die Einwanderungsbestimmungen wurden um die Entrepreneur-Kategorie erweitert. „Innerhalb von Tagen stand der Business-Plan, an dem wir ohnehin schon gearbeitet hatten, und wir gehörten zu den allerersten, die einen Antrag in dieser neuen Kategorie einreichten. Das lief wie das Messer durch die Butter", erinnert sich Peter Hahn, „und wir hatten die beiden zunächst einmal drin. Allerdings ist das nur ein Provisorium, den Antrag auf die Daueraufenthaltsgenehmigung kann man erst nach zwei bis drei Jahren stellen."

Ingo und Grit wurden mit ihrer Firma Untermieter der Siebdruckerei. Der größte Nachteil dieser Konstruktion: „Wir machten kaum noch Druck, konzentrierten uns ganz auf die Stickerei." Auf diese Weise machte sich immerhin die Stickmaschine aus Potsdam letzten Endes doch noch bezahlt, die die Auswanderer neben einer Presse, ein paar Computern und allerlei Folien mit nach Neuseeland gebracht hatten.

Ein Haus hatten Ingo und Grit schon Monate vorher gekauft und ausgebaut: ein altes viktorianisches Holzhaus außerhalb der Stadt auf halber Strecke zwischen Highway und Strand, umgeben von Farmen, in das sie sich spontan verliebt hatten. „Als wir das Haus kauften, hatten wir nur das Besuchervisum in der Hand und noch nicht einmal unseren Englischtest bestanden", erinnert sich Ingo. Und im Jahr darauf, 2000, wurde Emily geboren. „Wären wir in Deutschland geblieben, hätten wir keine Kinder gehabt", ist sich Grit sicher. „Hier konnten wir uns Kinder von Anfang an vorstellen, aber eigentlich noch nicht so schnell. Erst einmal wollten wir die *Permanent Residency* haben."

Und genau die hätten Ingo und Grit um ein Haar nicht bekommen. Denn für den Antrag mussten sie nicht nur darlegen, dass ihr Kleinunternehmen wirtschaftlich erfolgreich war, sondern auch einen Gesundheitscheck machen lassen. Und dabei stellte sich 2001 heraus, dass Grit an Lymphdrüsenkrebs erkrankt war. Ingo, dessen Eltern beide an Krebs gestorben waren, zog es den Boden unter den Füßen weg. Er hatte nur einen Gedanken: Wie kommen wir jetzt nach Deutschland zurück? „Mein Vertrauen in die Kompetenz deutscher Ärzte war einfach größer. Und ich dachte auch, wir hätten gar keine Wahl." Peter Hahn brachte ihn dann auf die Idee, doch mal Grit zu fragen, was sie eigentlich wollte. „Als Ingo mich fragte", erinnert sich Grit, „wusste ich plötzlich: Ich will hierbleiben. Es war September. Der Sommer stand bevor, und ich dachte: Wenn es dir richtig schlecht geht, kannst du immer noch im Liegestuhl in der Sonne draußen in deinem Garten sitzen. Gehst du nach Deutschland zurück, ist es kalt und grau. Ich wollte auch nicht von allen bemitleidet werden." Damit war die Entscheidung gefallen, und das Ringen mit Behörden und Versicherungen begann. Zäh war es und alles andere als einfach, aber am Ende erfolgreich. Der behandelnde Arzt hatte den Behörden sogar damit gedroht, den Fall publik zu machen, wenn sie nicht einlenken würden.

Erfolgreich verliefen auch die medizinischen Behandlungen. Am Ende der Chemotherapie waren Ingo und Grit zu einer Hochzeit eingeladen, ihrer ersten überhaupt in Neuseeland. Grit wollte unbedingt hin, setzte kurzerhand die Medikamente ab, von denen ihr immer so schlecht wurde, und einen schicken Hut auf, damit keiner sah, dass ihre Haare ziemlich dünn geworden waren. Ingo und sie waren die letzten, die das Fest verließen. Ein

Grit Schleuß mit Fiona, Charlotte und Emily

paar Wochen später begann die Strahlentherapie. Dafür musste Grit jeden Tag nach Wellington. Vor allem in dieser Zeit war sie sehr dankbar dafür, dass ihr Vater aus Deutschland gekommen war, um sich ein paar Monate lang um Tochter und Enkelin zu kümmern.

Seitdem sei sie gesund, sagt Grit. Charlotte (2005) und Fiona (2007) wurden geboren. Und auch geschäftlich ging es jahrelang nur in eine Richtung: aufwärts. Im Frühjahr 2002 beendeten Ingo und Grit das Untermietverhältnis mit der Siebdruckerei und eröffneten ihr erstes eigenes Geschäft für Textildrucke und -stickereien. Weitere Umzüge folgten, immer verbunden mit Vergrößerungen des Unternehmens. „Wir bieten heute im Prinzip alle Applikationsformen mit Ausnahme des direkten Aufdrucks auf das T-Shirt an", sagt Ingo mit einigem Stolz. Das ist auch sein Ehrgeiz: keinen potentiellen Kunden abweisen zu müssen. Wenn er etwas – noch – nicht kann, findet er eben heraus, wie es gehen kann. „Das ist wohl der Ostler in mir, der Bastler." Ingo liebt technische Herausforderungen und hält immer die Augen offen nach Blümchen am Wegesrand, die zu pflücken sich vielleicht lohnen könnte. So wie die Idee, Landkarten auf leichte wasserdichte Tücher zu drucken, die man beim Wandern in die Hosentasche stecken und gleichzeitig noch als Picknickdecke oder Sonnenschutz benutzen kann. Genial!

2008 war das Jahr der bisher größten Erfolge. Zuerst der Auftrag, Textilien für die neuseeländische Mannschaft zu den Olympischen Spielen in Peking zu entwerfen und herzustellen. Eine Gruppe von Textilunternehmern aus den Nachbardistrikten Kapiti Coast und Horowhenua hatte sich gemeinsam darum beworben. „Wir fanden, es ist Mist, wenn die Klamotten für unser Team in China produziert werden", erläutert Ingo. Dieser Ansatz überzeugte das nationale Olympische Komitee ebenso wie das Ornament, mit dem die Kleidung der neuseeländischen Sportler bedruckt und bestickt werden sollte: ein stilisierter Farn, den Pa, der Designer der Gruppe und selbst ein Maori, eigens mit Vertretern der verschiedenen Maori-Stämme der Gegend abgestimmt hatte. Und weil Olympia so gut gelaufen war, bewarb man sich im selben Jahr auch gleich noch um den Unternehmerpreis in der Region Kapiti Horowhenua: ebenfalls mit Erfolg.

„Wir schwebten auf Wolke sieben", erinnert sich Ingo. Und dann begann eine Entwicklung, die im Rückblick fast schon etwas von Höhenrausch hatte und auch leicht mit einem großen Knall hätte enden können: Anschaffung der Thermotransfer-Presse für den Sublimationsdruck, Eröffnung einer eigenen Näherei neben der Druckerei und Stickerei und schließlich die Idee, eine eigene Textilreihe mit Maori-Designs für den deutschen beziehungsweise europäischen Markt zu entwickeln. Ingo schickte eine seiner Mitarbeiterinnen für ein halbes Jahr nach Deutschland, damit sie in befreundete Betriebe hineinschnuppern konnte, und reiste im Frühjahr 2009 auch selbst dorthin. „Pa und ich sind durch ganz Deutschland getourt, haben eine Textilmesse und eine Reihe Rugbyvereine besucht, weil wir dachten, daraus ließe sich vielleicht etwas machen." Rugby-Shirts aus dem Rugby versessenen Neuseeland. Dass er selbst sich mit dem Sport nicht auskennt, hält Ingo für kein Problem: „Das ist so wie mit dem Image vom sauberen grünen Neuseeland, das ja auch nicht immer zutrifft." Für einen Rugby-Spieler würde es dem langen dünnen Kerl ohnehin an Masse fehlen.

Wenn auch die Reihe mit den Maori-Designs vielleicht eine Nummer zu groß gedacht war und gegenwärtig auf Eis liegt, entwickeln sich die geschäftlichen Verbindungen zu den deutschen Rugbyvereinen und inzwischen sogar zum serbischen Nationalteam sehr erfreulich. Der allererste Kontakt war über einen Spieler der Horowhenua-Kapiti Rugby Football Union zustande gekommen, der gerade ein Gastspiel in Karlsruhe hatte. Ingo selbst hatte aus purer Langeweile irgendwann mal geschaut, ob es eigentlich auch in seiner alten Heimatstadt Brandenburg einen Rugbyclub gab. Und siehe da: Es gab ihn tatsächlich! Und zwar schon lange. Die Spieler der SG Stahl seien sogar mal Deutscher Meister geworden, erzählt Ingo. Die Begegnung in der Havel-Stadt jedenfalls war sehr herzlich. Man erinnerte sich in Brandenburg noch gut an den Langen aus der Drogerie. Ach, und der lebte jetzt in Neuseeland, der Heimat der All Blacks, einem der besten Rugby-Teams der Welt? Interessant! Ingo selbst war vor allem erstaunt, wie wenig sich in Brandenburg verändert hatte, seit er und Grit 1999 gegangen waren: „Die Baulücken waren immer noch da, aus den Bäumchen waren Bäume geworden, und in unserer alten Drogerie hing noch immer unsere Werbung."

Zurück in Neuseeland ging es zuerst einmal darum, das Unternehmen wieder gesundzuschrumpfen, wie Ingo heute sagt: „Unsere Erfolge waren uns ein bisschen zu Kopf gestiegen." Die Rezession hatte inzwischen auch Neuseeland erreicht, und die Näherei war in der kurzen Zeit ihres Bestehens ohnehin nicht rentabel gewesen. Für jeden Auftrag wurde aufwendig individuell zugeschnitten und genäht. Das kostete nicht nur viel Zeit sondern auch jede Menge Stoff. Da jeder Kunde Material und Farben selbst bestimmte, gab es von allem Reste, die in den seltensten Fällen noch für etwas anderes zu gebrauchen waren. Ingo war klar: Das musste anders werden.

Und es wurde anders. Die Lösung bestand in weißem Stoff, den man im Sublimationsverfahren beliebig bedrucken kann. „Anfänglich haben wir den Stoff in Vierecke geschnitten, bedruckt und anschließend individuell zugeschnitten und zusammengenäht. Jetzt bedrucken wir Stoffteile, die wir fertig zugeschnitten geliefert bekommen, und nähen sie anschließend nur noch zusammen." Ein ungeheurer Rationalisierungseffekt, denn der Computerschneider des Lieferanten bewältigt viele Lagen Stoff gleichzeitig. Das ist es, was das kleine Unternehmen mit seinen gegenwärtig viereinhalb

Arbeitsplätzen gegenüber den Branchenriesen auszeichnet: nicht das ursprünglich angedachte Konzept einer kompletten Reihe, sondern vom oder mit dem jeweiligen Kunden zusammen entwickelte individuelle Designs in Mini-Auflagen wie die drei T-Shirts für den *Personal Trainer*, dazu schnelle Produktion und Lieferung.

Und während Ingo diesen und noch ein paar andere Aufträge erledigt, lasse ich mir von Grit und den Kindern zeigen, was sonst noch wichtig ist in Levin. Nach dem Besuch eines Jonglier-Wettbewerbs, für den CBS natürlich die T-Shirts bedruckt hat, vergnügen wir uns eine Weile im *Adventure Park* an der Hauptstraße. Dann geht es weiter zum *Playcentre* und zur *Primary School* in Ohau im Süden der Stadt. Grit war zweieinhalb Jahre lang Präsidentin des *Playcentre*, als Emily, ihre Älteste, diese Alternative zum Kindergarten besuchte, die schon ganz kleine Kinder aufnimmt, bis zum Alter von zweieinhalb Jahren allerdings nur in Begleitung eines Elternteils. „*Child initiated play*" lautet die Zauberformel im *Playcentre*, erzählt Grit: Die Kinder sollen sich von klein auf mit dem beschäftigen dürfen, was sie interessiert, und selbst aussuchen, was sie lernen wollen. Von den Eltern wird einiges an Mitarbeit erwartet. Grit selbst sieht sich weniger als Kindergärtnerin, aber sie stellt gern das Budget zusammen, macht Werbung und Öffentlichkeitsarbeit. Also ganz ähnliche Dinge wie in der Firma, wo sie die komplette Buchhaltung erledigt. Zurzeit engagiert sie sich vor allem für „Space", ein von der Wellington Playcentre Association entwickeltes Programm, das junge Eltern nach der Geburt des ersten Kindes unterstützt.

Die Führung über das Schulgelände gleich gegenüber übernimmt Emily. Auf dem riesigen Pausenhof gibt es mehrere Spielplätze für unterschiedliche Altersstufen und sogar ein kleines Areal mit Buschwald, den man allerdings nur zusammen mit einem Lehrer betreten darf. „Die kleinen Kinder verlieren sich sonst darin", erläutert die Elfjährige. Dann gibt es noch einen Kompostplatz. Jede Klasse hat eine kleine Tonne, in der organischer Abfall gesammelt wird, und eine andere für Plastikmüll. Papier wird auch extra gesammelt. Grit kommt dazu und grinst: „Die denken jetzt, mit der Mülltrennung erfinden sie das Rad neu. Als wir 1999 hier ankamen, waren wir gewohnt, mit Einkaufskorb in den Supermarkt zu gehen. Damals haben uns alle ausgelacht. Irgendwann fingen auch wir an, Plastiktüten zu benutzen. Heute nehme ich wieder meine Einkaufstaschen, weil es heißt:

Reduziert den Plastiktüten-Verbrauch! Vor zwölf Jahren musste man ewig weit fahren, um einen Glas-, Plastik- oder Papiercontainer zu finden. Heute ist das wesentlich besser organisiert. Sogar wir, die wir weit außerhalb der Stadt wohnen, kriegen jetzt endlich eine Tonne, in der wir Flaschen und Papier sammeln können." „*Clean green New Zealand*" – das Image verdankt das Land bis heute oft weniger dem ausgeprägten Umweltbewusstsein seiner Einwohner als der geringen Bevölkerungsdichte.

Während wir noch die Gegend erkunden, erzählt Emily, wie ihre Mutter vor ein, zwei Jahren den ersten Hirsch ihres Lebens geschossen hat: „… und ,*dusch!*', hatte sie das Gewehr am Kopf und blutete ganz doll". Grit hatte den Rückschlag nicht einkalkuliert, es war schließlich das erste Mal, dass sie auf irgendetwas schoss. Das Zielfernrohr des Gewehrs knallte mit voller Wucht an ihre Stirn. Zurück blieb eine kleine Narbe. „Papa hat es genauso gemacht", verrät Emily. Das ist natürlich auch eine Möglichkeit, sich den Ritterschlag zum echten Kiwi zu holen. Neuseeländer lieben ja alle Arten von Aktivitäten an der frischen Luft: Sport, Fischen, Jagen, Wandern, Gartenarbeit, Barbecues… Ich kann mich noch gut daran erinnern, wie ich auf meiner ersten Reise durch das Land mehrfach gefragt wurde, welches meine bevorzugte Art zu fischen sei. Das wollte in Deutschland noch nie jemand von mir wissen. Ingo und Grit also verbrachten ein Wochenende auf der Jagd. Und während sie mit dem Jäger durch das Gelände streiften, sahen Emily, Charlotte und Fiona mit der Frau des Jägers in einer kleinen Jagdhütte am Hang aus der Ferne zu. „Wir konnten genau sehen, wie der Hirsch, den Mama geschossen hatte, den Berg runterkollerte", berichtet Emily.

Am Abend – die Kinder sind längst im Bett – blicken Ingo und Grit in ihrer gemütlichen Wohnküche noch einmal weit zurück. „Der Schritt hierher war unser größtes und schönstes Abenteuer", sagt Ingo. „Der ganze Prozess des Auswanderns von der Entscheidung bis zum Aufbau eines neuen Lebens." Die Besitztümer in Deutschland wurden immer weniger: Das Haus war verkauft, die Drogeriebestände aufgelöst im „Umzugsverkauf", das Auto machte auf dem Weg zum Abschiedsbesuch bei der Schwester schlapp. Dann die Ankunft in Neuseeland. Zwei Wochen lang keinerlei Verpflichtungen. Noch ein bisschen liegen bleiben, wenn das Wetter schlecht war, und surfen gehen, wenn die Sonne schien. Dann ging es wieder los mit Autokauf und -versicherung, Wohnungsmiete und so weiter. Ingo: „Man sammelte wieder Kram an, um den man sich kümmern musste."

„Ob das bei uns damals eine frühe Midlife-Crisis war?", fragt sich Grit. „Heute, nach zwölf Jahren, denke ich: Vielleicht hätten wir einfach in eine andere Stadt ziehen können und hätten auch unsere Veränderung gehabt. Ich weiß es nicht. Wir beide haben hier jedenfalls unseren Frieden gefunden." Ingo: „Es leben hier sehr viel weniger Menschen pro Quadratmeter. Daraus ergibt sich alles Mögliche: mehr Platz für jeden, aber auch diese Einstellung: Komm doch rein. Natürlich ergibt sich nicht aus jeder Begegnung eine Freundschaft, aber die Tür wird erst mal aufgemacht. Das Geschäft hier anzufangen, Kontakte zu knüpfen war wesentlich leichter als in Deutschland." Überhaupt sei Auswandern lange nicht so schwer, wie viele Leute denken. „Wenn ein Norddeutscher nach München geht, erkennt auch jeder, das ist ein ‚Ausländer', weil er einen anderen Akzent spricht. Und er kann auch nicht mal eben mit den Leuten zusammen sein, mit denen er bisher zusammen war. So groß sind die Unterschiede nicht."

Apropos Akzent: Ingo meint, er habe bis heute gelegentlich Kommunikationsprobleme. Des Akzents wegen, aber auch, weil er immer mal wieder falsche Worte benutze. „Ein ‚argument' zum Beispiel war für mich kein ‚Streit' sondern eine ‚Diskussion', also etwas Wertneutrales. Irgendwann später sagte man mir: Was du meinst, ist eine ‚debate'. Solch ein Missverständnis kann bei den eher harmoniebedürftigen Neuseeländern schon ausreichen, eine Situation aufzuheizen. Dass ich eventuell das falsche Wort benutzt hatte, weil ich es nicht besser wusste, hat mir keiner zugute gehalten. Ich fürchte, solche Missverständnisse werden mich auch weiterhin begleiten."

„Ich bin nicht mehr so verbissen wie früher", sagt Grit nach einer Weile. „Auch der strenge Gesichtsausdruck ist seltener geworden. Ich habe gelernt zu unterscheiden, was wichtig ist und was nicht. Ist es zum Beispiel wichtig, die Tapetenborte anzukleben, oder lässt du das einfach, nimmst die Kinder und fährst mit ihnen zum Pool? Die Kinder erinnern sich in 20 Jahren sicher eher an Ausflüge zum Spielplatz als daran, ob die Fenster immer blank geputzt waren."

Weder Ingo noch Grit können sich im Moment vorstellen, irgendwann mal wieder in Deutschland zu leben. Aber sie empfinden sich nach wie vor als Deutsche. Grit: „Meine Wurzeln sind dort, obwohl ich inzwischen auch hier Wurzeln habe." Ingo erzählt, dass er sich gerade am Vortag mit seinem Kumpel Ross über solche Fragen unterhalten habe. Ross lebt in Levin, das ist sein Zuhause. Aber Heimat sei auch für ihn das Städtchen weiter nördlich, in dem er aufgewachsen und zur Schule gegangen ist. Heimat, meint Ingo, sei also wahrscheinlich nicht ein Land, sondern die Stadt oder Region, die einen als Kind geprägt hat. Für ihn und Grit also Brandenburg. Grit nickt: „In Hamburg oder München würden wir uns wahrscheinlich total fremd fühlen."

Zeit, schlafen zu gehen. Für den nächsten Tag hat Ingo noch eine ganz besondere Überraschung in petto: eine Segelregatta durch den Wellington Harbour auf der Yacht seines Kumpels Simon – und ich darf mit. Als Norddeutsche sei ich ja sicher zu allem bereit. Ich schlucke. Und beichte dann, dass meine praktisch einzige Segelerfahrung darin besteht, dass ich als Jugendliche beinahe einmal einen Optimisten vor der britischen Küste zum Kentern gebracht hätte. Jetzt ist es Ingo, der schluckt. Aber schon lacht er wieder und sagt: „Kein Problem." Und das sieht zum Glück auch Simon so, der, wenn er nicht segelt, Geige bei den neuseeländischen Symphonikern spielt. Dabei ist er eigentlich ein *„competitive sailor"*, einer, der gewinnen will. Natürlich hat die „Shardik" keine Siegeschancen: Wir kommen als Vorletzte an den Start, und dann haben die beiden Männer ja auch noch mich als Handicap an Bord. Aber die Segeltour durch den weitläufigen Hafen vorbei an Somes und Ward Island ist einfach großartig: Der Himmel strahlt leuchtend blau, es weht genau die richtige Brise Wind.

Für die Rückfahrt nach Levin wählt Ingo die Strecke durch die Berge, die hier bis fast ans Meer reichen. Auf der kurvenreichen Straße eröffnen sich die wohl schönsten Blicke auf die Kapiti Coast und Kapiti Island, und das genau zur blauen Stunde. Ganz weit draußen am Horizont zeigt sich ein Silberstreif, der immer größer wird. Dank des klaren Himmels ist sogar die Südinsel deutlich zu erkennen, auf die ich ein paar Tage später übersetzen werde.

Zukunft für die Kinder

Janette und Denis Hill, Waikanae

In der Kleinstadt im Thüringer Wald sah man immer weniger junge Menschen in den Straßen. Viele waren schon fortgezogen, um woanders Arbeit zu finden. „Die Kinder haben hier ohnehin keine Zukunft, da können wir auch gleich gehen", dachten sich Janette (Jahrgang 1978) und Denis Hill (Jahrgang 1971), als sie 2007 nach Neuseeland aufbrachen. Es war nicht leicht, sich dort eine neue Existenz aufzubauen, aber sie haben es geschafft: Janettes mobiler Hundesalon brummt, und Denis genießt es, wenn er mit Blick aufs Meer Häuserfassaden verkleidet. In Zukunft wollen die beiden aber nicht nur arbeiten, wo andere Urlaub machen, sondern die neue Heimat mit ihren Kindern auch selbst besser kennenlernen.

Neugierig wuseln die drei Tibet-Terrier der Familie um uns herum: J.R., Necklace und Tibby, die kleine Tochter der beiden. Vom Verkauf ihrer vier Geschwister haben Janette und Denis gerade eine Wärmepumpe für ihr Haus in der Kleinstadt Waikanae 60 Kilometer nördlich von Wellington finanziert. Kontinentaleuropäer sind offenbar weniger heißblütig als Neuseeländer, die in ihren Häusern traditionell ohne Heizung auskommen. Ein *wood burner* tut es schließlich auch. An diesem warmen Sommerabend kann man sich allerdings ohnehin nicht vorstellen, jemals wieder zu frieren. Passend zu den schweißtreibenden Temperaturen spielt uns der achtjährige Louis „Willkommen in Samoa" auf der Ukulele vor. Man hört förmlich die Südseewellen rauschen. Die Ukulele will Familie Hill auf ihrem Deutschland-Besuch in ein paar Tagen Janettes Vater zum 60. Geburtstag schenken. Damit sich Opa Henry immer an seine Lieben erinnert, wenn er das Instrument in die Hand nimmt, ließen sie noch ein paar Maori-Symbole darauf malen.

Janette und Denis sind gespannt, wie sich Thüringen nach dreieinhalb Jahren Abwesenheit anfühlen wird. Denis: „Du gehst dahin, woher du gekommen bist. Da denkst du schon noch mal an die Gründe, warum du

Familie Hill mit Tibet-Terrier Tibby

gegangen bist." Louis und seine drei Jahre jüngere Schwester Anna-Lynn sind ziemlich aufgeregt, wenn sie an die bevorstehende Reise denken. Louis ganz besonders, denn er weiß, dass in Deutschland alles andersherum ist: dass es dort schneit, wenn es in Neuseeland heiß ist, und dass die Oma aufsteht, wenn er selbst zu Bett geht. Wenn er sich den Globus anschaut, ist ihm auch klar, warum. Die Oma lebt schließlich ganz auf der anderen Seite. Und während Janette noch einmal mit den Kindern an den Strand geht, damit sie vor dem langen Flug Gelegenheit zum Toben haben, freuen sich Anna-Lynn und Louis schon auf den Schneemann, den sie in ein paar Tagen bauen wollen.

Wenn man die vier heute kennenlernt, mag man kaum glauben, wie holperig ihr Start in Neuseeland verlief. Im Mai 2007 waren Denis und Janette zum ersten Mal dort, um sich die 40.000-Einwohner-Stadt Wanganui 200 Kilometer nördlich von Wellington anzusehen, wo Einwanderungsberater Peter Hahn über einen Kontaktmann einen Job für Denis gefunden hatte. Der Plan war, dass Denis ein halbes Jahr allein in Wanganui leben und arbeiten sollte, während Janette nach Deutschland zurückkehren, dort alles auflösen und mit Louis und Anna-Lynn, damals viereinhalb und zwei Jahre alt, nachkommen wollte, sobald Denis signalisieren würde, dass bei ihm alles gut läuft. Wanganui fanden die beiden dann aber so schrecklich – just, als sie dort waren, wurde ein kleines Mädchen im Alter ihrer Tochter ermordet –, dass sie ihre Auswanderungspläne spontan abschrieben. „Man sollte sich schon wohlfühlen, wenn man ein neues Leben anfängt", findet Janette.

Etwas schwierig war, dass sie und Denis von einem Filmteam begleitet wurden, das für eine Auswanderer-Reihe im deutschen Privatfernsehen drehte. „Die hatten uns schon zu Hause gefilmt und waren auch auf dem Flug dabei", erzählt Janette. „Wir dachten, das ist eine gute Erinnerung, auch für die Eltern. Und es gab auch ein bisschen Geld, das kann man ja gut gebrauchen, wenn man umzieht." So nennt Janette den Schritt ans andere Ende der Welt. Auswandern ist ein Wort, mit dem sie nicht so viel anfangen kann. Sie hätten damals wohl eine super Geschichte geliefert, meint die junge Frau ironisch. Der Film über ihr „Scheitern" werde bis heute immer mal wieder ausgestrahlt. Denis hat versucht das zu verhindern. Ohne Erfolg. „Wir hatten einen Vertrag unterzeichnet. Damit hast du dein Schicksal besiegelt."

Bevor sie damals nach Deutschland zurückflogen, machten Janette und Denis noch ein paar Tage Urlaub auf der Südinsel, wo sie sich auf Anhieb wohlfühlten. Janette: „Da war alles grün, überall gab es Schafe, so hatten wir uns Neuseeland vorgestellt." Besonders an das Whale-Watching in Kaikoura erinnert sie sich voller Begeisterung. In dieser Gegend wären die beiden gern geblieben, sie führten sogar ein paar Gespräche mit potentiellen Arbeitgebern. Vielleicht war Neuseeland ja doch nicht so schlecht?

Die Familie in Thüringen auf der anderen Seite war heilfroh, als Janette und Denis nach zwei Wochen wieder zu Hause waren. Denis: „Uns war nicht klar gewesen, wie viel Widerstand es dagegen gab, dass wir nach Neuseeland gehen wollten." Also sondierten die beiden noch einmal ihre Perspektiven in der Kleinstadt Zella-Mehlis, die sie zuvor schon als ziemlich düster eingeschätzt hatten. Janette: „Wir wollten etwas mit Zukunft, auch für unsere Kinder, damit die später mal Arbeit haben." Eine Möglichkeit begann sich abzuzeichnen: Im Thüringer Wald gab es ein Gelände mit einer Gaststätte und mehreren Bungalows drumherum, das vielleicht verkauft werden sollte. Janette und Denis konnten sich vorstellen, dort gemeinsam mit ihren Eltern einen kleinen Ferienpark zu betreiben. Janettes Vater hatte früher in einer Band Gitarre gespielt und auch schon einmal eine Gaststätte geführt, Denis' Mutter ist gelernte Köchin. Janette: „Wir sagten uns: Wenn der Eigentümer verkauft, bleiben wir. Wenn nicht, gehen wir nach Neuseeland." Er verkaufte nicht. Und Denis und Janette meldeten sich erneut bei Peter Hahn und erklärten, sie wollten nun doch nach Neuseeland kommen – mit Sack und Pack und der ganzen Familie. Kurze Zeit später hatte der Einwanderungsberater ein neues Jobangebot für Denis aufgetan, dieses Mal in dem beschaulichen Städtchen Waikanae an der Kapiti Coast. Denis und Janette verkauften ihre Eigentumswohnung und packten einen Container. Im Oktober 2007 machten sie sich zum zweiten Mal auf die weite Reise.

„Dass wir dann doch nach Neuseeland gegangen sind, haben viele in Zella-Mehlis nicht verstanden", sagt Denis. „Besonders mein Vater nicht", ergänzt Janette. „Am Ende gab es tierischen Streit. Er hat es nicht verstanden, und er wollte auch lange nicht wahrhaben, dass wir nicht wiederkommen. Erst seit meine Mutter 2009 hier war, ist es besser. Sie hat ihm wahrscheinlich gesagt, dass es uns hier gut geht." Janette und Denis hoffen, dass ihre Eltern vielleicht irgendwann einmal zeitweise oder auch ganz zu ihnen nach Neuseeland ziehen. Janette: „Meine Mutter würde gerne kommen. Und mein Vater möchte eigentlich auch keinen Schnee mehr schippen. So ein Häuschen hier in Neuseeland würde ihm schon gefallen. Aber der lange Flug schreckt ihn. Ich warte jetzt erst einmal ab. Es wäre schon schön, wenn man die Eltern hier hätte und sich später auch kümmern könnte. Man möchte ja schon für sie da sein."

Auf der anderen Seite besteht ein Reiz ihres Lebens für Janette und Denis gerade darin, dass Neuseeland so weit weg ist: „Sonst wäre es hier längst viel voller." Sie selbst hätten den Schritt vielleicht auch schon zehn Jahre eher machen sollen, meint Denis. „Ich denke, dass vor zehn Jahren alles noch ein bisschen ruhiger war. Mittlerweile wird es auch hier schnelllebig. Aber so funktioniert es ja nicht. Vor zehn Jahren hätte ich noch nicht gesagt, ich will auswandern. Da war auch in Deutschland noch alles relativ okay. Wenn man zufrieden ist, hat man ja nicht die Vorstellung, man müsste was an seinem Leben ändern."

Doch irgendwann fühlte es sich nicht mehr okay an. In Zella-Mehlis, aber auch im benachbarten Suhl, wo Janettes Eltern leben. Denis: „Man sieht nur noch alte Leute auf der Straße. Das ist auffällig. Die ganze Jugend ist weg." Denis' bester Freund lebt seit Jahren in der Schweiz, Janettes beste Freundin in München. „Nachdem die Mauer weg war, war alles so lebendig", erinnert sich Denis. „Noch fünf, zehn Jahre danach waren Menschenmassen unterwegs. Der Markt in Zella-Mehlis war immer voll, die Geschäfte hatten gut zu tun. Heute macht eines nach dem anderen zu. Da stirbt einfach alles aus. Cafés, Diskotheken: Nichts mehr da, oder man muss zehn Kilometer weit fahren."

Denis ist gelernter Klempner und Installateur. Kurz nach dem Ende der Lehre fiel die Mauer. „Auf Null gesetzt, keine Chance mehr", fasst er seine damaligen beruflichen Perspektiven in Ostdeutschland zusammen. In der Zeitung las er, dass eine Firma in Oberfranken Leute suchte. Denis fuhr hin und kriegte einen Job: „Das war super. Ich konnte ja eigentlich nichts, das heißt handwerklich schon, aber von Material hatte ich keine Ahnung. Bei uns gab es ja nur Bleirohre und verzinktes Rohr, das war alles." Den Job in Oberfranken machte Denis zwei Jahre lang, lernte neue Materialien und Werkzeuge kennen. „Der Chef war klasse. Der hatte selbst noch mit einem kleinen Handwagen angefangen, in dem er das Becken hinter sich herzerrte. Der wusste, worum es geht." Dann verschlechterte sich die Auftragslage, und Denis als einer der letzten Neuzugänge musste gehen.

Er wechselte in die Zweigstelle einer Frankfurter Firma in Zella-Mehlis. Dort blieb er sieben Jahre. Am Anfang arbeitete er gelegentlich in Frankfurt, zum Schluss fast nur noch. „Montag früh um halb drei war die Nacht zu Ende: Nach Frankfurt runtergefahren, vier Tage gearbeitet bis spät abends, um den Freitag rauszuholen, dann heim für das Wochenende. Nur große Projekte, Wohnparks und solche Sachen. Immer Stress, immer Druck. Das kenne ich, solange ich auf der Westseite arbeite. Kapitalismus ist hart." Auch körperlich war die Arbeit auf dem Bau anstrengend. Im Osten nicht weniger als im Westen. Selbst für einen, der so viele Muskeln hat wie Denis. „Wir haben Badewannen in sechsstöckige Wohnblocks eingebaut, und das ohne Lift. Die neuen Wannen hochgetragen und die alten, die meistens aus Gusseisen waren, runtergeschleppt. Auch im Winter war man immer draußen. Ich habe Gewinde geschnitten in Häusern, in denen hat es geschneit. Da war noch nicht mal ein Dach drauf, als wir die *pipes* reingelegt haben. Das will man nicht sein Leben lang machen."

Denis war deshalb ganz froh, als sich ein Kontakt zum Meeresaquarium in Zella-Mehlis ergab, das einen Betriebshandwerker suchte. Er räumte das Lager auf, machte die Maschinen sauber, fütterte zwischendrin die Fische und die Krokodile. Als das Aquarium umfangreich vergrößert wurde, lernte er Bagger und Lader fahren, mauerte und schweißte und erledigte die komplette Installation für die Becken. Ein Mann mit zwei rechten Händen.

Der Arbeit im Meeresaquarium verdankt Denis auch die Begegnung mit Janette, die damals als Tierarzthelferin arbeitete. Eines Tages tauchte Denis mit einem verletzten Krokodil in der Praxis auf. „Unser Breitschnauzenkaiman war zu einem größeren Krokodil in das Becken nebenan geklettert. Das größere hat das kleinere natürlich gebissen. In der Tierarztpraxis herrschte große Aufregung. Die hatten ja nicht jeden Tag ein Krokodil auf dem Tisch", erinnert sich Denis. „Das war wirklich mal was anderes", bestätigt Janette. Doch nicht nur der Kaiman beeindruckte die junge Frau. Auch sein Begleiter gefiel ihr. Gemeinsam röntgten die beiden das Tier. Gesprochen wurde nicht viel dabei, aber es fühlte sich irgendwie brizzelig an.

So langsam beginne ich zu verstehen, was es mit den vielen Krokodilen auf sich hat, die mir überall im Haus begegnet sind: den Bildern auf der Fotowand, dem hölzernen Reptil neben dem Rhinozeros auf der Anrichte, dem Riesenexemplar im Hof… Janette trägt einen Krokodilszahn um den Hals, den ihr Mann mal von der Arbeit mitgebracht hat. Auch Denis und die Kinder besitzen Krokodilszahn-Ketten, die sie aber selten tragen. „Im Bad warst du noch nicht?", fragt Janette. Ich gehe sofort nachsehen. Vom Toilettendeckel grinst mir ein grasgrünes Krokodil entgegen.

Kaum hatte Denis damals mit dem Kaiman die Tierarztpraxis in Zella-Mehlis verlassen, fragte Janette ihre Chefin nach dem schweigsamen jungen Mann. Die meinte, er sei wohl verheiratet. Zum Glück überprüfte die Chefin die – falsche – Information durch einen Anruf bei Denis' Vater, mit dem sie weitläufig verwandt ist. Und zum Glück hatte der anscheinend mitgekriegt, dass die junge Tierarzthelferin auch bei seinem Sohn einen gewissen Eindruck hinterlassen hatte. Denis: „Jedenfalls sagte er zu mir: ‚Was ist denn nun mit dem Mädchen, jetzt kümmer dich mal!'" Und dann dauerte es auch gar nicht lange, bis aus den beiden ein Paar wurde.

Und alles andere war auch schnell klar. Sie zogen zusammen, kriegten schon bald das erste Kind. Als Janette mit Louis schwanger war, musste sie in der Praxis aufhören. „Wegen der Bakterien und Keime. Zuerst war ich totunglücklich." Dann konzentrierte sie sich ganz auf ihren kleinen Hundesalon, den sie schon neben der Arbeit als Tierarzthelferin betrieben hatte. Vor Infektionen hatte die Schwangere keine Angst: „Ich hätte auch weiter in der Praxis gearbeitet." Der Hundesalon entwickelte sich erfreulich. Denis verdiente im Aquarium zwar weniger als auf dem Bau, hatte aber auch weniger Kosten, weil die langen Anfahrten wegfielen. Die kleine Familie, zu der inzwischen auch Anna-Lynn gehörte, kam alles in allem recht gut über die Runden.

Es hätte auch so weiterlaufen können – wenn Janette und Denis nicht von dem Wunsch beseelt gewesen wären, ihren Kindern eine bessere Zukunft zu schaffen. Inzwischen lebt die Familie seit vier Jahren in Neuseeland. Denis arbeitet in einem Unternehmen, das auf Dachverkleidungen und Fassadenbau spezialisiert ist. Zuletzt war er auf zwei Großbaustellen in Wellington im Einsatz, die sich jeweils über mehr als ein Jahr hinzogen. An einem Appartmenthaus mit 19 Stockwerken wurden sämtliche Balkone mit Aluminium eingekleidet. 4.000 Platten, fasst Denis zusammen. Im Nachbargebäude bauten sie *seismic flashings* ein, erdbebensichere Verkleidungen. Auch in Waikanae sind manchmal Erdbeben zu spüren. „Das fühlt sich an, als hätte einer mit dem Hammer gegen das Haus geschlagen." Ein paar Risse im Mauerwerk seien in Neuseeland ganz normal, meint Denis. Es lohne nicht, wenn alles total *fancy* sei, allzu schick. „Wenn die Erde wackelt, reißen dir fünf Ecken ein, mit denen du dir vorher zwanzig Stunden um die Ohren geschlagen hast, um alles schön zu machen. Das hat gar keinen Zweck. Das ist halt Neuseeland."

Denis hatte während seiner Lehre und auch in der Abschlussprüfung noch Blecharbeiten machen müssen. Danach allerdings nie mehr. Dass ihm der Wechsel nach Neuseeland nicht leicht fiel, hatte dennoch weniger mit der Materie als mit der Verantwortung zu tun, die er auf seinen Schultern lasten

J.R. in Janettes mobilem Hundesalon

fühlte. „Ich war komplett aus der Linie, wie in einer Blase", beschreibt er den Zustand, in dem er sich monatelang befand. „Ich war derjenige gewesen, der gesagt hatte, wir gehen nach Neuseeland. Ich fühlte mich verantwortlich dafür, dass es meiner Familie hier gut geht. Und es hing ja am Anfang auch alles an mir, als Janette noch keine Arbeit hatte." Von seinen Arbeitszeiten hatte sich Denis auch etwas andere Vorstellungen gemacht: „Ich dachte, ich fange um 7.30 Uhr an und habe um 16 Uhr Feierabend. Tatsächlich ging es am ersten Tag um fünf Uhr los, und ich war um sechs, halb sieben wieder zu Hause. Es war Oktober, das Wetter schlecht und die Stimmung am Boden. Und wieder war das Fernsehteam dabei, das von mir wissen wollte: Was denkst du denn jetzt über deine Arbeit?" Janette und Denis selbst war es wichtig gewesen, dass der Auswanderer-Film über sie nicht in Wanganui endete. Aber glücklich wurden sie trotzdem nicht damit. Janette: „Zum Schluss gingen die Leute uns so auf die Ketten, dass wir nicht mal mehr ein Abschlussbild am Strand machen wollten."

Janette schaute eigentlich nach Jobs als Tierarzthelferin, als sich die ersten Kunden dafür interessierten, ihre Hunde von ihr scheren zu lassen. Eine

Anna-Lynn

Schermaschine hatte sie natürlich dabei, für J.R., der schon in Deutschland zur Familie gehörte. Von ihrer Mutter ließ sie sich noch ein paar Scherköpfe schicken, dann ging das Geschäft los. „Zuerst habe ich einen Hund im Monat geschoren, dann waren es zwei. Mittlerweile sind es 120." Ich rechne kurz nach: Das bedeutet fünf oder sechs Tiere am Tag. „Ja", bestätigt Janette. „Heute hatte ich neun." Wow! Und das ist keine Ausnahme. Die Hundefriseurin ist oft auf Wochen im Voraus ausgebucht. „Woofy's Mobile Dog Grooming", Janettes mobiler Hundesalon in einem ausgemusterten Ambulanzfahrzeug der Rettungs- und Hilfsorganisation St. John, ist an der gesamten Kapiti Coast bekannt. Der Aufwand pro Hund variiert nach Größe und Fell. Im Schnitt braucht Janette eine Stunde pro Tier. Früher, als sie noch nicht so in Übung war, dauerte es ein bisschen länger. Neuseeländern sind ihre Tiere womöglich noch wichtiger als Deutschen, hat Janette festgestellt. Manch einer würde eher den eigenen Arzttermin verschieben als den Termin beim Hundefriseur sausen zu lassen.

Denis arbeitet in Neuseeland ähnlich viel wie in Deutschland, Janette deutlich mehr. „Wenn du in einem neuen Land bist und komplett alles aufbauen musst, musst du einfach viel arbeiten", sagt sie. „Es ist ja kein deutscher Staat mehr da, der dich unterstützt und dir zum Beispiel Arbeitslosengeld zahlt, wenn es nötig ist. Du weißt, wenn es nicht klappt, musst du zurück nach Deutschland, wo du auch wieder komplett von vorne anfangen müsstest. Es muss also irgendwie gehen." Denis meint, es sei ein typisches Auswanderersyndrom, dass man für sich selbst gar keine

Zeit mehr habe. „Wir waren im vergangenen Jahr nicht einmal schwimmen", sagt er. Und das, obwohl man fast zum Strand laufen kann. „Du versuchst von Anfang an weiterzukommen, willst auch den Verwandten und Bekannten zeigen, dass du es zu was gebracht hast." Ihr erstes Ziel, ein eigenes Haus mit einem großen Garten, haben Denis und Janette inzwischen erreicht. Denis hat seither die meisten Wochenenden mit Renovierungsarbeiten verbracht. „Du bist natürlich niemandem Rechenschaft

Louis und Vater Denis Hill

schuldig", sagt Janette, „aber du willst auch nicht, dass irgendjemand zu dir sagt: Wieso bist du eigentlich gegangen, da hattest du es doch hier besser. Wir haben oft zu hören gekriegt: Die sind bestimmt in einem Jahr wieder da. Das will man sich ja nun überhaupt nicht geben, dass womöglich auch noch einer sagt: Siehste, ich hab es doch gewusst." Janette schweigt einen Moment. „Man ist ja nicht hier, um Urlaub zu machen", sagt sie dann.

Trotzdem wollen sie und Denis künftig mehr Freiräume für die Familie schaffen. An den Wochenenden, aber vor allem auch in den Ferien. „Die Kinder haben hier alle drei Monate zwei Wochen frei", erzählt Janette. „In Zukunft wollen wir mindestens eine davon zusammen wegfahren, in Neuseeland herumreisen." Das nächste Ziel, auf das die Einwanderer hinarbeiten, ist ein Wohnmobil. Typisch neuseeländisch. Ein Hotel oder Motel wäre mit drei Hunden allerdings auch schwierig.

Großartig verändert hätten sie sich in den Jahren in Neuseeland nicht, meint Denis, außer das sie jetzt meist Englisch sprächen. „Die Kinder lernen ohnehin im Hinfallen. Ein bisschen reifer geworden sind wir vielleicht", schiebt er noch hinterher. Und was die englische Sprache angeht: Die bräuchten Louis und Anna-Lynn auf alle Fälle, egal ob sie nun in Neuseeland bleiben oder vielleicht irgendwann mal nach Deutschland zurückkehren. Vor allem aber seien die Kinder *down under* viel relaxter. Janette: „In der Schule heißt es nie: Das hast du schlecht gemacht, sondern: Das war prima, und das andere üben wir noch mal. So verlieren die Kinder nicht das Selbstbewusstsein. In Deutschland wird eher mal gesagt: Das war aber nicht schön. Mein Neffe zum Beispiel lernt gerade Elektrogitarre. Der kriegte nach dem Vorspielen zu hören: Das klang aber grausam! So etwas sagt man doch nicht zu einem Kind. Das verliert doch die Lust am Spiel. Hier werden die Kinder motiviert. Und die Schule wird verschönert, damit die Kinder gerne hingehen."

Janette hatte sich vor dem Umzug 2007 viele Gedanken und auch Sorgen gemacht, wie die Kindergärten und Schulen in Neuseeland wohl sind. Inzwischen ist sie längst ein Fan: „Es geht hier viel freier zu, die Kinder dürfen auch mal laut sein oder zwischendurch auf dem Fußboden sitzen, sie dürfen einfach viel länger Kind sein, obwohl ja alle schon an ihrem fünften Geburtstag in die Schule kommen."

Ein paar Wochen später schaue ich noch einmal bei Familie Hill vorbei um zu hören, wie es sich denn nun angefühlt hat, nach Jahren wieder in der alten Heimat zu sein. Louis erzählt mit leuchtenden Augen, wie er Opa Henry und seinen Gästen auf der Ukulele vorgespielt hat. Er und Anna-Lynn haben gesungen: „Happy Birthday" und „Willkommen in Samoa". „Alle haben geweint", sagt Janette. Nach dem Samoa-Lied hat Anna-Lynn dem Opa einen Blumenkranz umgehängt. Da musste der auch weinen. Und weil alle so begeistert waren, haben die Kinder die Lieder später noch ein zweites Mal vorgetragen. Dabei musste Anna-Lynn lachen. Und dann haben alle gelacht. Und der DJ rief: „Das war Spitze!" „Das war wirklich das Highlight des Abends", sagt Janette. Für Louis war der Auftritt mit der Ukulele sogar das Beste am ganzen Urlaub. Vor so vielen Leuten hatte er vorher noch nie gespielt. Anna-Lynn fand das Schlittenfahren fast noch besser.
Janette zögert ein bisschen, dann sagt sie: „Es war Winter, es war schon

ein bisschen trist. Obwohl fast jeden Tag die Sonne geschienen hat." Am Tag ihrer Abreise aus Neuseeland hatten sie und Denis morgens noch auf der Hollywoodschaukel im Garten gesessen. „Da wären wir fast lieber hier geblieben. Wir sind ja auch nicht wegen Deutschland zurück, sondern wegen der Familie, zum 60. Geburtstag meines Vaters. Du fühlst dich schon ein bisschen eingeengt dort", sagt sie. „Die Häuser sind höher. Hier ist alles überschaubarer, und du hast ganz viel Grün dazwischen." Schon am zweiten Tag war Denis und Janette klar, dass sie nicht mehr in Deutschland leben wollen. Einmal war Janette mit ihrer Mutter im Steinweg in Suhl einkaufen, in der früher so lebendigen Fußgängerzone. „Einfach traurig", sagt sie. „Mich würde dort nichts mehr halten."

Großartig Sightseeing haben die Hills auf ihrer Reise nicht gemacht. „Es gibt sicher schöne Orte in Deutschland", fasst Janette nüchtern zusammen. „Aber unser Leben ist jetzt hier. Wir wollen nicht noch mal von vorne anfangen." Alle vier sind froh, wieder zu Hause in Neuseeland zu sein, das sich allerdings auch Mühe mit der Begrüßung gegeben und noch ein paar richtig schöne Sommertage für sie aufgehoben hat. Denis erzählt begeistert von seiner Arbeit in Island Bay am Ausgang des Wellington Harbour. „Wir verkleiden gerade ein Haus auf dem Berg, du schaust direkt aufs Meer, siehst die Fähre zur Südinsel. Wunderschön!" Arbeiten, wo andere Urlaub machen.

Wegen Wind geschlossen

Peter Hahn, Wellington

„Menschen mit gebrochenen Biografien sind oft die erfolgreicheren Immigranten, weil sie bereits Erfahrung mit Neuanfängen haben", sagt Peter Hahn (Jahrgang 1960). Die geltende Einwanderungspolitik setzt aber auf kontinuierliche Lebensläufe und versucht, möglichst genau die Lücken zu schließen, die die heimische Wirtschaft meldet. Ein Aufwand, den man sich nach Peters Meinung sparen kann. Er selbst ist einer der wenigen deutschen Männer, die aus Liebe zu einer Neuseeländerin ans andere Ende der Welt gegangen sind. Seit fast 20 Jahren arbeitet er dort als Einwanderungsberater.

Die letzten Kilometer Fahrt in den Wellingtoner Vorort Eastbourne führen immer am Strand entlang. Bucht reiht sich an Bucht: Lowry Bay, York Bay, Mahina Bay, Sunshine Bay, Days Bay und schließlich Rona Bay. Peter lebt und arbeitet praktisch direkt am Strand. Er kann vom Schreibtisch aus zusehen, wie die Fähre zwischen der Nord- und der Südinsel am Horizont verschwindet oder auftaucht. Für den leidenschaftlichen Windsurfer, der mit Vorliebe dann raus aufs Wasser geht, wenn es anderen längst zu stürmisch ist, der perfekte Standort. „Wegen Wind geschlossen", das könnte Peters Motto sein zwischen Arbeit und Lifestyle, frozzelt einer seiner ersten Kunden, der schon lange privat und auch geschäftlich mit dem Einwanderungsberater verbunden ist. Nicht immer – das würde in „Windy Wellington", wie die neuseeländische Hauptstadt gern und treffend genannt wird, auf das Leben eines Privatiers hinauslaufen –, aber immer wieder.

Bei ihm selbst, sagt Peter, habe der Fall etwas anders gelegen als bei den meisten seiner Kunden: „Ich glaube nicht, dass ich jemals nach Neuseeland gekommen wäre, wenn es nicht für Beena gewesen wäre, meine Partnerin." Ein guter Freund von Peter war mit einem Round-the-World-Ticket unter anderem durch Neuseeland gereist, hatte dort Beena kennengelernt. Die war gerade mit ihrem Medizinstudium fertig und liebäugelte, wie Kiwis das so tun, mit ihrer *great OE*, dem Erwerb von *Overseas Experience*. Also

Peter Hahn in seinem Büro

schlug der Freund ihr vor, sie solle doch mitkommen zum Skifahren nach Frankreich und in die Schweiz. Gesagt, getan. Später in Berlin lernte Beena Peter kennen, der als Rechtsanwalt in einer Kanzlei am Ku'damm arbeitete. Beena lebte die folgenden zwei Jahre in Berlin und in London, wo sie als Ärztin tätig war.

Peter sagt, dass er sich in Deutschland nie so richtig zu Hause gefühlt habe. Aufgewachsen ist er in Brüssel. Sein Vater war Auslandskorrespondent für den Westdeutschen Rundfunk. Zum Studium ging Peter nach Berlin, betrachtete Deutschland aber weiterhin ein bisschen aus der Sicht eines Außenstehenden. „Ich war nie auf Deutschland fokussiert, hatte andererseits aber auch keinen Plan auszuwandern. Ich habe nie so groß vorausgeplant in meinem Leben. Es ist alles mehr oder weniger passiert." Über den Jahreswechsel 1990/91 reiste er mit Beena nach Neuseeland. Anschließend kündigte er in der Berliner Kanzlei, und die beiden gingen „für immer" nach Down Under. „Für immer Neuseeland", so heißt auch Peters Handbuch für Auswanderungswillige, das 2009 in zweiter Auflage (ebenfalls in diesem Verlag) erschienen ist.

Peter reiste erst einmal durchs Land, schaute sich alles an. Er war sich sicher, schnell einen Job zu finden. „Arrogant, wie ich war", sagt er im Rückblick. „Meine Erfahrung war ja, dass sich immer etwas ergibt." Das war dann allerdings zum ersten Mal in seinem Leben nicht so. Zu der Zeit lag die Arbeitslosenquote in Neuseeland bei 15 Prozent. Das Land befand sich am Ende einer großen Wirtschaftskrise, ausgelöst durch den EU-Beitritt Großbritanniens und die Ölkrisen in den 70er Jahren. Peter: „Neuseeland war ja sehr stark verbunden mit England, hat für riesige Summen dorthin exportiert. Als Großbritannien der EU beitrat, war damit Schluss. Obendrauf kam noch die Ölkrise, und die neuseeländische Wirtschaft stürzte richtig ab. Davor war Neuseeland ein Wohlstandsland gewesen mit sehr hohen Einkommen. Die Regierung kümmerte sich um ihr Völkchen, sagte ihm auf der anderen Seite aber auch, wie viele Autos und Fernseher es brauchte und wie viele Devisen zum Reisen. Es gab eine konservative Regierung, aber die führte Neuseeland fast wie eine Planwirtschaft im Osten, wenn auch ohne den totalitären Hintergrund."

Peter also kam am Ende eines wirtschaftlich schwierigen Zyklus in Neuseeland an. Und hatte, wie er selbstkritisch feststellt, die gleiche Fehlvorstellung, die heute noch viele Einwanderer mitbringen: dass man dort nur auf ihn gewartet hätte. „Aus Deutschland war ich verwöhnt. Ich wusste, wenn ich mein Jurastudium abgeschlossen habe und nicht auf den Kopf gefallen bin, kriege ich einen Job und verdiene so und so viel, damals so zwischen 70.000 und 100.000 D-Mark. Ob ich das Geld für meinen Arbeitgeber auch erwirtschaften würde, diese Frage kam mir überhaupt nicht in den Sinn. Ich habe nach meinem Studium keinen einzigen Lebenslauf geschrieben, bin einfach in die Arbeit hineingestolpert. Ich wurde gefragt: Wie viel willst du verdienen? Ich sagte: Keine Ahnung. Also haben die mir gezahlt, was damals üblich war, und nach einer Weile kam mehr. Hier in Neuseeland musste ich dem Arbeitgeber erklären, dass er zwar mir ein Gehalt von zum Beispiel 50.000 zahlen muss, wenn er mich einstellt, dass er dadurch aber mindestens 100.000 erzielt. Durch diese Kosten-Nutzen-Argumentation habe ich gemerkt, wie sehr man sich in Deutschland vom eigentlichen Leben und von der realen Wirtschaft entfernt hat. Mit solchen Haltungen kommen bis heute Einwanderer aus Deutschland nach Neuseeland. Die meinen, sie haben eine gute Ausbildung und können was, und das soll auch entsprechend honoriert werden. Das wird aber nur honoriert, wenn es sich für den Arbeitgeber auch auszahlt."

Ihm hätte es durchaus eingeleuchtet, dass er in seinem erlernten Beruf keine Arbeit fand, sagt Peter. „Was sollten die hier mit einem deutschen Anwalt?" Also versuchte er den Spagat, den viele deutsche Einwanderer versuchen: mit einem Bein noch in Deutschland, mit dem anderen schon in Neuseeland zu stehen. Er überlegte, Motorradreisen für deutsche Touristen in Neuseeland anzubieten, nahm Kontakt mit dem Importeur von Ducati in Deutschland auf, den er kannte, und verhandelte über Preise. Die Idee sei eigentlich ganz gut gewesen, meint Peter, denn damals hätte es nur einen Konkurrenten in Neuseeland gegeben, der überhaupt Motorradreisen anbot. „Doch so etwas aufzuziehen, braucht ewig." Nichts für ungeduldige Menschen wie Peter. Außerdem galt noch das Parallelimport-Verbot, das dem offiziellen neuseeländischen Ducati-Importeur praktisch Exklusivität sicherte. Peter hatte dessen Netzwerk nutzen wollen. Nur war der Importeur gar nicht erbaut davon, dass ihm jemand anders zwanzig Motorräder vor die Nase setzen wollte.

Der Plan sei wohl auch etwas kühn gewesen, die Investition von geschätzten 200.000 NZ-Dollar viel zu groß, meint Peter heute selbstkritisch. Darauf würde er einen Kunden, der mit so einem Plan zu ihm kommt, auch deutlich hinweisen, würde ihm zum Beispiel raten, einen Geschäftspartner vor Ort zu suchen. „Das minimiert das Risiko, der Kunde muss das Rad nicht neu erfinden und sich vor allem nicht sofort in einem Land zurechtfinden, das er noch gar nicht kennt."

Aus der Motorradreisen-Idee wurde also nichts. Peter schaute sich nach Jobs um, heuerte schließlich in einer Einwanderungsberatungsfirma in Auckland an. Jede Woche fuhr er die 650 Kilometer lange Strecke von Wellington mit dem Auto hin und ein paar Tage später wieder zurück. Die Zusammenarbeit mit dem Einwanderungsberater dauerte nur ein paar Monate. Die Vorstellungen waren einfach zu verschieden. Peter hatte den Vorteil, dass seine Partnerin als Ärztin arbeitete, er also nicht in gleicher Weise wie andere Auswanderer auf den Verdienst angewiesen war. So entschied er sich, in Wellington sein eigenes Geschäft zu starten.

„Das war, bevor das Zeitalter des Internet so richtig anbrach", erinnert er sich. „Eigentlich ein völlig unsinniges Business: Du hast deine Kunden am anderen Ende der Welt. Telefonieren geht nur in einem kleinen Zeitfenster und war damals ja auch noch sehr kostspielig. In Auckland hatte ich immerhin gelernt, mit dem Computer umzugehen. Als Anwalt hatte ich mich immer geweigert, selbst zu schreiben und stattdessen diktiert. Meine erste geschäftliche Investition waren 1.100 Dollar für ein Faxgerät. Als nächstes schaffte ich ein Mobiltelefon an und leitete die Anrufe vom Festnetz darauf um, um nur ja keinen Anruf zu verpassen, wenn denn mal einer kommen sollte. Ich konnte ja nicht die ganze Zeit am Schreibtisch sitzen und warten."

Die ersten Jahre waren ziemlich zäh und frustrierend für Peter. Er machte Sport „bis zum Abwinken", beschäftigte sich mit allem Möglichen, bis das Geschäft endlich ins Laufen kam. „Das ist ja nicht wie beim Autokauf, wo man vielleicht innerhalb von ein paar Wochen die Entscheidung trifft. In meinem Business kann es Jahre dauern, bis einer, der anfragt, sich zum Auswandern entschließt. Da gibt es die Leute, die wollen, aber nicht können. Dann gibt es die, die wollen, aber nicht jetzt. Dann gibt es die, die einfach mal gucken möchten, ob es da irgendetwas gibt, das sie so anspricht, dass sie dafür alles fallen lassen und rüberkommen würden. Dann gibt es die, die überhaupt an allem Möglichen Interesse haben und hier und da mal herumstochern."

Seit ein paar Jahren hat Peter einen Angestellten. Allein könnte er die Arbeit längst nicht mehr bewältigen. Er versucht, früh die Spreu vom Weizen zu trennen – für sein Geschäft, aber auch für die Leute selbst. „Das Schlimmste, was man tun kann, ist, mit falschen Erwartungen nach Neuseeland zu kommen. Wenn man ganz niedrige Erwartungen hat und sich sagt: Wenn alles schief geht, gehe ich eben wieder nach Hause, ist das ja in Ordnung. Und manchmal werden eher geringe Aussichten auch durch enorme Motivation, Ausdauer und Beharrlichkeit kompensiert. Es gibt keine Listen, die man einfach abhaken kann. Jeder muss für sich eine Entscheidung treffen, auch vor dem Hintergrund seiner eigenen Risikobereitschaft. Das ist eine Mischung aus einer rationalen und einer emotionalen Entscheidung, wie bei einer Heirat. Dabei kann man den Menschen auch nur begrenzt helfen. Man kann ihnen natürlich vor Augen führen, dass es eine

Mischentscheidung ist und sie ruhig auch ihren Gefühlen trauen können, aber dass sie ihr Vorhaben auch rational überprüfen und sich zum Beispiel überlegen sollten, ob sie ihr gesamtes Geld in Tauranga verpulvern wollen, wo ein Haus dreimal so viel kostet wie in New Plymouth oder Wanganui."

Die Gründe, nach Neuseeland zu gehen, haben sich nach Peters Einschätzung über die Jahre geändert. Als er vor fast 20 Jahren als Berater anfing, hätten die Leute in Neuseeland Urlaub gemacht und sich in Land und Leute verliebt. Dann habe es eine Zeit gegeben, in der die Menschen vor allem weg aus Deutschland wollten, egal wohin. „Wenn ich so etwas am Telefon höre, sage ich den Leuten: Ihr habt 27 Länder in der EU, in denen ihr ohne irgendwelche bürokratischen Schwierigkeiten leben könnt, da muss es doch ein Land geben, in dem das Wetter schön genug ist! Wichtig ist natürlich, dass das neue Land englischsprachig ist. Das ist für die meisten einfacher als Spanisch oder Französisch. England kommt in Betracht, aber da ist das Wetter nicht gut genug. Amerika mögen viele aus den unterschiedlichsten Gründen nicht. Kanada, na ja, das ist besser als Amerika, aber groß und kalt. Australien ist zu heiß. Außerdem gibt es da Spinnen und Schlangen. Was bleibt übrig? Neuseeland. So läuft der Entscheidungsprozess." Manche kämen zuerst her und guckten sich das Land an, aber viele träfen die Entscheidung auszuwandern auch, obwohl sie noch nie in Neuseeland waren.

Inzwischen gäbe es auch immer mehr Menschen, die vielleicht nicht ausschließlich aus beruflichen Gründen kämen, bei denen aber der Beruf eine große Rolle spielt. „Im Handwerk zum Beispiel gibt es in Deutschland viel Wettbewerb aus Osteuropa, und auch die bürokratischen Hemmnisse werden immer größer. Es werden immer mehr Maschinen eingesetzt, so dass es schwieriger wird, noch einen Job an der Drehbank zu finden. Auch in Neuseeland ist es momentan infolge der Wirtschaftskrise nicht mehr so einfach. Aber wenn man erst mal eine Anstellung irgendwo im Handwerk gefunden hat und sich in dem Bereich später vielleicht noch selbstständig macht, kann man hier richtig Geld verdienen und sich außerdem gesellschaftliche Sphären erobern, in die man in Deutschland nicht so ohne weiteres kommen würde."

Unter die Auswanderer aus beruflichen Motiven fallen auch Landwirte, die in Europa – vor allem in der Schweiz, aber auch in Deutschland – keine Zukunft mehr sehen, zum Beispiel weil der elterliche Betrieb nicht genug abwirft. Peter: „In Europa wird ja die gesamte Landwirtschaft subventioniert. In Neuseeland ist es dagegen noch ein richtiges Business. Man kann auch unten anfangen und sich hocharbeiten. Schon als angestellter Farmmanager kann man deutlich über 100.000 NZ-Dollar verdienen. Über 100.000 Dollar verdienen hier nur wenige. Zum Vergleich: Der Durchschnittsverdienst liegt um die 45.000 bis 50.000 Dollar. Das ist der typische Weg: Man fängt als angestellter Farmmanager an, betätigt sich dann eine Weile als *sharemilker* und kauft sich schließlich eigenes Land. Der *sharemilker* besitzt eine Herde von Kühen, die er auf fremdem Land hält. Der Grundeigentümer bekommt dafür eine Art Pacht. Für den Kauf der Kühe gewähren die Banken Kredite."

Handwerker und Farmer also gehören nach Peters Einschätzung zu den Berufen, in denen man in Neuseeland eher besser dasteht als in Deutschland. IT'ler, die zur ersten Liga gehören, also diejenigen, die in Top-Banken oder Großunternehmen arbeiten oder vielleicht auch selbstständig sind, könnten in Neuseeland international vergleichbare Gehälter erwarten. Neuerdings kämen auch einige Sozialarbeiter, die aber in Neuseeland wie überall auf der Welt deutlich unterbezahlt seien.

Und dann gibt es noch die Wohlhabenden. „Wer zwei Millionen NZ-Dollar mitbringt, braucht hier im Grunde keinen Finger mehr zu rühren", sagt Peter. „Ich habe gerade gelesen, dass Deutschland zu den Ländern mit der höchsten Millionärsquote gehört. Von denen kommen aber kaum welche, obwohl die hier tatsächlich richtig wären. Neuseeland ist ein Land, in dem dich keiner komisch anguckt, wenn du sagst: Ich privatisiere gerade. Das passiert hier alle naselang. Jemand verkauft sein Business und macht ganz etwas anderes, investiert hier und dort ein bisschen oder kauft sich vielleicht eine Farm. Das findet jeder völlig in Ordnung. Neuseeland ist wohl das einzige westliche Land, in dem man so etwas innerhalb einer normalen Gesellschaft tun kann. Man kann natürlich auch nach Mallorca gehen, wenn man nicht mehr arbeiten will, aber das ist etwas anderes. Dort sitzt man mit lauter Langweilern zusammen, die auch alle Porsche Cayenne fahren. Mit Geld nach Neuseeland zu kommen, ist wirklich sinnvoll. Man kann hier ein ganz normales Leben führen, ohne groß aufzufallen, ohne groß beneidet zu werden." Vielleicht fehle es den wohlhabenden Deutschen ja einfach an der Fähigkeit runterzuschalten, nicht ständig zu rotieren.

Peter selbst ist der Kiwi-Lifestyle sehr wichtig. Am Wochenende arbeitet er, wenn es irgend geht, überhaupt nicht, sondern betätigt sich körperlich. Seine beiden Kinder Maya (Jahrgang 2001) und Max (Jahrgang 2003) haben die Sportobsession ihres Vaters geerbt – „entweder genetisch oder durch Gehirnwäsche". So sah zum Beispiel das Wochenende unmittelbar vor unserem Gespräch aus: Peter spielte mit beiden Kindern Cricket. Besonders Max ist davon geradezu besessen. Anschließend war Peter surfen. Am nächsten Tag nahm er zusammen mit Maya an einem Volkslauf teil. Zu den vielen Sportarten, die das Mädchen macht, gehört Cross-Country-Running. Im Vorjahr konnte Peter seiner Tochter noch folgen, dieses Jahr klappte das nicht mehr: Sie lief die sieben Kilometer in 33 Minuten, er brauchte 35.

Familie Hahn am Mt Ruhapehu Crater Lake

Kaum waren sie wieder zu Hause, fragte Maya, ob sie jetzt wohl Tennis spielen könnten. Das taten sie dann auch, zwei Stunden lang. Und während unseres Gesprächs, am Montag danach, hat Peter Muskelkater. Er scheint ein bisschen erstaunt darüber.

„Lifestyle ist in Neuseeland etwas, das man berechtigterweise verfolgen darf", sagt er, „während man in Europa oft der Auffassung ist, es komme nur auf eines an: die Arbeit. Lifestyle besteht für die Deutschen im teuren Auto oder im teuren Urlaub. Hier ist das ein bisschen anders: Das teure Auto fällt eher flach. Wichtiger ist auf jeden Fall das Haus und alles, was dazugehört. Zu einem guten Leben zählt aber vor allem, am Wochenende oder nach der Arbeit Dinge zu tun, die sich in Deutschland auf wenige Wochen Urlaub im Jahr beschränken."

Wie wird man denn nun ein erfolgreicher Auswanderer? Gibt es Eigenschaften, die einem dabei helfen? Ja, sagt Peter und grinst: „Im Prinzip das Gegenteil dessen, was die Einwanderungsregeln vorschreiben. Immigration New Zealand bevorzugt geregelte Lebensläufe, Menschen, die Arbeitserfahrung gesammelt haben in dem Beruf, den sie gelernt haben. Mit diesen wilden Lebensläufen, wo man mal dies und mal das gemacht hat, kriegt man einwanderungstechnisch nicht genug Punkte. Sie sind aber meines Erachtens hervorragende Voraussetzungen, um auch in Neuseeland einen Neuanfang zu machen. Wenn man sich an dem festhält, was man vorher gemacht hat, kommt man hier oft nicht zu Potte, weil es dann doch irgendwie anders ist oder man nicht hundertprozentig in die Schublade passt. Das ist meine Kritik auch an dem Einwanderungssystem, dass der Fokus zu sehr auf die erste Einwanderergeneration gelegt wird. Die Behörden hätten gerne jemanden aus Deutschland, aus England oder auch aus Timbuktu, der ganz bestimmte Fähigkeiten hat und eine ganz konkrete Lücke ausfüllen kann. Das setzt natürlich Kompatibilität voraus. Es ist so ähnlich, als würdest du einen Apple mit einem PC verknüpfen. Auf den ersten Blick sehen beide aus wie Computer, aber im Endeffekt sind es zwei verschiedene Dinge. Ebenso ist es mit den Einwanderungsbehörden und ihrer Idee, sie könnten jemanden finden, der genau in eine bestimmte Lücke hineinpasst: In Wirklichkeit passt er eben nicht genau. Dass es nicht schadet, dass er nicht genau passt, liegt daran, dass der Nutzen der Einwanderungspolitik spätestens in der zweiten Einwanderergeneration eintritt. Einwanderer kommen hierher mit Ambitionen für sich und für ihre Kinder. Sie kommen oftmals auch aus einem etwas höheren sozialen und wirtschaftlichen Milieu. Diese Einwanderer produzieren Generationen von Nachkommen, die mit dem gleichen Ethos weiter voranstreben. Deswegen funktioniert Einwanderungspolitik – und nicht, weil dieser konkrete IT-Mensch so besonders toll in diesen konkreten Job hineingepasst hat. Wenn die Einwanderungsbehörden meiner Philosophie folgen würden, könnten sie ebenso gut die ersten 50.000 Menschen durchlassen. Mein Job wäre natürlich überflüssig. Gewisse Hürden muss man ja auf jeden Fall überspringen. Die größte Hürde ist, in ein anderes Land zu gehen, das so weit weg ist. Dafür braucht es Mut, Pioniergeist und was nicht alles. Außerdem sind damit beträchtliche Kosten verbunden. Die wesentlichen Eigenschaften und Voraussetzungen, die man sich typischerweise von einem Einwanderer wünscht, sind also gegeben. Stattdessen betreibt man einen Riesenaufwand, um die Einwanderungspolitik feinzutunen…"

Um in Neuseeland Erfolg zu haben, meint Peter, müsse man flexibel sein, dürfe keine Angst vor Neuem haben. Ebenso wichtig sei kulturelle Sensibilität: „Wer zum Beispiel in China oder Indien aus dem Flugzeug steigt, erkennt sofort, dass alles anders ist und benimmt sich selbst auch anders. Hier in Neuseeland denken dagegen viele, das ist ja wie bei uns und verhalten sich auch so – ohne die Unterschiede zu erkennen. Der Deutsche ist typischerweise sehr direkt und meistens auch noch stolz darauf und hat keine Probleme damit, mit dieser Art Leute zu beleidigen. Er denkt, die Wahrheit kann ja nicht weh tun. Der typische Neuseeländer auf der anderen Seite würde sich, selbst wenn er einen Knüppel vor den Kopf kriegt, nicht beschweren, aber er würde sich natürlich schon wegbewegen oder irgendwelche unsichtbaren Barrieren aufbauen oder den anderen gegen die Wand rennen lassen. Manche erkennen die Barrieren oder die Wand noch nicht einmal. Die merken nur, sie kommen nicht vorwärts und fragen sich, warum das so ist. Die Schuld suchen sie dann gern beim Land und bei den anderen. Dass sie selbst die ganze Zeit wie ein Elefant im Porzellanladen herumgetrampelt sind, haben sie gar nicht gemerkt. In Deutschland hätte ja längst jemand gesagt: ‚Hör mal, so geht das nicht.‘ Das tut hier keiner."

Im Gegenteil: Kritik werde oft so nett ausgedrückt, dass ein Deutscher das gar nicht wahrnehme. „Es gibt 72 Schattierungen von ‚Ja‘ in der neuseeländischen Sprache, von denen 71 ‚Nein' bedeuten. Man will niemanden hinters Licht führen damit, so ein ‚Ja' ist ja oft auch motiviert durch den Wunsch, hilfreich zu sein, die Dinge positiv zu sehen. Wenn in Deutschland einer mit einer Geschäftsidee kommt, sagt oft gleich der Erste: ‚Sag mal, spinnst du, wie willst du das denn machen!' Die typische Reaktion eines Neuseeländers ist: ‚Super Idee! *Good on ya*! Mach mal weiter, so etwas wollte ich auch schon immer mal tun!' Und so weiter. Aber meint der das wirklich? Selbst wenn er es nicht meinen würde, würde er es nicht sagen. Er will ja niemanden in seinem Elan bremsen, bloß weil er selbst vielleicht denkt, die Idee hat keine Chance. So etwas tut man hier nicht."

Wenn man diese Feinheiten nicht wahrnehme, könne man schon Schwierigkeiten haben in Neuseeland, meint Peter. Oder würde vielleicht denken, Neuseeländer seien nicht zuverlässig, oder man könne keine tiefen Freundschaften mit ihnen haben. „Da erzählt einem dann vielleicht einer: ‚Stell dir vor, wir wurden neulich von Leuten, die wir eigentlich gar nicht kannten, zum Barbecue am Strand eingeladen. Am nächsten Tag gaben sie uns sogar den Schlüssel zu ihrem Ferienhaus, weil sie selbst wieder nach Hause wollten. Ihr Boot und ihr Auto durften wir auch benutzen. Unglaublich! Aber dann habe ich denen eine E-Mail geschrieben und denkste, die antworten?' – So was! Spätestens mit der Übergabe des Autos war man doch eigentlich schon fast so etwas wie Blutsbrüder, und die antworten nicht auf eine E-Mail! Ist das zu fassen? Da entstehen dann so Urteile, Neuseeländer seien wohl etwas oberflächlich."

Vielleicht sind Neuseeländer ja einfach Menschen, die lieber etwas zusammen unternehmen als sich ständig über die tiefsten Tiefen ihrer Seelen auszutauschen, frage ich erst mich und dann Peter. Der lacht schallend. „Weiß ich nicht. Ich habe selbst keine Erfahrung mit dem Tiefen-Austausch", sagt er. „Eine typische Redewendung hier ist: *Get on with it*. Man hat ein Problem? *Get on with it*. Ob das immer gut ist? Keine Ahnung. Andererseits kann man natürlich auch sagen: Die meisten Einwanderer kommen zwischen Mitte 30 und Mitte 40 hierher. Wie viele tiefe Freundschaften fängt man zwischen Mitte 30 und Mitte 40 in Deutschland an? Das macht man, wenn man in der Schule ist oder an der Uni. Hinzu kommt: Neuseeländer sind viel mobiler, ziehen öfter um. Dann freundet

Beim Windsurfen

man sich eben mit Menschen an, die zufällig in derselben Straße wohnen."

Peter selbst ist jedenfalls genau dort, wo er immer sein wollte. „Ich gehe hier nicht mehr weg", sagt er mit größter Entschiedenheit. „Ich habe immer so einen Lifestyle gesucht. Schon als ich im Referendariat war, habe ich es nach Möglichkeit so gedeichselt, dass ich nur bis zum Donnerstag offiziell irgendwo sein musste. Dann bin ich nach Holland gefahren, wo wir ein Häuschen hatten, bin Freitag, Samstag und Sonntag mit dem Surfbrett auf dem Wasser gewesen und Sonntagnacht wieder zurückgefahren. Ich dachte schon damals, ich muss einen Job in Wassernähe finden. Ich habe mir natürlich nie träumen lassen, dass ich mal direkt am Strand wohnen würde."

Peter gefällt auch die Tatsache, dass man in Neuseeland so weit weg ist vom Rest der Welt. Und wenn er sieht, wie seine Kinder aufwachsen, würde auch er am liebsten sofort wieder von vorne anfangen. „Was die an Spaß haben, das gibt es gar nicht! Sport ist schon etwas, das hier ganz groß geschrieben wird. Das passt für meine Kinder natürlich gut." Und Eastbourne sei ohnehin besonders. Viele der erwachsenen Einwohner seien überall in der Welt gewesen, bevor sie an den Ort ihrer Kindheit zurückkehrten, damit auch ihre Kinder dort aufwachsen und die *Primary School* besuchen können, in die sie selbst als Kinder gegangen sind. „Das ist hier wie auf dem Dorf, nur mit dem Unterschied, dass alle zwischendurch mal ausgeflogen waren."

Ob das nun Heimat für ihn ist oder Zuhause, weiß Peter nicht so genau. „Ich habe mich selbst mitgebracht", überlegt er. „Ich bin direkt und sage den Leuten auch gelegentlich, was ich meine. Aber natürlich steuere ich die Direktheit. Wenn man ein bisschen sensibel ist, kann man es ja durchaus als Vorteil verkaufen, dass man um neun Uhr da ist, wenn man gesagt hat, man ist um neun Uhr da. Oder dass man auch mal sagt: Du, das funktioniert so nicht. Versuch es doch mal anders. Das unterscheidet natürlich auch einen deutschstämmigen Berater von einem neuseeländischen. Meine Wurzeln sind in Deutschland, sicher. Das heißt aber nicht, dass ich wieder dorthin zurückgehen würde."

Apropos Wurzeln: Peters Urgroßmutter Esther Jardine, genannt „Amy", stammt aus Australien. Sie hat in Sydney einen deutschen Seemann geheiratet und ist so nach Deutschland gekommen. „Da erfüllt sich etwas", sagt Peter, als er die Heiratsurkunde von 1866 aus dem Register von New South Wales auf den Tisch legt, und lacht. „Insofern weiß ich gar nicht so genau, wo meine Wurzeln eigentlich sind. Im anderen Teil der Familie gibt es italienische Ursprünge. Und Beena, meine Partnerin, stammt aus Indien. Sie ist im Alter von drei Jahren zusammen mit ihren Eltern nach Neuseeland eingewandert."

Ein Land ist erschüttert

Es ist Dienstag, der 22. Februar 2011. Am frühen Morgen steuere ich den Mietwagen auf die Fähre im Wellington Harbour. Die Überfahrt durch die Cook Strait und den Queen Charlotte Sound verläuft ruhig, aber so regenreich, dass man kaum die Hand vor Augen sieht. Die Marlborough Sounds im Norden der neuseeländischen Südinsel waren einmal hohe Bergketten, bis sie im Laufe von Jahrtausenden praktisch im Meer versanken. Nur die Kämme schauen noch heraus – als schmale Halbinseln zwischen tiefen Meeresarmen. Heute verschwinden auch sie fast vollständig im schweren Grau des Himmels. Die Geräusche werden von den tropfnassen Wolken gedämpft.

Schon bald nach der Ankunft in Picton ist es jäh vorbei mit der Ruhe. Um 12.51 Uhr Ortszeit bebt 300 Kilometer weiter südlich die Erde und hinterlässt eine Spur der Verwüstung. Tausende Gebäude in der belebten Innenstadt von Christchurch stürzen wie Kartenhäuser in sich zusammen oder werden so schwer beschädigt, dass sie später abgerissen werden müssen. Menschen werden verschüttet und von herabfallenden Trümmerteilen erschlagen. Ich erfahre von der Katastrophe, als ich in einem Motel einchecke. In der Rezeption läuft der Fernseher. Die Bilder erinnern an Aufnahmen aus einem Kriegsgebiet. Schutt und Schlamm, so weit das Auge reicht. Tiefe Löcher klaffen im Asphalt, ganze Straßen sind überflutet, an anderen Stellen brennt es, Telefon- und Stromleitungen sind gekappt, die Wasserversorgung ist zusammengebrochen. Mitten in der zweitgrößten Stadt des Landes, die erst ein halbes Jahr zuvor von einem schweren Erdbeben heimgesucht wurde, kommen 185 Menschen ums Leben, Tausende werden verletzt.

Ein vergleichsweise harmloser Riss

Es ist das verheerendste Beben seit 80 Jahren in einem Land, in dem jedes Jahr bis zu 15.000 Mal die Erde bebt. Neuseeland liegt in der Grenzregion zweier kontinentaler Platten, der pazifischen und der indo-australischen, die sich immer wieder heftig aneinander reiben. Erdbeben sind dort an der Tagesordnung, auch wenn die allermeisten gar nicht wahrgenommen werden, weil sie sich in unbewohnten Gebieten ereignen oder nur wenige Punkte auf der Richterskala erreichen. Nach den Statistiken ist mit Beben der Stärke 6 etwa jedes Jahr, mit Beben der Stärke 7 alle zehn Jahre zu rechnen. Die bisher stärksten Erschütterungen mit 8,2 Punkten erlebte Neuseeland 1855 in Wairarapa nordöstlich von Wellington, die tödlichsten 1931 in der Hawke's Bay im Osten der Nordinsel. Bei dem Beben der Stärke 7,8 kamen in Napier und Hastings 256 Menschen ums Leben. Wellington, Napier und Hastings gelten als die Städte mit der höchsten Erdbebengefahr in Neuseeland.

Die Gegend um Christchurch galt bisher als relativ erdbebensicher. Jetzt hat sich dort im Abstand von gerade einmal sechs Monaten bereits das zweite Starkbeben ereignet. Nicht nur die Canterbury-Region, das ganze Land ist erschüttert. Fast jeder zehnte Neuseeländer lebt in Christchurch. Die übrigen 90 Prozent oder doch die meisten von ihnen kennen jemanden, der dort lebt, versuchen herauszufinden, ob Bekannte, Freunde und Verwandte unverletzt und in Sicherheit sind, bieten Gästezimmer und Ferienhäuser als Notquartiere für die obdachlosen und traumatisierten Erdbebenopfer an. Unter den gut vier Millionen Einwohnern Neuseelands stellt sich im Angesicht der Katastrophe fast so etwas wie ein Gefühl familiärer Verbundenheit ein. Und das Netz trägt sogar Menschen auf der Durchreise. E-Mails mit der Frage „Wo bist du? Bist du okay?" erreichen mich nicht nur von Freunden und Familie aus Deutschland, sondern auch von Neuseeländern und solchen, die es werden wollen.

Bis ich Nachricht von Christian Ecker und Alexander Berkemer erhalte, mit denen ich Anfang März in Christchurch verabredet bin, vergehen mehr als drei Tage. Endlich Entwarnung: „Alles gesund! Uns geht es gut", schreibt Chris. „Ich war mitten in der Stadt, am Arts Centre, als es passierte. Es war schrecklich. Ich sah den Turm der Kathedrale fallen. Unser Haus sieht aus wie nach einem Bombenangriff – wenigstens die Innenseite. Alles steht rum, endlos Staub überall. Wir leben direkt am abgesperrten Gebiet. Wasser haben wir noch keines…"

Die Serie der Nachbeben reißt nicht ab. Meldungen, wonach im März weitere Starkbeben zu erwarten seien, versetzen die Bewohner Christchurchs in Panik. Allmählich liegen die Nerven der Menschen blank. Viele verlassen die Stadt, andere packen Kisten für den Notfall. Chris und Alex entscheiden sich zu bleiben. Ich beschließe, auf den geplanten Besuch in Christchurch zu verzichten. Das Portrait von Chris und Alex in diesem Buch („Den Beben zum Trotz", S. 184) beruht auf mehreren Telefonaten, die wir vor und nach dem 22. Februar 2011 geführt haben.

Haus in der Innenstadt von Christchurch nach dem Beben im Februar 2011

Als Johnny Driftwood Land sah

Gabriella Waizenegger, Rarangi

Die Herkunft von Gabriella Waizenegger (Jahrgang 1962) und ihrem Mann John Martin (Jahrgang 1965) könnte unterschiedlicher kaum sein. Gabriellas Familie lebt schon seit Jahrhunderten zwischen Biberach und Memmingen im Schwabenland, der Australier John hat polnische und kanadische Wurzeln und Verwandte auf der ganzen Welt. Gemeinsam verbrachten die beiden Jahre ihres Lebens auf Reisen, bevor sich John unsterblich in die Marlborough Sounds verliebte. Am „Driftwood Beach" wurden Gabriella, John und ihre beiden Söhne so sesshaft, wie Reisende nur werden können. Unterwegs sind sie bis heute – vor allem spirituell.

Auf halber Strecke zwischen Picton und Blenheim verlasse ich den Highway Richtung Rarangi Beach, wo mich Gabriella mit einer leckeren Gemüsesuppe begrüßt. Das macht ihre Mutter daheim auch immer so, sagt sie. Wir plaudern ein bisschen, dann muss Gabriella los, um Francesco (13) und Lukas (11) zum Fußballspielen zu fahren. Die Geschichte der Familie Waizenegger-Martin wird ein Etappenlauf, so viel ist jetzt schon klar. Ich richte mich im Gästeappartement ein, das über einen kleinen Flur mit den Wohnräumen der Familie verbunden ist. Abgeschlossen wird hier nichts. Von der Veranda bietet sich ein weiter Blick über die Cloudy Bay bis hinüber zu den Wither Hills, den „verwitterten Hügeln". Der Himmel ist beinahe dräuend heute. Mit Macht donnert der Pazifik an den Strand. Ganz in der Nähe unterzeichneten im Juni 1840 ein paar Südinsel-Häuptlinge den Vertrag von Waitangi.

Mein Blick fällt auf Bilderrahmen, einen Spiegel und eine kleine Kommode – alles aus Treibholz. Sogar das Toilettenpapier wird von einem Stück Schwemmholz gehalten. John fertigt Möbel und Kunstobjekte aus dem, was das Meer anspült, wann immer es seine Zeit erlaubt. Man kennt ihn in der Gegend besser unter seinem Künstlernamen Johnny Driftwood. Auf einem Bild über der Kommode lese ich: „Lauf am Strand entlang, halte unterwegs

John und Gabriella

an, sammle Muscheln, stromere herum, staune, geh barfuss, tanz mit den Wellen, stelle Fragen, finde Antworten." Und genau das werde ich jetzt tun.

Ein Pfad aus Treibholz weist den Weg. Am Ufer erheben sich hölzerne Gebilde, die wie Richtungsanzeiger für Seefahrer anmuten. Sie stammen, wie ich später erfahre, von Brian, dem Treibholz-Künstler nebenan. Ganze Baumstämme liegen herum und künden von der Kraft der Wellen, die sie aufs Trockene warfen. Ich lausche dem Wind und der Brandung, die die Kieselsteine unter den Füßen schmeichelglatt schleift, bevor sie sich mit gefährlich starkem Sog ins Meer zurückzieht. Ein alter Mann und sein Hund sind die Einzigen, die mir während meines Spaziergangs begegnen.

Als ich zum Haus zurückkehre, ist Gabriella schon dabei, fürs Abendessen zu kochen. Sie erzählt, dass später noch eine junge Deutsche kommen wird, die am Vortag das schwere Erdbeben in Christchurch miterlebt hat. Anja ist auf dem Weg nach Norden und wird über Nacht bleiben. Als sie eintrifft, ist auch John mit den Jungs vom Fußball zurück. Sie haben die gegnerische Mannschaft geschlagen und sind ordentlich stolz. In das Tischgebet werden an diesem Tag die Opfer des Erdbebens eingeschlossen. Anja erzählt ohne Punkt und Komma, über das Beben, das schon Sekunden vorher zu hören war, über ihre Angst. Irgendwann geht sie zu Bett, erschöpft, aber ruhiger. Bevor uns allen die Augen zufallen, erfahre ich noch, wie der Australier John den Schönheiten Neuseelands erlag.

Das war im September 1994. John half einem Neuseeländer aus Picton, der an der „Hamilton Race Week", Australiens größter Offshore-Segelregatta, teilgenommen hatte, sein Boot zurück in die Marlborough Sounds zu überführen. Zwei Wochen dauerte allein die Passage durch die raue Tasmanische See. Zwei Tage und Nächte mussten die Männer alle Luken geschlossen halten. Das Boot lag seitlich im Sturm, hüpfte wie ein Korken auf und ab, die Wellen klatschten über das Deck, nur ein kleines Focksegel ganz vorne hatte man gehisst. An Segeln war nicht zu denken. Aber danach war es wunderbar ruhig, erzählt John mit glänzenden Augen. Und dann plötzlich Land in Sicht! In diesem Fall die schneeweiße Spitze von Mount Taranaki im äußersten Westen der neuseeländischen Nordinsel, die körperlos über einer dicken Wolkendecke zu schweben schien und wie ein Leuchtfeuer im Sonnenlicht funkelte.

Weiter um Cape Farewell herum, den nördlichsten Zipfel der Südinsel, durch die Golden Bay, Zollformalitäten in Nelson erledigen, dann die Tasman Bay hoch Richtung French Pass, der schmalen Passage zwischen Festland und D'Urville Island, die nicht nur sehr eng ist, sondern auch starke Strömungen hat, wie ein Fluss. Man muss auf den perfekten Zeitpunkt warten, erläutert John, genau zwischen Hoch- und Niedrigwasser, wenn sich das Wasser nicht bewegt. Mit der Flut zu passieren wäre zu gefährlich wegen der vielen Felsen. John und seine Mannschaftskollegen gingen in der Abenddämmerung in einer Bucht vor dem French Pass vor Anker, um die mittlere Tide abzuwarten. Früh am nächsten Morgen wurden sie von einem vielstimmigen Vogelkonzert geweckt. Schon zum zweiten Mal innerhalb weniger Tage fühlte sich John wie einer der frühen Entdecker Neuseelands.

Für den Australier war sofort klar: Hier wollte er in Zukunft leben. Er benachrichtigte Gabriella zu Hause in Melbourne: „Wenn du mich wiedersehen willst, komm!" John kehrte tatsächlich nicht nach Australien zurück. „Sein polnischer Name Volny bedeutet ‚freier Geist‘", sagt Gabriella nur. Im Dezember 1994 ging auch sie nach Neuseeland. John hatte inzwischen Arbeit gefunden. Das war ihre Bedingung gewesen.

Johns Großeltern stammen aus Polen. Der Großvater hatte im Ersten Weltkrieg auf Seiten Russlands gekämpft. Er sah keine großen Zukunftsaussichten für sich in Europa und stellte die Großmutter vor die Wahl, nach Australien, Neuseeland oder Kanada zu gehen. Die Großmutter entschied sich für die kürzestmögliche Schiffsreise. So wanderten sie in den 1920er Jahren nach Kanada aus, wo auch Johns Mutter zur Welt kam. Johns Vater ist Australier. Seine Eltern lernten sich beim Skilaufen in Österreich kennen.

Gabriellas Eltern auf der anderen Seite haben immer im selben 180-Seelen-Ort in Schwaben gelebt. „Nein, stimmt nicht, meine Mutter kommt aus dem Nachbardorf", korrigiert sich Gabriella. Edenbachen und Edelbeuren. Begegnet sind sie sich beim Sonntagsgottesdienst in Erolzheim. Genauso wie auch Gabriellas Tante und ihr späterer Mann und vermutlich noch einige andere. Sieht man einmal von einem Onkel ab, der als Mönch in Uruguay gelebt hat, findet man Gabriellas gesamte Herkunftsfamilie in einem Radius von vielleicht 50 Kilometern um die Kirche von Erolzheim herum.

Ich kann lange nicht einschlafen in meinem Bett mit Blick auf das dunkle Meer, umgeben vom Tosen des Windes und der Wellen, den Kopf voller Geschichten. Früh am Morgen weckt mich ein gigantischer Sonnenaufgang. Es ist wieder einmal Zeit, der Aufforderung über der Treibholzkommode Folge zu leisten. Ab an den Strand von Rarangi! Das ist Maori und bedeutet so viel wie „Ort, wo die Sonne aufgeht". So schlicht, so wahr. Als ich zurückkomme, hat Gabriella schon die Fenster geputzt, damit die Hochzeitsgesellschaft der Nachbarn, die das Haus am Wochenende bevölkern wird, freien Blick auf die Pracht unmittelbar vor der Tür hat.

Zeit für das nächste Stück Lebensgeschichte, für den Weg von der schwäbischen Bauerntochter Gabriele zur Globetrotterin Gabriella. „Meine Eltern betrieben einen Hof mit Milchvieh. Sie hatten gar keine Zeit, in Urlaub zu fahren", erzählt die Protagonistin. „Wir sind ab und zu mal wandern gegangen in den Bergen, im Winter auch zum Skilaufen, aber da mussten wir morgens erst mal die Kühe melken, und um fünf Uhr mussten wir wieder daheim sein." Während der Ausbildung zur Biologielaborantin unternahm Gabriella die erste eigene Reise. Da war sie 17. Zusammen mit drei Freundinnen ging es per Bahn nach Südtirol. Mit 18 machte sie ihren Führerschein. Ein Auto hatte sie schon vorher gekauft. „Mein Vater hat getobt. Kein anderes Mädchen im Ort hatte ein Auto, nur ich. Kaum hatte ich den Führerschein, bin ich mit zwei Freundinnen nach Jugoslawien gefahren, habe das erste Mal das Mittelmeer gesehen. Von da an war ich immer irgendwie unterwegs." Wer die Reiselust in ihre Gene gepflanzt hat, kann Gabriella nicht sagen: „Meine beiden Geschwister wohnen nur wenige Kilometer vom Elternhaus entfernt." Wahrscheinlich habe ihre Lust auf andere Länder und Kulturen viel mit den Menschen zu tun, mit denen sie damals Umgang hatte. „In dem Pharmaunternehmen, in dem ich gelernt habe, traf ich Leute aus ganz Deutschland, aber auch aus anderen Ländern. Eine Frau, mit der ich ganz gut befreundet war, ging nach Australien und lud mich ein, sie zu besuchen. Das habe ich dann auch gemacht."

Davor arbeitete die junge Schwäbin noch ein Jahr als Au-pair in Florenz. Aus Gabriele, in Italien ein Männername, wurde Gabriella. Und dabei ist es geblieben. 1986 flog sie nach Australien. Gleich in der ersten Woche in Melbourne begegnete ihr John. Gabriella suchte eine Mitfahrgelegenheit nach Sydney. John, der in seiner Heimatstadt Melbourne Business- und Hotel-Management studierte, wollte ein Urlaubssemester einlegen, hoch nach Queensland fahren, wo sein Bruder lebte. Die beiden bildeten eine Fahrgemeinschaft, verstanden sich auf Anhieb gut. „Rein platonisch. John war erst 21, noch ein richtiges Milchgesicht", stellt Gabriella klar, die selbst schon reife 24 war.

Nachdem sie ein paar Monate herumgereist war, entschied sie sich, länger im Land zu bleiben. „Ich hatte diese Träume, dass ich wieder in Deutschland bin und es mir dort überhaupt nicht gefällt. Und dass ich wieder sparen muss, bis ich mir ein neues Ticket nach Australien kaufen kann." Also rief sie in dem Pharmaunternehmen an und kündigte den Job, der dort auf sie wartete. „Meine Eltern sind natürlich ausgeflippt. Das so zu entscheiden war auch für mich mit all meinem deutschen Sicherheitsdenken ein großer Schritt." Gabriella blieb ein Jahr, jobbte als Kirschenpflückerin, war auch das erste Mal zu Besuch in Neuseeland. 1987 kehrte sie nach Deutschland zurück, begann, Betriebswirtschaft zu studieren. Zum Auslandspraktikum ein Jahr später war sie wieder in Australien. „Mein Vater sagte noch: ‚Komm aber wieder heim‘“, erinnert sich Gabriella. „Ich sagte: ‚Ja, ja‘, aber tief drinnen wusste ich schon, dass ich nicht mehr heimkommen würde. Das Studium war wirklich nicht mein Ding.“

Während sie erzählt, steigt eine alte Traurigkeit in ihr hoch. „Man weiß, dass wahrscheinlich Jahre vergehen werden, bis man sich das nächste Mal sieht. Mit der Zeit wird es leichter, ich bin ja inzwischen über 20 Jahre fort. Aber jedes Mal, wenn ich wegfahre aus Deutschland, ist es total dramatisch. Jeder heult. Schon die ganze Woche vorher. Dann hat man wieder für ein paar Jahre diese Riesendistanz zwischen sich. Wer weiß, was in der Zwischenzeit passiert. Wenn man erst mal weg ist, ist es okay, aber der Abschied ist schon schwer.“

Gabriella also beschloss, dauerhaft in Australien zu bleiben. Allerdings besaß sie nur ein befristetes Arbeitsvisum. Was tun? Sie fragte John, mit dem sie seit ihrer gemeinsamen Fahrt nach Sydney zwei Jahre zuvor gut befreundet

Gabriella Waizenegger

war, ob er für sie „de facto" machen würde, den Einwanderungsbehörden gegenüber vorgeben, sie seien ein Paar. John willigte ein. Die beiden zogen zusammen, richteten ein gemeinsames Bankkonto ein, führten Interviews mit den Behörden. Ziemlich schnell wurde aus dem anfänglichen Spiel Wahrheit, wurde aus den beiden ein echtes Paar. Vielleicht hatte es Gabriella unterbewusst sogar darauf angelegt, wer weiß. Auf der Heimreise von ihrem ersten Australienaufenthalt jedenfalls hatte ein Wahrsager ihr prophezeit, sie werde einmal einen Australier heiraten, dessen Name mit einem ‚J' anfängt. „Ich war entsetzt, als ich das hörte", erinnert sich Gabriella und lacht. „Damals war ich noch total verliebt in einen Australier, dessen Name mit einem ‚S' anfängt."

Zusammen mit John reiste Gabriella vier Jahre lang durch die Welt. Ein paar Monate tourten die beiden im Campervan durch Europa, dann ergab sich die Gelegenheit, als Crew von Italien aus in die Karibik zu segeln. Davon hatte John schon am anderen Ende der Welt geträumt. Er liebt es, bei Wind und Wetter draußen auf dem Meer zu sein. Gabriella war klar, dass sie sich besser auch dafür begeisterte. Bei einem Probetörn Richtung Korsika war sie noch ziemlich seekrank. „Da, wo ich herkomme, gibt es außer Baggerseen ja nicht so viel Wasser", sagt sie nüchtern.

Auch auf dem Weg in die Karibik ging es mitunter stürmisch zu. „Als wir losfuhren, war bereits Herbst. Da bläst in Südfrankreich ordentlich der Mistral", erinnert sich Gabriella, deren Job es war, für Passagiere und Crew zu kochen. Übel war ihr nur am Anfang. „Man hatte ja auch keine andere Wahl, als sich daran zu gewöhnen. Vieles spielt sich im Kopf ab. Über die Atmung kann man einiges machen und indem man in die Ferne schaut." Gabriella hatte schon früher Yoga gemacht. Das half auch an Bord. Selbst bei Sturm unter Deck, mit dem Geruch von Olivenöl und Knoblauch in der Nase. Denn kulinarisch anspruchsvoll blieben die Italiener auch bei hohem Seegang. Gabriella: „Wenn die Pasta nicht al dente war, wurde sie glatt über Bord gekippt, obwohl wir mitten auf dem Ozean waren und eigentlich mit unseren Vorräten haushalten mussten."

Von temperamentvollen Italienern wechselten Gabriella und John zu freundlichen, ruhigen Schweden, von dort zu einem skurrilen Amerikaner, der sich gerne als Pirat verkleidete, wenn er nicht gerade hüllenlos die

Segel hisste. „Die Leute, mit denen wir unterwegs waren, waren schon Charaktere", sagt Gabriella. Sie und John segelten die Karibik rauf und runter, arbeiteten mal auf dieser, mal auf jener Yacht, tauchten und fischten in ihrer Freizeit, schlossen Freundschaft mit ein paar Einheimischen auf Saint Lucia. Gabriella: „Die Leute hatten kein Bankkonto. Die Häuser waren einfach, das Wasser musste man mit Eimern holen. Zum Waschen wurden statt Seife Blätter benutzt. Aber die Leute waren zufrieden und zuversichtlich. Sie hatten ein totales Gottvertrauen. Das hat mich sehr beeindruckt."

Aus der Wärme der Karibik ging es ins kühle England. Es folgten Einsätze auf Schiffen in der Türkei, in Griechenland, auf den Balearen. Gabriella wurde das Leben an Bord allmählich ein bisschen leid. Sie war inzwischen Anfang 30, und ganz so glamourös, wie man sich das von außen vielleicht vorstelle, sei es auf den Schiffen auch nicht immer zugegangen. Gabriella: „Wir arbeiteten zwar oft für tolle Eigner, aber auch immer mal wieder für jemanden, der seine Leute wie Sklaven behandelte, die am besten unter Deck bleiben sollten."

Noch einmal ging die Reise in die Karibik. Von dort wollten Gabriella und John zurück nach Australien segeln. Ein Schiff für die Fahrt über den Pazifik hatten sie bereits gefunden, unterzeichneten den angebotenen Vertrag am Ende aber doch nicht, weil ihnen der Skipper nicht vertrauenswürdig genug erschien. Auf Antigua zu bleiben und auf einen neuen Job zu warten, kam nicht in Frage. Dafür war das Leben zu teuer im Paradies der Multimillionäre. Stattdessen wurde Plan B aktiviert: Flug nach Kanada und Besuch bei Johns Verwandten, von dort Weiterflug nach Australien.

Flugzeug statt Segelboot: Für Gabriella und John war das ein nüchternes Ende ihres großen Abenteuers. Gemeinsam erzählen die beiden davon, während Micky, der sprechende Wellensittich der Familie, im geräumigen Wohnzimmer zum Freiflug ansetzt. Dass Johns Schulfreunde in der Zwischenzeit geheiratet und Kinder gekriegt, ein Haus gekauft und gute Jobs gefunden hatten, erleichterte das Wiedereinleben auch nicht gerade. „Nicht, dass ich all das gewollt hätte, was die anderen hatten", sagt John, „aber ich hatte auch nichts, was ich stattdessen vorweisen konnte von all den Jahren auf Reisen, keinen sichtbaren Ertrag. So viele Australier gehen nach Übersee und verdienen dort viel Geld. Ich war ‚nur' gereist und hatte damals noch nicht das Selbstbewusstsein zu erkennen und auch zu vertreten, welchen Reichtum das Reisen an sich bedeutet." Auch Gabriella war enttäuscht, mehr noch: das erste Mal in ihrem Leben richtig deprimiert. Sie lebte bei Johns Eltern in Melbourne und arbeitete wie eine Verrückte, um möglichst wenig Zeit zum Nachdenken zu haben. John, der überhaupt nicht mit dem Leben in der Großstadt klarkam, verdingte sich kurzerhand als Kellner auf Hamilton Island, einer der Pfingstsonntagsinseln in der Nähe des Great Barrier Reef. „1994 war ein ziemlich dramatisches Jahr für uns. Wir brauchten einfach eine Beziehungspause", sagen die beiden heute.

Eine Beziehungspause, die im Dezember 1994 mit Gabriellas Entscheidung endete, zu John nach Neuseeland zu gehen, der inzwischen eine Jugendherberge in Picton managte und als Touren-Busfahrer jobbte. Gabriella kannte die Marlborough Sounds schon von ihrer ersten Neuseeland-Reise 1987. „Ich mochte die Gegend. An Picton konnte ich mich noch lebhaft erinnern, vor allem auch daran, wie altmodisch mir dort alles vorgekommen war." Gabriella fand Arbeit als Köchin in einem einsam gelegenen Resort am Queen Charlotte Track. Ihre Freizeit nutzte sie zum Kajakfahren und Wandern.

In den Sounds hielt John auch um Gabriellas Hand an – nach Jahren „wilder Ehe". „Es fühlte sich richtig an", sagt er. „Es war die richtige Zeit dafür." Gabriella willigte sofort ein: „Johnny und ich kannten uns wirklich gut. Auf einem Boot lernt man sich schon sehr genau kennen. Da kann man nichts voreinander verbergen. Wir hatten viel zusammen erlebt, hatten Höhen und Tiefen gehabt, sehr viel Spaß und auch manchen Sturm." Verlobung wurde in Australien gefeiert, die Hochzeit fand in Deutschland statt. Gabriellas Bruder ruderte das Paar auf einen See hinaus. Sehr symbolisch fand Gabriella das. Sie und John seien ja wirklich weit weg. Jedenfalls von der Familie in Deutschland, die sie alle vier Jahre für ein paar Monate besuchen. Johns Eltern sind von Melbourne inzwischen ebenfalls an den Strand von Rarangi gezogen, sein jüngerer Bruder lebt in Blenheim, 15 Autominuten entfernt.

Familie Waizenegger-Martin am Strand von Rarangi

Für John bedeutete Neuseeland Freiheit und Neuanfang. „Niemand kennt dich, keiner beurteilt oder vergleicht dich. Du musst dich für nichts rechtfertigen." Gabriella nickt. „Außerdem fanden wir, es sei an der Zeit, ein Zuhause und eine Familie zu gründen", sagt sie. 1998 kam Francesco zur Welt. Sein Name: eine Reminiszenz an Gabriellas Jahr in Italien, aber auch an den polnischen Großvater Franciczek. Zwei Jahre später wurde Lukas geboren. „Auch das ist eine gute Reise", sagt Gabriella. „Die Kinder gehören zu dir, aber doch auch sich selbst. Sie sind eine richtig gute Gesellschaft. Und sie motivieren dich und halten dich am Laufen. Wenn du Kinder hast, kannst du dich nicht einfach zurücklehnen. Das ist *commitment*."

Ihr Zuhause ist für die vier das Haus am Strand von Rarangi. Zehn Jahre haben John und Gabriella daran gebaut und gebastelt. Aus vielen kleinen Räumen entstanden wenige große, aus winzigen Fenstern ganze Glasfronten. Ein angebautes Appartement wird tage- oder wochenweise an Urlauber vermietet. „Wir sind so gerne gereist und haben gesehen, wie andere leben. Es ist großartig, dass jetzt Menschen aus aller Welt zu uns kommen", sagen Gabriella und John, die die Gäste bereitwillig an ihrem Leben teilhaben lassen. Ebenso wie Francesco und Lukas, die ganz unaufgeregt und zugleich selbstbewusst vom Sport erzählen und was sie gerade lesen, oder ein bisschen Musik machen, bevor sie wieder ihrer eigenen Wege gehen.

Der Strand von Rarangi, das ist für Gabriella und ihre Familie „Driftwood Beach" – so wie aus John Martin in den Sounds Johnny Driftwood wurde. Als Gabriella und John in Blenheim ihr erstes Heim in Neuseeland bezogen, besaßen sie nur ein paar Möbel, die Gabriella auf einer Auktion ersteigert hatte. Sie hatten nicht viel Geld, und John widerstrebte es ohnehin, für noch dazu schlecht gearbeitetes Mobiliar teuer zu bezahlen. Also schaute er sich um, sah überall an den Flussufern wunderbares Schwemmholz und machte sich ans Werk. Abends kümmerte er sich um die Bar im Country Club in Blenheim, tagsüber baute er Tische, Bänke und Schränke aus Treibholz. „Es ist das beste Holz überhaupt", sagt er. „Es hat lange im Wasser gelegen, hat keine verrotteten Stellen mehr, und das Salz wirkt zusätzlich konservierend." Am Treibholz haben es John vor allem die Wurzeln angetan – im übertragenen wie im tatsächlichen Sinn: „Woher kommt das Holz, ist es in den Bergen gewachsen, ist der Baum vielleicht in einem Sturm umgefallen? Das Holz hat eine Geschichte, es hat Charakter. Der schönste Teil ist oft sein Ende. Das Holz hat sich im Wasser gedreht und wurde geschliffen. Mit dem Ende ist es auf den Strand geschlagen, es steckt häufig voller kleiner Steine. Manchmal meint man, Gesichter darin zu sehen."

Überall auf dem Grundstück lagert Treibholz und wartet darauf, eines Tages verbaut zu werden. „Ich kenne jedes einzelne Stück", sagt John. „Man muss sie alle kennen. Und irgendwann brauche ich dieses eine bestimmte Stück. Ich weiß, es ist irgendwo. Und während ich es noch suche, stoße ich auf ein anderes Stück und denke: Ja, genau, das brauche ich auch noch. Es ist wie ein Puzzle." Das Handwerk hat John von seinem Vater gelernt, der als Bautischler gearbeitet hat. So wie auch schon dessen Vater vor ihm. John schaute zu, baute selbst etwas. Das würde er gern wieder mehr tun, auch zusammen mit Francesco und Lukas. „Handwerkliches Arbeiten lehrt einen so viel", sagt er. „Geduld zum Beispiel. Oft klappt etwas nicht auf Anhieb und man muss von vorne beginnen oder überlegen, wie es anders besser geht."

Bauen mit dem, was das Meer anspült

Das Treibholz ist Johns Passion, sein Broterwerb die Arbeit als Bewässerungsingenieur im Weinbau. Dafür hat er ein Fernstudium als Agraringenieur absolviert. John meint, dass er alles in allem wohl schon so 13, 14 Jobs allein in Neuseeland gehabt habe. Marlborough ist heute das größte Weinanbaugebiet Neuseelands. „Der Weinanbau hat sich hier praktisch zur Monokultur entwickelt", sagt Gabriella. „Es war eine Zeit lang wie ein Goldrausch: Alle haben sich ein Stück Land gekauft, um Wein anzubauen. Inzwischen stehen 150 *vineyards* zum Verkauf infolge der Rezession." Gabriella ist Mitglied der neuseeländischen Grünen und Schatzmeisterin der Partei in der Region Kaikoura und Blenheim. In Sachen Umweltbewusstsein habe Neuseeland einigen Nachholbedarf, meint sie. „Neuseeländer lieben den Busch, sie gehen wandern, jagen oder fischen, aber besonders umweltfreundlich sind die meisten nicht. Neuseeland hat das Glück, dass es so wenige Einwohner hat. Da kann man viele Löcher graben."

Gabriella hat sich in den vergangenen Jahren vor allem um Francesco und Lukas und um „Haus und Hof" gekümmert. Zwischendurch hat sie immer wieder in Restaurants gearbeitet, oft abends und an den Wochenenden. Das will sie in Zukunft nicht mehr tun, auch wenn gesunde Ernährung und Essen weiter zu ihren Leidenschaften gehören. Gerade hat sie ein Fernstudium in Anatomie und Physiologie abgeschlossen. Mit Fragen des Heilens beschäftigt sie sich schon lange. „Wenn man unterwegs ist und nicht gleich zum Doktor rennen kann, schaut man nach alternativen Heilungsmöglichkeiten und entwickelt Selbsthilfemethoden. Wir hatten allerdings auch das Glück, dass wir ziemlich gesund waren und nie etwas Größeres gefehlt hat.“

Vor ein paar Jahren kam Gabriella während einer Reise nach Australien mit der Karuna-Massage in Berührung, einer hawaiianischen Heilmassage, deren Zielsetzung es ist, die Harmonie des Organismus zu bewahren beziehungsweise wiederherzustellen. Sie ließ sich in den Techniken ausbilden, bietet inzwischen selbst Massagen und Workshops an. Das passt, findet Gabriella. Zu ihr und zum Land. Neuseeland sei durch seine Maori-Bevölkerung ja auch eine polynesische Insel. „Karuna ist so viel mehr als Technik“, betont sie. Vor allem gehe es um Aufmerksamkeit und darum, Energie zu bündeln und dann fließen zu lassen. Gabriella mag die meditativen Bewegungen beim Massieren. Das ist ähnlich wie beim Tai Chi, sagt sie, fast wie ein Tanz. So versteife man sich auch selber nicht. Wenn der Massierte spürt, dass sie mit ganzem Herzen und voller Aufmerksamkeit dabei ist, macht Gabriella das froh. Aber auch ohne dass es dem anderen total bewusst wird: Die positive körperliche Wirkung sei immer da. Gabriella massiert auch ihre Söhne. „Die lieben das, vor allem nach dem Fußballspielen. Das Gute ist, man hat so auch noch eine physische Beziehung. Jungs wollen ab einem bestimmten Alter ja nicht mehr unbedingt in den Arm genommen werden, aber auf der Ebene ist es kein Problem. Das ist schließlich eine Sportmassage.“ Gabriella lacht.

So weit das aktuelle Kapitel von Gabriellas – und Johns – langer, zunehmend spiritueller Reise. Und während der Hausputz für die Hochzeitsgesellschaft Stück für Stück voranschreitet, fällt Gabriella ein, dass sie unbedingt noch erzählen muss von der Idee „to save the world“ – nicht mehr und nicht weniger. Sie und John besitzen ein Stück Land ein paar Kilometer von ihrem Wohngrundstück entfernt, das sie eigentlich wieder verkaufen wollten. Das klappte nicht. Also beschlossen sie, etwas aus und mit dem Land zu machen, konkret: Bäume darauf zu pflanzen. Es gibt da ein staatliches Förderprojekt „Tui to Town", mit dem einheimische Vögel in bewohnte Gebiete zurückgelockt werden sollen, das sich an den Kosten von Aufforstungsmaßnahmen beteiligt. Gabriella pflanzte 1.200 Bäume für die Vögel, 100 Eukalyptusbäume für Feuerholz und 100 Pinien.

„Das war jetzt ein Anfang", sagt sie. „Das Grundstück ist 15.000 Quadratmeter groß. Da kann man noch einige tausend Bäume draufsetzen." Als nächstes will Gabriella Obstbäume pflanzen, vielleicht ein paar Hühner halten. Die gab es auch daheim in Schwaben, nicht nur Kühe. „Das geht so weiter. Ob wir das alles noch selbst erleben, weiß ich nicht. Aber es ist ja auch für unsere Nachfahren." Gabriella ist zuversichtlich, dass die Welt gerettet werden kann, wenn nur jeder seinen kleinen Teil beiträgt: „Wenn das Bewusstsein da ist, verändern sich auch die Taten, und die Beiträge kommen von ganz allein. *Go with the flow.*" Mein Blick fällt auf das spiralförmige Koru aus Jade, das Gabriella an einer Kette um den Hals trägt, ein wichtiges Symbol in der Maori-Kunst und -Kultur, das ein aufgehendes Farnblatt darstellt und für Fruchtbarkeit, Wachstum und Entwicklung steht, aber auch für Erneuerung und Hoffnung für die Zukunft.

Ich hatte eine Farm in Afrika

Gisa und Jürgen Hecker, Richmond

Gisa (Jahrgang 1958) und Jürgen Hecker (Jahrgang 1952) haben ziemlich viel Übung mit Abschieden und Neuanfängen. Aufgewachsen als Kinder deutscher Eltern in Südafrika und dem heutigen Namibia, pendeln die beiden seit Mitte der 80er Jahre zwischen München, Washington, Windhoek und dem Norden der neuseeländischen Südinsel, seit 1992 beziehungsweise 1994 zusammen mit ihren Töchtern Michelle und Marcelle. Wo gehören sie eigentlich hin? Und woraus beziehen sie ihre Identität? „Wir sind vor allem wir", sagt Gisa. Für Jürgen ist ganz sicher die deutsche Sprache ein Identität stiftendes Element.

Der Ort, an dem Gisa und Jürgen aus ihrem bewegten Leben erzählen, kontrastiert damit auf das Aparteste: ein riesiger Garten in Hanglage, der unmerklich in Buschwald übergeht und etwas Verwunschenes hat. Kleine Pfade laden dazu ein, die Blumenpracht ganz aus der Nähe anzuschauen, an allerlei Kräutern zu schnuppern, mit der Hand durch Farnfächer zu streifen oder für einen Moment im Schatten eines hohen Baumes Schutz vor der Kraft der Nachmittagssonne zu suchen. Zu hören ist nur der Gesang der Zikaden und ab und zu die Stimme eines Vogels. Vom Sonnendeck des Hauses ganz oben in diesem Garten Eden, den Gisa komplett selbst beackert, öffnet sich der Blick über das kleine Städtchen Richmond und das benachbarte Nelson bis zur Tasman Bay. Seit 2003 ist Familie Hecker hier zu Hause. Für ihre Verhältnisse eine ziemlich lange Zeit.

„Wir haben es immer so gehalten: Wenn wir irgendwo nicht glücklich sind, dann bleiben wir auch nicht da", sagt Gisa. So wie 1984, als Jürgen beim namibischen Rundfunk kündigte, der damals noch Südwestafrikanischer Rundfunk hieß und ein Ableger der Südafrikanischen Rundfunkanstalt war. Drei Jahre lang hatte Jürgen den Deutschen Dienst in Windhoek geleitet und zu einem der größten deutschen Auslandsprogramme der Welt ausgebaut. Noch vor Ablauf der Kündigungsfrist holte man ihn aus einer Live-Sendung und erteilte ihm Hausverbot. „Wir hatten ein paarmal

Familie Hecker

Meinungen gesendet, die nicht im Sinne der Mandatsmacht Südafrika waren", sagt Jürgen. Aus Protest gegen die politische Einmischung kündigten spontan zwei weitere Radiosprecher – und Gisa, die Jürgen als Sekretärin in die deutsche Abteilung geholt hatte.

Anfang 1985 gingen alle vier nach Deutschland. Die drei Rundfunkmacher wurden vom Fleck weg für den privaten Sender Radio Gong in München engagiert, den der Journalist und Verleger Helmut Markwort gerade an den Start brachte. Gisa fand eine Anstellung als Chefsekretärin bei der UFA. Dann zog es Jürgen nach Washington, in die deutsche Abteilung der Voice of America. Gisa arbeitete zunächst in der Landwirtschaftsabteilung der südafrikanischen Botschaft, später als persönliche Assistentin eines Kulturattachés der deutschen Botschaft. Da blieb sie allerdings nicht lange. „Es war mir zu streng deutsch", sagt sie. „Ich habe immer sehr selbstständig gearbeitet in meinem Leben, und es fiel mir schwer, plötzlich nur noch das tun zu sollen, was mein Vorgesetzter mir auftrug."

1988 wechselte Jürgen ins Washingtoner Büro von RIAS TV, dem neuen Frühstücksfernsehen von RIAS Berlin. Um die Administration kümmerte sich schon bald Gisa. Ein Jahr später erhielt Jürgen ein Angebot aus Namibia, die deutschsprachigen Namibia Nachrichten mit neuem Leben zu füllen. Das hörte sich reizvoll an: Die Unabhängigkeit des Landes stand bevor. Im November 1989 fanden die ersten freien Wahlen statt, im März 1990 wurde die Verfassung verabschiedet. Jürgen: „Wir dachten, jetzt können wir endlich mal vernünftigen Journalismus machen, der nicht mehr durch Südafrika gesteuert und gebremst wird. Aber es wurde weiter gesteuert und gebremst. Und es gab Bombendrohungen, wie wir sie schon aus unseren Zeiten beim Südwestafrikanischen Rundfunk kannten. Es stellte sich heraus, dass auch die neue SWAPO-Regierung keineswegs Lust auf eine freie Presse hatte."

Nach gut einem Jahr gingen Jürgen und Gisa deshalb zurück nach Amerika – und zu RIAS TV, das schon bald von der Deutschen Welle übernommen wurde. „Nach dem Mauerfall gab es ja keinen Bedarf mehr für die ‚freie Stimme der freien Welt'", sagt Jürgen, der anschließend vor allem für Features zuständig war und die gesamten Vereinigten Staaten von Amerika bereiste. Das ging so bis 1998. Dann gab es mal wieder journalistische Meinungsverschiedenheiten. Jürgen und Gisa beschlossen, Washington zu verlassen, zumal sie ohnehin nicht wollten, dass ihre Töchter Michelle und Marcelle, inzwischen sechs und vier Jahre alt, Amerikanerinnen würden.

So kam Familie Hecker das erste Mal nach Neuseeland. Bei der Wahl ihres neuen Zuhause hatte der Zufall eine große Rolle gespielt: Im amerikanischen Fernsehprogramm wurden gerade Live-Beiträge aus Neuseeland und Australien ausgestrahlt. Jürgen: „Wir guckten eine Woche lang Neuseeland zum Frühstück und dachten: Das ist es. Das ist wie Südafrika ohne die ganzen Apartheidsprobleme, da gehen wir jetzt hin."

Die Wahl fiel auf Nelson, eine Stadt mit 50.000 Einwohnern im Norden der Südinsel, Zentrum einer weltbekannten Weinregion und zugleich wichtigster Fischereihafen des Landes. „Ich hatte mich nach Jobs umgesehen, hatte mich unter anderem an der Uni in Dunedin nach Möglichkeiten erkundigt, Germanistik zu unterrichten", erzählt Jürgen, der zuletzt als Dozent für Germanistik am Windhoeker Lehrerkolleg gearbeitet hatte, bevor er zum Rundfunk wechselte. „Fehlanzeige. Aber meine Gesprächspartnerin riet mir: Wenn du nicht weißt, was du in Neuseeland machen sollst, dann geht das am besten in Nelson." Jürgen lacht. In den fruchtbaren Hügeln nordwestlich der Stadt hatten sich schon in den 1840er Jahren Einwanderer aus Norddeutschland angesiedelt. Sarau und St. Paulidorf nannten sie, die Wurzeln im Herzen, ihre neuen Heimatorte. Oder Neudorf, bekannt durch das Weingut. Der Ort heißt bis heute so, und bis heute erfreut sich die Gegend speziell bei deutschen Auswanderern großer Beliebtheit. Gisa war vor allem wichtig, dass das Wetter dort milder und beständiger ist als in anderen Regionen Neuseelands. Sie mag es, wenn die Sonne scheint.

Der Impuls zu gehen und woanders neu anzufangen kam bisher meistens von Jürgen. „Das liegt wohl daran, dass bei mir manchmal der Frust größer war. Wenn es nicht mehr geht, musst du gehen. Allein dadurch, dass du den Laden verlässt, der dir nicht gefällt, öffnen sich andere Türen, die du jetzt noch nicht siehst oder die es vielleicht auch noch gar nicht gibt. Manchmal ging es vielleicht ein bisschen zu schnell. Ich habe schon innerhalb einer halben Stunde Entscheidungen gefällt, die die nächsten zehn Jahre verändert haben, aber es ist auch toll. Es befreit dramatisch. Gelegentlich gehen Entscheidungen natürlich schief. Da dachte ich dann hinterher: Mann, hättest du darüber noch mal eine Nacht geschlafen!"

Jürgen behauptet, er sei früher impulsiver gewesen. „Man lernt ja dazu. Und legt manchmal Briefe, die man gerade geschrieben hat, in irgendeinen Ordner ‚morgen' oder ‚übermorgen' und tut erst mal gar nichts. Aber da ist natürlich auch die Sorge, dass man irgendwelche Chancen verpasst, wenn man es nicht jetzt gleich macht." Diese Sorge trieb ihn offenbar auch während der ersten Zeit in Neuseeland um, als er, ohne festen Job, mit Aktien handelte. *Day Trading.* Jeden Morgen um zwei stand er auf, weil dann die Börse in Amerika aufmachte, saß bis sechs Uhr am Computer und kaufte und verkaufte. „Völlig verrückt, aber es funktionierte wunderbar. Es war genau die Phase vor dem Crash des Neuen Markts: 1998, 1999, 2000."

Gisa kümmerte sich währenddessen um Michelle und Marcelle, die sie auch dreimal die Woche zur Schule begleitete, um dort auszuhelfen. Sie sah Aufsätze durch, machte Rechtschreibübungen oder las mit den Kindern, die schon auf der Grundschule weitgehend selbst aussuchen dürfen, was sie lesen wollen. Bevor sie das nächste Buch bekommen, müssen sie der Lehrerin oder Mutter laut vorlesen. „Auf einer *Primary School* in

Neuseeland würde ich auch gern noch mal zur Schule gehen", sagt Gisa. „Das macht richtig Spaß."

Die Entscheidung, wieder nach München zu ziehen, fiel nach zwei Jahren Neuseeland. Michelle und Marcelle, mit denen Jürgen und Gisa zu Hause bis heute vor allem Deutsch sprechen, sollten eine deutsche Schule besuchen. Jürgen: „Man merkte, wie sie ihre Muttersprache verloren. Das wollten wir damals auf keinen Fall." Was viel mit Jürgens Familien- und Lebensgeschichte zu tun hat: Sein Vater hatte 1935 dem nationalsozialistischen Deutschland den Rücken gekehrt, arbeitete eine Weile als Hauslehrer in England und ging dann nach Südafrika, wo er als Lehrer und Direktor an verschiedenen Schulen tätig war, unter anderem an der deutschen Schule in Pretoria. Die Mutter kam 1950 von Köln nach Südafrika, um dort als Krankenschwester zu arbeiten. Jürgen besuchte später die deutsche Schule in Windhoek, studierte Germanistik in Kapstadt und wurde selbst Lehrer. Er ist Mitherausgeber eines dicken Buchs über die Geschichte seines Heimatlandes, für das er unter anderem das Kapitel „Was du ererbt von deinen Vätern… – Über das Schicksal und die Bedeutung der deutschen Sprache in Namibia" geschrieben hat.

Sprache, speziell die deutsche, zieht sich durch sein Leben, und an ihr hängt er mit ganzer Leidenschaft: „Sprache ist verbalisiertes Denken. Wer nicht dazu in der Lage ist, seine Gedanken auszudrücken, dem nützt es nichts, wenn er sie denken kann. Er kann sich zwar alle möglichen Dinge durch den Kopf gehen lassen, aber er kann sie nicht exekutieren, weil er weder sich selbst noch anderen sagen kann, was er vorhat und warum das richtig ist. Ich glaube, ganz viel von dem, was auf der Welt schiefläuft, läuft deswegen schief, weil die Leute nicht richtig miteinander kommunizieren können. Dehalb ist es ganz wichtig, dass man mindestens eine Sprache gut sprechen kann. Da bietet sich naturgemäß die Muttersprache an. Ich kenne wenige Menschen, die in zwei Sprachen gleich gut sind."

Auch Gisas Vorfahren stammen aus Deutschland. Der Großvater väterlicherseits war schon vor Beginn des Ersten Weltkriegs, also noch zur deutschen „Schutztruppenzeit", von Dresden in die damalige kaiserliche Kolonie Südwestafrika ausgewandert. Die Mutter, eine Kriegswaise, zog 1950 von Köln nach Swakopmund, wo eine Tante eine kleine Milchfarm betrieb. Und in der Schule lernte Gisa ebenfalls Deutsch. Aber für sie war es ein Unterrichtsfach wie andere auch, wie Englisch und Afrikaans. Zu Hause fühlte sie sich später eher im Englischen. „Bei uns ging es auch nicht so sehr um deutsche Identität. Ich habe ja keine deutsche Schule besucht. Und mein Vater war Farmer, nicht Lehrer wie Jürgens." Sie erzählt, wie Jürgen ihr den Job beim Südwestafrikanischen Rundfunk anbot, nachdem die beiden sich auf einer Hochzeitsfeier kennengelernt hatten. „Ich habe schon überlegt, ob ich das Angebot annehmen soll. Ich konnte zwar Deutsch, aber nicht perfekt. Und dann beim deutschen Radio arbeiten!"

Jürgen und Gisas Plan war, mindestens fünf Jahre in München zu bleiben, damit Michelle und Marcelle richtig stabil in der deutschen Sprache werden. Am Ende wurden es dann doch nur zwei Jahre, nicht zuletzt der hohen Lebenshaltungskosten wegen. „Wir lebten vielleicht auch zu teuer", räumt Jürgen ein. „So, wie wir immer gelebt hatten: in einem frei stehenden Haus. Das allein kostet in oder bei München ein Vermögen." Gisa wollte ohnehin nach Neuseeland zurück. „Ich lebe sehr gern hier", sagt sie. Und Jürgens Argument mit der Muttersprache hat sich offenbar relativiert: „Vielleicht ist es viel wichtiger, dass man Teil der Gesellschaft hier wird, als dass man weiterhin Deutsch sprechen kann."

So passt es gut, dass er für seinen letzten Arbeitgeber in Deutschland, eine international operierende Headhunting-Firma, auch in Neuseeland tätig sein kann. Jürgens Aufgabe besteht darin, Korrespondenz, Berichte und andere Schriftstücke der Personalberater daraufhin zu überprüfen, ob sie sprachlich und auch sonst den Gepflogenheiten des jeweiligen Geschäftskreises entsprechen. „Als Deutscher schreibt man oft anders, als zum Beispiel Engländer das gewohnt sind", erläutert Jürgen. „Deutsche schreiben gern einfach drauflos, und am nächsten Tag gibt es einen Dritten Weltkrieg. Das gilt es nach Möglichkeit zu vermeiden." Der Kontakt über das Internet klappt gut, sagt er. „Ich kenne ja die Firma und reise zweimal im Jahr nach Deutschland, um auch die Berater kennenzulernen, die ich noch nicht kenne."

Gerade kommt Marcelle vom Segeln zurück. Gisa und Jürgens jüngere Tochter hat mit ihrer Freundin Philippa für die bevorstehenden

29er-Nationalmeisterschaften in Auckland trainiert. Erst vor wenigen Tagen sind die beiden Mädchen zum ersten Mal auf so einer Rennjolle gesegelt: ein sehr schnelles, empfindliches Boot. Die Zusammenarbeit muss hundertprozentig stimmen, sonst kippt es sofort um. Marcelle ist Vorschoter, hängt viel im Trapez, und dann diese Geschwindigkeit! Ein bisschen „scary" findet sie das. Dabei segelt Marcelle praktisch ihr ganzes Leben lang. In eineinhalb Übungsstunden, erzählt die 17-Jährige, ist sie heute wohl fünfmal über Bord gegangen, hat überall blaue Flecken. Total verrückt findet ihr Vater das. Erst wenn sie mit dem Wind im Rücken nicht mehr kentern, sagt er, dürften die beiden in Auckland mitsegeln, zumal die Konkurrenten dort richtige Profis sein werden. Wie sind die Mädchen nur auf die Idee gekommen? Die Idee stammt von Philippas Vater, erfahre ich. Der hatte das Boot besorgen können. Wenn das kein Grund ist! Die Haltung eines echten Kiwi, schießt es mir durch den Kopf. Dabei stammt Philippas Vater aus Zimbabwe.

Viele von Marcelles und Michelles Freunden kommen aus Einwandererfamilien: aus Zimbabwe, aus Südafrika, aus Holland. Die afrikanischen Verbindungen erstaunen ein bisschen, weil die Schwestern ja selbst nie dort gelebt haben, aber sie sind nach Aussage ihres Vaters deutlich stärker als zu Amerika, wo die beiden immerhin geboren sind und mehrere Jahre gelebt haben. Gisa meint, das hänge wohl mit der Art ihrer Töchter zusammen: nicht so extrovertiert, nicht so laut wie viele Amerikaner.

Und wo fühlen sich Gisa und Jürgen selbst zugehörig? Im Grunde, sagen sie, hätten sie seit ihrem Weggang aus Namibia 1985 nirgends mehr eine so große und zugleich enge Community gehabt wie in ihrer alten Heimat. „Das hat vielleicht auch damit zu tun, dass wir seither nicht mehr so sehr lange am selben Ort geblieben sind", meint Gisa, „seither sind wir wir." Jürgen, der bis heute enge Kontakte zu ganz alten Freunden pflegt, ergänzt: „In Amerika gab es schon eine Community, aber das waren natürlich keine Leute, die man bereits vom ersten Schuljahr her kannte. Wir waren Menschen aus aller Welt, die eine Zeit lang am selben Ort gelebt haben und inzwischen wieder in der Welt verstreut sind." Gisa erinnert sich an die Jahre als junge Erwachsene in Namibia: „Damals war man oft eingeladen zu Hochzeiten, zu Taufen, zu wichtigen Geburtstagen. Wenn man keine Community hat, fällt das weg. Man geht auch selten zu Beerdigungen,

Gisa bei der Gartenarbeit

zumindest nicht von irgendwelchen alten Leuten, die man schon immer gekannt hat. Es schließen sich keine Kreise." Das sei eben die Kehrseite, meint Jürgen: Wenn man ständig unterwegs ist, ist man überall zu Besuch. „Selbst in Deutschland waren wir die aus Afrika, obwohl wir besser Deutsch sprechen als mancher Bayer. Und womöglich würden wir inzwischen auch in Namibia nicht mehr dazugehören, sondern wären die Kiwis."

Gisa hat mehr Verbindungen in und wohl auch zu Neuseeland aufgebaut als Jürgen. „Frauen tun das im Ausland ohnehin viel mehr als Männer", ist ihre Erfahrung. Da sind zum einen die Kontakte über die Kinder. Außerdem hat Gisa nach der Rückkehr nach Neuseeland 2003 sieben Jahre als Immobilienmaklerin gearbeitet. In der Zeit kam sie so viel herum und lernte so viele Menschen kennen, dass sie sich angewöhnt hat, frühmorgens als erstes eine Stunde spazieren zu gehen, um auch mal für sich zu sein. Gisa ist überhaupt gern draußen: bei der Gartenarbeit, die nicht selten den Umfang eines Fulltime-Jobs annimmt, auf Spaziergängen oder Wanderungen. Schon bei ihrem ersten Aufenthalt *down under* lernte sie die „Walkie Talkies" kennen, eine Gruppe von Frauen aus der Gegend um Nelson und Blenheim weiter östlich, die plaudernd oder auch mal schweigend durch die Natur streifen und zum krönenden Abschluss oft auch noch gemeinsam kochen. So begegneten sich auch Gisa und Gabriella Waizenegger („Als Johnny Driftwood Land sah", S. 154). „Neuseeland ist für mich richtig schön", sagt Gisa.

Groß geworden ist sie in einer ganz anderen Landschaft: auf einer Farm zwischen Windhoek und Swakopmund an der Grenze zur Wüste Namib. Mehr als 20.000 Hektar Steppe und Granitfelsen. Karges Land, auf dem der Großvater Karakulschafe für die europäische Pelzindustrie züchtete. Gisas Vater, der später auf Rinderzucht umstellte, lebte schon als Jugendlicher allein in einer Wellblechhütte und hütete die Schafe. Ein hartes und einsames Leben: „Man sieht niemanden weit und breit. Es gibt kein Haus gegenüber. Wer in so einer Gegend lebt, der hat schon einen speziellen Charakter. Der hat es gelernt, allein zu sein", sagt Gisa. Von ihrem Elternhaus bis zum Haus der Großeltern auf derselben Farm waren es 15 Kilometer.

Auch Gisa hat gelernt, allein zu sein. Und sie ist früh selbstständig geworden. Die ersten beiden Schuljahre hatte ihre Mutter sie noch zu Hause auf der Farm unterrichtet. Dann kam das kleine Mädchen, das damals noch Gisela hieß, ins zweieinhalb Autostunden entfernte Internat nach Swakopmund. Gisa kann sich nicht erinnern, dass sie dort Heimweh gehabt hätte. Sie vermutet deshalb, dass sie es wohl nicht so schlimm fand, schon mit sechs, sieben Jahren monatelang von zu Hause fort zu sein. Sie war gern auf der Farm, wo sie auch dem Vater zur Hand ging, aber Freundinnen hatte sie dort nicht. Die gab es jetzt auf dem Internat. Und die große Schwester, ein Jahr älter als sie, war ja auch noch da.

„Wenn die Mutter schon seit einem Jahr alles vorbereitet und in eine große Kiste packt, was man mitnehmen muss, dann ist man selbst auch vorbereitet", sagt sie. „Man weiß als Farmkind einfach, dass man irgendwann in die Schule muss und sträubt sich nicht dagegen." Gisa lernte, das meiste mit sich allein abzumachen. „Wenn wir in den Ferien nach Hause kamen, fragte unsere Mutter immer, was wir gemacht hatten. Ja, was hatte man in drei Monaten gemacht? Meistens sagten wir nur: Weiß nicht. Das regte sie furchtbar auf. Das Gefühl, dass man sich immer mitteilen muss, hat man einfach nicht gehabt."

Dieses Bedürfnis hat Gisa bis heute nicht. „Man hat natürlich Freunde, auch hier in Neuseeland. Aber ich glaube, dass die vielleicht mehr von sich preisgeben als ich von mir. Die meisten Menschen interessiert es nicht so sehr, wo man herkommt und was man woanders erlebt hat. Sie leben ihr Leben am selben Ort weiter und erwarten eher, dass man an ihrem Leben teilhat. Wenn man es schafft, schnell dazuzugehören, ist das gut."

In Neuseeland, das ist Gisas Erfahrung, kann man wirklich ein neues Leben beginnen, ein anderer sein. Seine Ruhe haben. „Keiner kennt einen. Es ist unbelastet und in mancher Hinsicht einfacher. Man lebt vielleicht ein bisschen oberflächlicher." In diesem Moment klingt es, als wolle sie sagen: ‚angenehm oberflächlich'. Gisa findet, sie habe ein reiches und interessantes Leben. Und das genügt ihr vollkommen. Sie müsse ihr Leben nicht mit dem von anderen vergleichen, und sie brauche auch nicht deren Begutachtung und Beurteilung: „Das ist mir nicht so wichtig."

Angst vor Abschieden und Neuanfängen hat sie schon lange nicht mehr: „Vielleicht möchte man gerade nicht aus der Gemütlichkeit heraus, aber man weiß, es wird wieder spannend." So hatte sie es schon als Kind wieder und wieder erlebt: Wenn es zu Hause gerade gemütlich wurde, musste sie zurück ins Internat. Und war es dort gerade wieder toll, ging es nach Hause. Und so hielt sie es nach dem Besuch des College in Kapstadt auch als Erwachsene: Sie arbeitete eine Weile, dann ging sie auf Reisen. Schwierigkeiten, eine neue Stelle zu finden, hatte sie nie. Gisa: „In einem Interview antwortete mal jemand auf die Frage, was denn so toll am Reisen sei: ‚das Ankommen'. Ich dachte: Genau, das ist es! Es ist richtig schön, wenn man irgendwo ankommt. Da ist so viel Erwartung, schon wenn man mit dem Schiff oder mit dem Flugzeug irgendwo landet. Man kreiert sich immer wieder ein neues Ankommen."

So richtig schwer fällt es Gisa deshalb auch nicht sich vorzustellen, noch einmal woanders hinzugehen. Auch wenn sie sehr gern in Neuseeland lebt, „wahrscheinlich am liebsten von allen Ländern, in denen ich bisher gelebt habe."
Tatsächlich stehen im Hause Hecker in nächster Zeit einige Veränderungen an: Die ältere Tochter Michelle ist gerade nach Auckland gezogen um zu

studieren. Sie denkt bereits jetzt über ein Auslandsjahr, vielleicht sogar in Deutschland, nach. Marcelle, die jüngere und deutlich bodenständigere, wird in einem Jahr mit der Schule fertig sein. „Wir werden uns zumindest verkleinern", verraten Gisa und Jürgen. Zu dieser Entscheidung hat auch beigetragen, dass das zwei Hektar große Hanggrundstück, auf dem die Familie lebt, nicht nur traumhaft schön, sondern mit viel schwerer Arbeit verbunden ist. Den Großteil erledigt Gisa, seit Jürgen 2010 durch einen Unfall beim Handwerkern ein Auge und mit ihm jedes Interesse an der Gartenarbeit verloren hat. Der Unfall war ein großer Schock für ihn. Gisa gab von einem Tag auf den anderen ihre Arbeit als *Real Estate Agent* auf, war einfach da für ihren Mann und stürzte sich nebenbei in die Gartenarbeit. Viel herumpsychologisiert wurde nicht. Dafür sind beide nicht der Typ. „Man weiß ja, was fehlt. Man muss nicht dauernd darüber reden." Jürgen klagte auch nicht. Zumindest nach außen hin hat er die Umstellung schnell bewältigt. Schon nach einer Woche saß er wieder am Schreibtisch und schaute Berichte der deutschen Personalberater auf sprachliche Feinheiten durch.

Zur Erfahrung der eigenen Verletzlichkeit kommt die Erschütterung durch die schweren Erdbeben, die die Stadt Christchurch seit September 2010 immer wieder heimsuchen. Gisa und Jürgen fragen sich, ob es gut ist, ihre wesentlichen Vermögenswerte weiterhin in Neuseeland zu haben: „Wenn wir hier alles verlieren, wird es in unserem Alter sehr schwer, noch einmal etwas Neues aufzubauen." Von den Beben in Christchurch haben sie in Richmond zwar nichts gespürt, aber ganz friedlich auf dem Sofa zu sitzen, und plötzlich ist da ein Gefühl wie Schwindel, das kennen sie auch. „Einmal tat es mitten in der Nacht einen Knall, dass man senkrecht im Bett saß", erinnert sich Jürgen, „da hatte es ein Beben zwischen Nord- und Südinsel im Meer gegeben. Das ist normalerweise im Unterbewusstsein, man vergisst es auch wieder, aber zwischendurch kommt es immer mal wieder hoch." So wie das Wissen, dass sich die Verwerfungslinien, an denen die pazifische und die australische Erdplatte zusammenstoßen, über die gesamte Südinsel erstrecken, von den Marlborough Sounds im Nordosten über den westlichen Rand der neuseeländischen Alpen an der Westküste bis zu den Fjorden im Südwesten. „Eine der Verwerfungslinien verläuft direkt über unser Grundstück", erzählt Jürgen.

Ein Garten Eden: das Grundstück der Familie Hecker

Ob Heckers sich innerhalb oder außerhalb Neuseelands ein neues Zuhause schaffen werden, ist offen. Jürgen ist ziemlich flexibel mit seiner Arbeit. Und Gisa findet, man müsse gar nicht alles so genau vorher wissen. Schließlich hätten sie es sich ja überall schön gemacht und interessante Dinge erlebt. Und weil Segeln furchtbar hungrig macht und Gisa und Jürgen jetzt doch einiges von sich mitgeteilt haben, machen wir an dieser Stelle einen Schnitt und kümmern uns ums Abendessen – bei einem Gläschen Sauvignon Blanc aus der Neudorf Winery.

Am Grab von Pastor Heine

Der strahlende Sonnenschein, der Gisa und Jürgen Heckers Migrationsgeschichte in Etappen und über Generationen begleitet hatte, ist Regen und Sturm gewichen. Ich will trotzdem einen Abstecher in die Moutere Hills im Nordwesten machen, wo sich die ersten deutschen Siedler niederließen. Mein Ziel ist das um 1850 gegründete Dorf Upper Moutere, das noch bis 1917 Sarau hieß, wie eine Gemeinde im Kreis Herzogtum Lauenburg in Schleswig-Holstein.

Nachdem Neuseeland 1840 durch den Vertrag von Waitangi zur britischen Kronkolonie geworden war, gelang es der New Zealand Company und ihren Agenten, mehr britische und erstmals auch deutsche Auswanderer dazu zu bewegen, die weite Reise ins Ungewisse anzutreten. Die ersten 140 Siedler stachen Ende 1842 auf der „St. Pauli" von Hamburg aus in See. Mit an Bord waren auch vier Missionare der Norddeutschen Missionsgesellschaft: die Herren Riemenschneider, Wohlers, Heine und Trost, die die christliche Botschaft zu den Maori bringen wollten.

Mitte Juni 1843 erreichte die „St. Pauli" Port Nelson. Falls die Reisenden eine Art Gelobtes Land erwartet haben sollten, wurden sie schnell enttäuscht. Nur wenige Tage nach ihrer Ankunft kam es am Wairau River südöstlich von Nelson zu einer kriegerischen Auseinandersetzung zwischen britischen Siedlern der New Zealand Company und Maori, die sich ihr Land partout nicht wegnehmen lassen wollten. 26 Menschen kamen dabei ums Leben. Und die Geistlichen stellten schon bald fest, dass es in Nelson und Umgebung gar nicht so viele zu missionierende Maori gab beziehungsweise sich diese bereits unter englischer geistiger Obhut befanden.

Allen Widrigkeiten zum Trotz schafften die Neuankömmlinge das landwirtschaftliche Gerät, das sie aus der norddeutschen Heimat mitgebracht hatten, auf den Grund und Boden, den sie der New Zealand Company abgekauft hatten. In einem Tal in den Moutere Hills 35 Kilometer nordwestlich von Nelson gründeten sie St. Paulidorf, die erste deutsche Siedlung in Neuseeland. Lange hielten es die Auswanderer allerdings nicht dort aus, weil das Land immer wieder überflutet wurde. Viele machten sich in andere

Gegenden Neuseelands oder gleich nach Australien auf, um dort ihr Glück zu suchen. Andere siedelten sich an trockeneren Orten in der Umgebung an. Heute heißt der Flecken Land, der einmal St. Paulidorf war, Harakeke. Das ist das Maori-Wort für den neuseeländischen Flachs, den man überall im Land, aber vor allem in niedrig gelegenen sumpfigen Gebieten antrifft.

Im Herbst 1844 erreichte der dänische Großsegler „Skjold", der extra für die Beförderung von Emigranten gebaut worden war, den Hafen von Nelson. An Bord: eine zweite Gruppe von Siedlern aus dem mecklenburgischen Klütz. Ihre Überfahrt hatte Graf Kuno zu Rantzau-Breitenburg finanziert, der an Siedlungsprojekten in Neuseeland als Investitionsvorhaben interessiert war. Ihm zu Ehren nannten die Auswanderer ihre Ansiedlung ein paar Kilometer südwestlich von Nelson in der fruchtbaren Waimea Ebene Ranzau. Noch heute führt die Ranzau Road durch Hope, wie das kleine Örtchen inzwischen heißt. Auch einige der Auswanderer, die auf der „St. Pauli" nach Neuseeland gekommen waren, ließen sich dort nieder und bauten Getreide, Obst, Hopfen und Tabak an.

Pastor Johann Wilhelm Christof Heine, der einzige in Nelson verbliebene der vier norddeutschen Missionare, lebte mit seiner Frau Anna ebenfalls ein paar Jahre in Ranzau und kümmerte sich um die Seelen der Neubürger. Den Plan, die Maori der Gegend zu missionieren, hatte er längst aufgegeben. Ihre endgültige Heimat fanden die Heines schließlich in der neuen Auswanderersiedlung Sarau, nur wenige Kilometer südlich des alten St. Paulidorf in den Moutere Hills. Pastor Heines Schwiegervater Cordt Bensemann hatte in Sarau bereits ein Haus gebaut, in dem er 1857 auch den „Moutere Inn" eröffnete, der noch heute damit wirbt, der älteste Pub Neuseelands zu sein, jedenfalls der älteste im Originalgebäude betriebene. Im „Moutere Inn" konnten Reisende eine Pause einlegen auf dem rund 50 Kilometer langen Weg von Nelson beziehungsweise Richmond nach Motueka, für den man damals noch zehn Stunden und länger brauchte.

Heute geht das schnell. Keine halbe Stunde nach meiner Abfahrt aus Richmond erreiche ich Upper Moutere, das frühere Sarau. Die schöne Holzkirche an der Kreuzung Main Road/ Supplejack Valley Road sticht sofort ins Auge. 1865 hatte Pastor Heine St. Paul's, die erste lutherische Kirche am Ort, eingeweiht.

Das alte vom Holzwurm befallene Gebäude wurde 1905 durch den heutigen Bau ersetzt. Rund um die Kirche der Friedhof. „In loving memory" lese ich auf einem Grabstein. Und gleich daneben: „Hier ruhet in Gott". Ein Blick in das Visitors' Book *der Kirche zeigt, dass bis heute Nachkommen der frühen Siedler aus aller Welt zu den Gräbern ihrer Vorfahren pilgern.*

Gerade habe ich die Grabstätte der Familie Bensemann entdeckt, als sich der Himmel anthrazitfarben verdunkelt und es beginnt, wie aus Eimern zu schütten. Klatschnass ziehe ich mich auf einen Kaffee in den General Store *ein paar Häuser weiter zurück. Außer dieser Mischung aus Laden und Café, der Kirche und dem ältesten Pub des Landes gibt es in Upper Moutere noch eine Tankstelle, einen Fish-and-Chips-Shop, ein paar (Kunst-)Handwerker sowie Winzer, darunter die Weinkeller von Neudorf und Himmelsfeld. Was man zum Leben so braucht. Und dann ist da natürlich noch die Schule direkt gegenüber der Kirche, deren Geschichte ebenfalls bis in die 50er Jahre des 19. Jahrhunderts zurückreicht.*

Die St. Paul's Lutheran Church in Upper Moutere, ehemals Sarau

Das Grabkreuz von Pastor Heine inmitten der Gräber seiner Nachkommen

Plötzlich kommt noch einmal die Sonne heraus. Also zurück zum Friedhof. Während ich an den Gräbern entlangschlendere und mir das Leben in Sarau vor 150 Jahren vorzustellen versuche, fällt mein Blick auf eine dünne ältere Frau, ganz in Schwarz gekleidet, in der Nähe der Kirche. Ich frage sie nach dem Grab von Pastor Heine. Sie will wissen, wer da fragt. Wir sprechen ein bisschen über Auswanderer in den alten und neuen Zeiten, als Margaret auf ein steinernes Kreuz zeigt. „Er war mein Urgroßvater", sagt sie: Pastor J.W.C. Heine, geboren am 18. Mai 1814, gestorben am 18. März 1900. Nur wenige Schritte entfernt das Grab von Margarets Eltern. Die alte Frau holt geschwind eine Wurzelbürste aus dem Altarraum der Kirche und rückt damit dem Moos auf dem Grabstein von Uropa Johann und Uroma Anna zu Leibe, damit auf meinen Fotos auch etwas zu erkennen ist. Für einen Moment scheint das alte Sarau ganz nahe zu sein.

Den Beben zum Trotz

Christian Ecker und Alexander Berkemer, Christchurch

Im Sommer 2009 zogen Christian Ecker (Jahrgang 1976) und Alexander Berkemer (Jahrgang 1979) nach Christchurch, der größten Stadt auf der Südinsel. Ein Jahr später geriet der Boden unter ihnen in Bewegung. Zwei schwere Erdbeben verwüsteten seit dem 4. September 2010 weite Teile der Innenstadt und forderten 185 Menschenleben. Tausende von Nachbeben versetzen die Menschen in Angst und Schrecken. Die Erde in der Canterbury-Region kommt einfach nicht zur Ruhe. Aber Chris und Alex wollen bleiben und in der Gegend sogar ein Haus bauen. „Neuseeland ist immer noch unser Traumland und Christchurch unsere neue Heimat", sagen sie.

Alex hat auf der Hotelfachschule in Luzern studiert und leitete Hotels in der Schweiz und in den USA, bevor er nach dem Tod der Mutter den elterlichen Betrieb übernahm: das Hotel „Sickinger Hof" in Queidersbach direkt am Naturpark Pfälzer Wald. Das Hotel hatte Großvater Berkemer in den 60er Jahren als Tanzsaal mit Empore eröffnet. Bata Illic sang im „Berkemer" und wer damals sonst Rang und Namen hatte. Später kamen Gästezimmer dazu. Chris stammt aus Homburg im Saarland, hat Bürokaufmann gelernt und arbeitete als leitender Angestellter in einem Stahl verarbeitenden Betrieb, bevor er in den „Sickinger Hof" mit einstieg.

Irgendwann überlegten der Weltenbummler Alex und der bodenständige Chris, woanders neu anzufangen. Es zeichnete sich ab, dass das Hotel schwer zu halten sein würde. Der Komplex war groß und wuchtig, der Renovierungsstau hoch. Und dann hatte Alex auch noch einen Unfall, bei dem er sich die Sehnen der Hand durchtrennte. Alex liebäugelte mit der Schweiz: Dort kannte er sich aus, dort könne man Geld verdienen, meinte er. Chris fand die Vorstellung auszuwandern durchaus attraktiv, allerdings nicht in ein Nachbarland. Wenn schon, dann richtig. „Wir saßen bei Alex' Vater am Esstisch, als der plötzlich sagte: Ich würde nach Neuseeland gehen", erinnert sich Chris. Der Gedanke faszinierte die jungen

Christian Ecker und Alexander Berkemer

Männer. Sie begannen sich zu informieren, nahmen Kontakt mit dem Einwanderungsberater Peter Hahn auf – und entschieden sich praktisch von einem Tag auf den anderen, den Schritt zu tun. „Meine Eltern waren völlig überrascht", erzählt Chris. „Meine Mutter sagte nur: ‚Das ist nicht schlimm, in drei Monaten bist du eh wieder zu Hause'" – orts- und heimatverbunden, wie ihr jüngerer Sohn bis dahin gelebt hatte.

Am 12. Juni 2009 kamen Alex und Chris in Auckland an und begaben sich auf die Suche nach dem Ort, an dem sie künftig leben wollten. Als Erstes fuhren sie hinauf in den Norden. „Genau das Richtige, wenn wir in Rente gewesen wären", lautete ihr Urteil. „Wunderschön, aber zu wenige Arbeitsplätze." „Windy Wellington", die Hauptstadt, machte ihrem Namen alle Ehre, als die zwei dort vorbeikamen und schied als neue Heimat ebenfalls aus. Sechs Tage nach ihrer Ankunft in Neuseeland erreichten sie schließlich Christchurch, die britischste Stadt des Landes – und hatten gleich das Gefühl, zu Hause zu sein, angekommen irgendwie. „Für Alex war das ja vielleicht nichts Besonderes", meint Chris. „Aber ich war noch nie weg gewesen."

Alex war mit einem Working-Holiday-Visum eingereist, mit dem junge

Leute zwischen 18 und 30 nicht nur zwölf Monate im Land herumreisen sondern auch arbeiten dürfen, und fand sofort einen Job im „Christchurch Casino". Der Job erlaubte ihm, die dauerhafte Aufenthaltserlaubnis zu beantragen. Chris, der bei der Einreise schon 33 war, hatte nur ein Touristenvisum in der Tasche und beantragte die *Permanent Residency* in der sogenannten *Partner Category*. Zum Nachweis, dass sie ein Paar sind, legten Alex und Chris den Einwanderungsbehörden ein paar Schreiben von Eltern und Geschwistern vor. Kein Problem.

Bei der Automobile Association, dem neuseeländischen Äquivalent zum ADAC, fragten sie nach Sondertarifen für Paare. Kein Problem. *Easy* auch der Kontakt mit der Maklerin: Sie brauchen bestimmt zwei Schlafzimmer, meinte die. Noch besser wären ein Schlafzimmer und ein Arbeitszimmer, antwortete Chris. An Paare vermiete sie noch viel lieber, erklärte daraufhin die Maklerin. Meine Frage, ob es etwa einfacher sei, in Neuseeland schwul zu sein, verneint Chris ganz klar: „Ach nee!" Aber eben auch nicht schwieriger.

Chris ist dafür sich zu outen – um etwaige Rabatte in Anspruch zu nehmen, um nicht später mit Vorurteilen konfrontiert zu sein, aber auch, weil er seinen Partner gern erwähnt. Alex ist da zurückhaltender. Bis sich die beiden seinem Vater gegenüber als Paar präsentierten, hatte es lange gedauert. Das gäbe Krieg, hatte Alex gemeint. Tatsächlich war das Coming-out dann gar nicht so schrecklich. Chris denkt, dass sich die Einstellungen seines „zweiten Vaters" im Laufe der Zeit sehr geändert haben: „Heute hat Erhard nicht einmal mehr Probleme damit, dass unsere Friseurin hier in Christchurch mal ein Mann war."

Alex' Vater und Stiefmutter Irene gehörten zu den ersten Besuchern aus Deutschland. Die beiden verliebten sich gleich derart in Christchurch und das ganze Land, dass sie beschlossen wiederzukommen und ihren Ruhestand in der Nähe von Alex und Chris zu verbringen. Familienzusammenführung nennt sich das auch aus Sicht der Einwanderungsbehörden. „Es ist schön, einen Teil der Familie hier zu haben", sagt Chris. Seine eigenen Eltern seien wohl zu sehr in der Heimat verwurzelt für einen solchen Schritt. Alex' Eltern sind nicht die Ersten, die den jungen Männern folgten. Den Anfang machten Golden Retriever Ben, der ursprünglich aus den USA stammt und

Alex schon zurück nach Deutschland begleitet hatte, und Labrador-Mix James.

Chris liebt es, mit den Hunden am Strand zu laufen. „Das ist jedes Mal wie Urlaub", sagt er. „Dieses Gefühl hatte ich in Deutschland nie. Da habe ich immer nur gewartet bis zum nächsten Urlaub. Hier fühle ich mich irgendwie freier. Ich kann mittags entscheiden, dass ich nach der Arbeit noch ans Meer will. Ich kann aber auch Ski fahren. Man denkt bei Kiwi-Lifestyle vielleicht eher an jemanden, der nach der Arbeit noch mal schnell eine Runde windsurfen geht, aber Lifestyle ist auch, was die Augen und der Geist wahrnehmen. Es ist irre: Du fährst ein paar Kilometer und bist auf dem Land und schaust auf die schneebedeckten Alpen, während du am Strand herumläufst."

Als ich das erste Mal mit Chris und Alex spreche, liegt das Erdbeben vom 4. September 2010 gerade einen Monat zurück. 1.500 Nachbeben hat es allein in dem einen Monat gegeben, mehrere hundert davon waren zu spüren, sagt Chris. An den 4. September kann er sich noch gut erinnern. Man könne sich das so vorstellen wie auf der Rüttelplatte in einem dieser Funhäuser auf der Kirmes, nur dass ganz Christchurch eine einzige Rüttelplatte war. „Wir wurden morgens um kurz nach halb fünf aus dem Schlaf gerissen. Das Haus über dir, der Boden unter dir, alles wackelt. Geschirr fällt. Menschen in Schlafanzügen rennen auf die Straße. Die Häuser in unserer Gegend sind stehengeblieben, aber die Alarmanlage war nicht auszukriegen. Das ist ganz irreal. Du denkst: So etwas passiert doch nicht." Jedenfalls nicht in Christchurch, das bis dahin als einer der erdbebensichersten Orte Neuseelands gegolten hatte. Nur 20 Sekunden dauerte das Hauptbeben der Stärke 7,1. Chris und Alex kam es viel länger vor: „Das war der schlimmste Morgen unseres Lebens." Bis dahin.

Es hat mehr schlimme Tage gegeben seither. Der schlimmste von allen war der 22. Februar 2011, als ein neuerliches Starkbeben die Innenstadt von Christchurch wie von einer Bombe getroffen zurückließ und 185 Menschen das Leben kostete. Das Beben fiel mit 6,3 Punkten zwar etwas schwächer aus als das im September, aber es ereignete sich zum ungünstigsten Zeitpunkt an der ungünstigsten Stelle: mittags um kurz vor eins nur wenige

Ein Bild der Zerstörung

Kilometer vom Stadtzentrum entfernt. Die Straßen waren voller Menschen, in Cafés und Restaurants, in Büros und Kaufhäusern herrschte geschäftiges Treiben, als gerade einmal fünf Kilometer unter der Oberfläche die Erde brach. Mehrstöckige Gebäude fielen in sich zusammen und begruben Menschen und Autos unter sich. Chris war mittendrin: Er arbeitete am Bratwurstgrill eines Bekannten vor dem Arts Centre und sah zu, wie nur ein paar hundert Meter entfernt der Turm der Kathedrale einstürzte.

„Gerade hatte man den September halbwegs verarbeitet und das schwere Nachbeben am 26. Dezember", sagt Chris, als wir eine Woche später miteinander telefonieren. „Und beides war nichts im Vergleich zum vergangenen Dienstag. Dieses Schwingen hin und her..." Er verstummt für einen Moment. Angebote von Bekannten, vorübergehend zu ihnen zu ziehen, lehnten Alex und Chris ab. „Die Angebote tun gut, aber uns selbst geht es ja verhältnismäßig gut. Wir sind unverletzt. Unser Haus hat einige Risse, aber es steht. Inzwischen haben wir auch wieder etwas Wasser und Strom, sogar der Internet-Anschluss funktioniert wieder. Freunde, die drei Minuten von uns entfernt lebten, haben alles verloren. Ihr Haus ist so zerstört, da kann man nicht einmal mehr rein, um Sachen zu holen." Statt selbst woanders hinzugehen, nahmen die Einwanderer eine Nachbarin bei sich auf, eine junge Deutsche, die mit einem Working-Holiday-Visum in Neuseeland ist. Sie fanden, dass Sabrina, die zugesehen hat, wie das Hotel, in dem sie arbeitete, neben ihr zusammenbrach, jetzt nicht allein wohnen sollte.

„Wir müssen nach vorne schauen", sagt Chris. Er selbst hat sich schon wenige Tage nach dem tödlichen Beben in neue Aufgaben gestürzt. „Das Arts Centre, wo wir den Bratwurstgrill hatten, ist von innen eine einzige Ruine und wird auf Jahre geschlossen sein. Unser Stellplatz wurde gekündigt." Drei Tage später eröffnete Chris in einem Obst- und Gemüsemarkt einen Backshop mit Waren eines deutschen Bäckers. Das Timing war gut, sagt er. Der Marktleiter hätte schon seit Wochen nach einem deutschen Bäcker gesucht. Auf die Schnelle wurden Schaukästen aus Acryl zusammengezimmert. „Das war gar nicht so einfach, weil der Händler keinen Strom hatte. Er musste erst ein Notstromaggregat besorgen, um sägen zu können." Und während die bei dem Beben verwüsteten großen Supermärkte ewig lange geschlossen blieben, konnte sich der Backshop wie andere kleine Läden vor Kunden kaum retten.

Bleibt neben all den Aktivitäten auch Raum für den Umgang mit den schrecklichen Erlebnissen und den eigenen Ängsten? „Man ist unheimlich abgelenkt", sagt Chris, „aber die Bilder kommen natürlich immer wieder. Bilder, auf denen du rund um dich Häuser einstürzen siehst und überall blutige Menschen. Unter der Ruine des TV-Gebäudes werden immer noch Tote vermutet. Manche hat man auf Stühlen sitzend gefunden. Sie hatten offenbar nicht einmal Zeit aufzuspringen, bevor alles über ihnen zusammenstürzte." Viele der gemauerten Gebäude, deren Fundamente bereits bei dem schweren Beben im September gelitten hatten, hätte man längst abreißen sollen, meint Chris im Rückblick. Dann hätte man wahrscheinlich einige Menschenleben retten können. Bei den Bildern der zerstörten Stadt muss er auch an seine Eltern denken, die im Krieg Kinder waren, und an die Erzählungen der Großmutter aus jener Zeit.

Vor allem für seine Mutter sei es nicht leicht, dass er so weit weg lebt und dann auch noch in so einer unruhigen Gegend, sagt Chris. Das habe auch mit der besonderen Familiensituation zu tun. Kurz nach Chris' Umzug starb seine große Schwester, die nach einer Routineoperation im Koma lag. Und dann ist da noch sein älterer Bruder, der beruflich in den USA war und in South Carolina fast in einen Tornado geriet. Die Mutter erhielt eine Nachricht von ihm: „Mach dir keine Sorgen, falls du davon in den Nachrichten hörst: Wir haben eine Tornado-Warnung, aber mir geht es gut." Diese Nachricht schickte sie Chris mit dem Kommentar: „Das kann doch nicht wahr sein, der auch noch!" Chris hat trotz der Entfernung viel Kontakt mit seiner Mutter, die seit ihrer Scheidung allein lebt. Nach dem Tod der Schwester war die Mutter zu Besuch in Neuseeland, aber ganz dorthin ziehen will sie nicht. Chris: „Sie will nicht weg aus Homburg. Das verstehe ich auch. Aber Alex und ich wollen auch nicht zurück nach Deutschland. Neuseeland ist immer noch das Land, in dem wir leben wollen. So komisch es vielleicht klingt: Irgendwie verbinden die furchtbaren Ereignisse dich noch mehr mit dem Land, mit den Menschen um dich herum, auch mit denen, die du gar nicht so gut kennst, und mit deinem Partner natürlich. Christchurch ist doch unsere Heimatstadt jetzt."

Eine Heimatstadt, die nicht zur Ruhe kommt. Als wir Anfang Mai miteinander telefonieren, erzählt Chris, dass es in der Nacht wieder ein Beben der Stärke 5,3 gegeben hat, „mit dem Zentrum dort, wo wir erst gestern einen Tisch abgeholt hatten". Nur wenige Tage zuvor erlebte Chris in seinem Backshop ein Beben der Stärke 5. Der Shop befindet sich in einer erdbebensicheren Betonhalle. Dennoch habe die Stahlkonstruktion des Dachs so gekrängt, dass man dachte, gleich stürze die ganze Halle ein. Auch in der Nähe von Oxford, wo Alex und Chris Land gekauft haben, um darauf zusammen mit Alex' Eltern ein Doppelhaus zu bauen, habe es unlängst ein Beben dieser Stärke gegeben – praktisch in Sichtweite der geplanten Terrasse. Oxford ist ein kleinerer Ort etwa 50 Kilometer nordwestlich von Christchurch mit ein, zwei Restaurants, Tankstelle und einem kleinen Supermarkt. Dass auch dort die Erde wackelt, war für Chris und Alex ein Schock. Draußen auf dem Land, hatten sie gedacht, sei es schon noch sicherer als in der Stadt.

Den Kaufvertrag für das Grundstück hatten die beiden kurz vor Neuseelands wahrscheinlich schwärzestem Tag, wie Premierminister John Key den 22. Februar 2011 nannte, unterzeichnet. Gemeinsam mit Alex' Eltern, die das Beben miterlebt hatten, überlegten sie, ob sie den Kauf rückgängig machen sollten. Am Ende sprachen sich alle vier dagegen aus. Chris war ziemlich erstaunt, dass Erhard und Irene, die ja noch nicht so mit Neuseeland verbunden sind, bei der Stange blieben. Er selbst bezeichnet den Kauf inzwischen als großes Glück. Die Grundstückspreise außerhalb Christchurchs seien geradezu explodiert, überall werde gebaut. Wer irgend kann, will offenbar raus aus der Stadt. Chris: „Der Vorteil ist, du hast nichts Hohes um dich herum, das auf dich drauf fallen kann. Natürlich kann immer etwas passieren, aber du minimierst die Risiken. Auch der Boden im Umland ist deutlich massiver als der Untergrund in Christchurch. Die Stadt ist ja praktisch auf Sand gebaut."

Das wurde bei den Erdbeben augenfällig. „Das Einkaufszentrum neben dem Backshop war von einer meterdicken hellgrauen Schlammschicht bedeckt", erzählt Chris. „Das ist kein Baumaterial, auch wenn es aussieht wie nasser Beton,

Chris in seinem Backshop

sondern der natürliche Untergrund, der durch das Erdbeben verflüssigt und durch die Kruste darüber gedrückt wurde. Auch wir hatten das Zeug in der Garage, im Garten. Ganz Christchurch war voll davon. Auf der Straße lag der Matsch 30, 40 Zentimeter hoch. Er schoss teilweise in Fontänen aus der Erde oder aus den Kanaldeckeln. Inzwischen wurden hunderttausende Tonnen Schlamm abgetragen und mit Schwerlastern abgefahren. All die Tonnen fehlen natürlich unter der Erde. Wir haben direkt vor dem Haus zwei Löcher, die jeweils ungefähr einen Quadratmeter groß sind und jede Woche neu mit Teer aufgefüllt werden. Aber die Löcher entstehen immer wieder. Der Teer senkt sich über Tage langsam ab. So ist das in vielen Straßen hier."

Inzwischen gebe es mindestens drei Verwerfungslinien in der Stadt. Da fange man schon an nachzudenken, sagt Chris. Kann man sich an Erdbeben eigentlich gewöhnen? Chris zögert kurz, lacht: „Ja", sagt er dann. „Man weiß, sie kommen. Und sie kommen immer wieder." Ob man das alles wirklich verarbeiten könne, darüber ist er sich allerdings nicht so sicher. „Es ist schon eine sehr stressige Zeit." Man merkt, dass die dauernde Belastung an Chris' Nerven zerrt. Unmittelbar nach dem Februar-Beben hörte er sich kraftvoller an. „Vielleicht hat das mit dem Adrenalinspiegel zu tun", meint er. „Es hängt ein permanenter Adrenalin-Tropf an dir dran. Ich bin mir darüber klarer als Alex. Alex ist hundertprozentig davon überzeugt, dass uns nichts passieren wird. Und ich weiß im Grunde auch, dass unser Haus so gebaut ist, dass es sich allenfalls halb schräg auf die Seite legen, aber nicht komplett zusammenbrechen würde." Bei all dem theoretischen Wissen bleibe natürlich jedes Mal das Erschrecken. „Es reißt einen aus dem Schlaf, man kriegt einen halben Herzinfarkt. Erst letzte Nacht habe ich zu Alex gesagt: Irgendwann kommst du noch im Casino ums Leben."

Das „Christchurch Casino" war während der Aufräum- und Instandsetzungsarbeiten nach dem Beben im Februar monatelang geschlossen. Alex gehörte als Chef des neuen Restaurants zu einer Handvoll führender Mitarbeiter, die ihren Job behielten, weil man nicht riskieren wollte, dass sie in der Zwischenzeit woanders Arbeit finden. Die anderen mussten gehen– was dazu führte, dass die Führungskräfte, darunter auch einer der Spitzenköche des Landes, das Casino eigenhändig aufräumen mussten. Eine ziemlich eklige Angelegenheit: Die Räume waren in dem Zustand, in dem sie sich am 22. Februar mittags befanden, evakuiert und danach wochenlang nicht mehr betreten worden. Man hatte sie zwar begast, bevor sich das Aufräumkommando in Weißmann und Warnwesten, mit Arbeitsschuhen und Helm auf dem Kopf an die Arbeit machte, aber ansonsten lag alles noch so da, wie es Wochen zuvor von den Tischen gefallen war. Seit der Wiedereröffnung ist Alex Chef sämtlicher Restaurants und Bars im Casino. „Der will hier nicht mehr weg", sagt Chris.

Und er selbst auch nicht, auch wenn ihm manchmal alles zu viel wird. „Allein das Meer ist für mich ein Grund zu bleiben." Chris ist gerne draußen, schätzt aber auch die Annehmlichkeiten der Zivilisation. Es macht ihm Spaß, das neue Grundstück in Oxford zu gestalten, das einen eigenen Brunnen und sogar einen kleinen Bachlauf hat, aber auf die Mall um die Ecke und auch ein bisschen Luxus möchte er trotzdem nicht verzichten.

„Bevor wir damals im Hotel in Queidersbach zusammengezogen sind, lebte Alex in einem wunderschönen Designer-Reihenhaus, dessen oberste Etage komplett aus Glas bestand", erzählt Chris. „Eingerichtet war das Ganze entsprechend, durchdesigned von oben bis unten. Im Vergleich dazu sind wir hier wie die Flodder-Familie unterwegs." In der alten Villa, in der die beiden zur Miete leben, hängt kein einziges Bild. Wegen der Erdbeben.

Chris und Alex hatten aus Deutschland riesige moderne Acrylgemälde mitgebracht. Nach dem Beben im September hängten sie die Bilder ab und stellten sie auf den Fußboden. Irgendwann hängten sie sie wieder auf. Nach dem Februar-Beben lagen fast alle Bilder am Boden. Jetzt lagern sie in einer Abstellkammer. „Es wäre schade, wenn die Bilder bei den vielen Nachbeben kaputtgehen", sagt Chris. Seit einem Wasserrohrbruch im Bad ein paar Tage nach dem Beben im September, bei dem das halbe Haus überschwemmt worden war, gibt es auch keine Teppiche mehr.

Die Erdbeben beeinflussen auch den Neubau in Oxford. Ursprünglich sollte das Gebäude eineinhalb Stockwerke bekommen. Längst hat man sich für die eingeschossige Variante auf größerer Grundfläche entschieden, „weil ohnehin keiner oben schlafen will". Auch die Deckenhöhe wird geringer sein als ursprünglich geplant. „Wir bleiben grundlegend auf dem Boden mit allem", sagt Chris und lacht. Mir fällt auf, dass Chris viel lacht. Besonders viel, wenn er eigentlich ziemlich gruselige Dinge erzählt.

Alex und Chris sind schon eine Weile im Besitz der befristeten *Permanent Residency*. Bald werden sie die unbefristete Daueraufenthaltsgenehmigung erhalten. Und dann wollen sie so bald wie möglich die neuseeländische Staatsangehörigkeit beantragen, von der sie sich zusätzliche Sicherheit versprechen. Die Sicherheit, nicht womöglich eines Tages das Land verlassen zu müssen, aber auch die Möglichkeit, in Australien zu leben und zu arbeiten, sollte es wegen Erdbeben oder anderer Dinge irgendwann einmal zu gefährlich werden in Neuseeland. Chris würde am liebsten auch den deutschen Pass behalten. Vor allem aus praktischen Erwägungen. Er stellt sich vor, mit seinen Eltern wäre irgendwann etwas Ernstes und er müsste zurück und vorübergehend wieder in Deutschland leben. „Wenn wirklich etwas wäre, würde ich sie nicht allein lassen", sagt er.

Medizin nach Maß

Simone Petrich und Hansjörg Waibel, Dunedin

Sie wollten raus aus einem Medizinsystem, in dem es immer weniger um den Patienten und immer mehr um den Profit ging. Und sie waren es leid, bis an den Rand der Erschöpfung zu arbeiten und dafür kaum Anerkennung zu erhalten. Seit 2008 arbeiten die Gynäkologin Simone Petrich (Jahrgang 1970) und der Anästhesist und Intensivmediziner Hansjörg Waibel (Jahrgang 1966) in der staatlichen Klinik von Dunedin – immer noch gerne und viel, aber wesentlich entspannter als in Deutschland. Hansjörg: „Hier merkst du, dass es normal ist, ein Leben außerhalb der Arbeit zu haben, und auch das Leben innerhalb der Arbeit ist anders.“

Wir sitzen in einer gemütlichen Wohnküche im Stadtteil The Cove mit weitem Blick über den Otago Harbour und das Stadtzentrum gegenüber. Hansjörg stellt duftende Laugenbrötchen auf den Frühstückstisch, frisch gebacken. „Fertig kaufen kann man die hier schon deshalb nicht, weil man keine Natronlauge in der Lebensmittelherstellung einsetzen darf. Echtes Laugengebäck kriegt man in Neuseeland nur privat. Hergestellt mit analysenreinem Natriumhydroxit, das es als Rohrreiniger im Baumarkt gibt.“ Hansjörg grinst, als er mein entsetztes Gesicht sieht. So ähnlich hatte auch der neuseeländische Apotheker reagiert, den er um Rat gefragt hatte. In einem der vielen Auswanderer-Hilfsforen im Internet stieß Hansjörg schließlich auf jemanden, der die gleiche Geschichte erzählte – mit dem Unterschied, dass dessen Apotheker ihn nach nebenan zu „Hammer Hardware“ geschickt hatte. Hansjörg stattete der Sanitärabteilung des örtlichen Heimwerkermarkts einen Besuch ab. „Das kleinste Päckchen, das ich fand, enthielt 500 Gramm. Gebraucht hätte ich für den ersten Liter Gebäck 30 Gramm. Einen Teil Lauge habe ich inzwischen an eine Bekannte abgetreten, eine gebürtige Stuttgarterin.“ Auch Hansjörg ist in Stuttgart aufgewachsen. Das verbindet in der Fremde. Das Rezept stammt von der Website eines Bremer Bäckers. Dass er mit Unterstützung eines Fischkopps traditionelle Laugenweckle herstellt, erhöht den Reiz für Hansjörg noch.

Simone Petrich und Hansjörg Waibel

Ich nehme all meinen Mut zusammen und beiße herzhaft in eines der ofenwarmen Brötchen. Mmmmh! Lecker!!! Besser als durch diese Mischung aus Naturwissenschaft und Genuss hätte Hansjörg den Boden für unseren Streifzug durch das deutsche und das neuseeländische Gesundheitswesen und die damit verbundenen Lebensarten kaum bereiten können.

Hansjörg und Simone lernten sich während des Studiums in Heidelberg kennen. Hansjörg, selbst bereits im vierten Semester, machte die Erstsemester-Einführung, an der Simone teilnahm. Anschließend trafen die beiden in der Studierendenvertretung aufeinander. Hansjörg war politisch engagiert, links, Simone kam direkt von der Schule, war zunächst eher unpolitisch. Später arbeitete sie im Frauen- und Lesbenreferat. Dass sie Ärztin werden wollte, wusste die Mannheimerin schon mit 16 oder 17. „Es war der Klassiker: Ich wollte irgendetwas Sinnvolles tun, Menschen helfen. Ich dachte, das könnte ich als Ärztin am besten." Hansjörg, der eigentlich eher mit einer Berufstätigkeit im Medienbereich geliebäugelt hatte, war als Zivi beim Rettungsdienst auf die Idee gekommen, Medizin zu studieren.

Genauso diskussionsfreudig wie damals in der Fachschaft sind die beiden Mediziner auch heute noch. „Wir streiten uns viel und gern", sagt Simone und lacht schallend. „Unsere Freunde in Deutschland hatten uns drei Monate gegeben, als wir vor 20 Jahren zusammengekommen sind. Wir sind schon sehr unterschiedlich. Wenn etwas ist, quaken wir uns gleich an, dann ist es aber auch wieder gut."

Für Gleichgewicht in der Beziehung sorgt aber nicht nur der regelmäßige lebhafte Austausch unterschiedlicher Standpunkte sondern auch das Streben nach echter Gleichberechtigung. Simone: „Ich hatte meine Doktorarbeit über Brustkrebs in Heidelberg gemacht. Mein Betreuer wurde leitender Oberarzt in Frankfurt. Da wollte ich auch hin. Ich interessiere mich schon immer für Onkologie, für Brust- und Unterleibskrebs, und dafür war Frankfurt die Adresse Nummer eins. Dorthin ist Hajö mir gefolgt, während ich ihm später nach Bayern gefolgt bin. Klassischerweise ist es ja meist der Mann, der in einer Beziehung die berufliche Priorität hat. Wir haben uns gesagt, wir haben formal gleichberechtigte Berufe, wir haben die gleiche Ausbildung und das gleiche starke Interesse am Beruf. Der Beruf ist für uns beide das Wichtigste nach dem Partner. Da gebietet es einfach der Respekt, dass mal der eine folgt und mal der andere."

Als Hansjörg das Angebot erhielt, leitender Oberarzt in Dachau zu werden, war es an Simone, ihre Oberarzt-Stelle in Frankfurt aufzugeben und ihrem Mann zu folgen. Hansjörg: „Ich kam in die Klinik, als das Haus eine sogenannte kommunale Aktiengesellschaft war. Kurz darauf ist es für viel Geld an den Rhön-Konzern verkauft worden. Ich blieb vier Jahre. Dann hatte ich endgültig keine Lust mehr darauf, dass Medizin ein Business ist, das mit Umsatzrendite und DRG-Gruppen bewertet wird und in dem sich ein Manager beschwert, wenn man nicht genug schwere Fälle behandelt." Der Begriff „Diagnosis Related Groups" (DRG), zu Deutsch „Diagnosebezogene Fallgruppen", bezeichnet ein Klassifikationssystem für stationär behandelte Patienten. Diese werden je nach Behandlungsaufwand und Fallschwere in Gruppen eingeteilt, nach denen sich auch die Bezahlung des Krankenhauses richtet.

„An sich ist es durchaus sinnvoll, dass ein Krankenhaus für einen Patienten, der älter und kränker ist, mehr Geld erhält", ergänzt Simone. „Die Behandlung ist ja aufwendiger. Nur kommt es dann zu der perversen Situation, dass das Management einem vorwirft, dass man 300 Blinddärme herausgenommen hat. Medizinisch war das sinnvoll, aber betriebswirtschaftlich weniger, weil es sich um junge, im Prinzip gesunde Patienten handelt, für die es nicht so viel Geld gibt." Hansjörg: „Wenn man zynisch wäre, würde man sagen: Man hätte einfach noch ein bisschen warten müssen, bis sie kränker sind. Das Gesundheitsmanagement in Deutschland produziert den perversen Typ Mitarbeiter, der die betriebswirtschaftlich optimale Behandlungslinie ausbaldowert."

Simone: „Gleichzeitig werden immer mehr Stellen gestrichen. Und weil man als Arzt oder Pflegekraft so blöd ist, alles für den Patienten tun zu wollen, arbeitet man mehr mit weniger Leuten. Man bleibt länger, ohne dass man dafür mehr erhält als ein Dankeschön vom Patienten und vielleicht noch das Gefühl, wie toll man doch ist. Das System funktioniert relativ lange, aber irgendwann ist der Punkt erreicht, an dem die Patienten einfach nicht mehr versorgt sind."

Simone arbeitete inzwischen am Kreiskrankenhaus in Starnberg. „Wir waren fünf Oberärzte und Oberärztinnen plus Chefarzt, als ich anfing", erzählt sie. „Dann wurden die Stellen auf viereinhalb heruntergestrichen. Die Kollegin auf der halben Stelle wurde schwanger, und eine der anderen Kolleginnen war immer wieder krank, ohne dass es Ersatz gab. Das heißt, wir waren plötzlich nur noch drei Oberärzte bei fast 1.800 Geburten. Man arbeitete zwei Wochenenden und hatte ein Wochenende frei. Jedenfalls theoretisch und solange keiner im Urlaub war. Ein echtes freies Wochenende war eine Rarität." Zur gleichen Zeit ging es auch noch um die Zertifizierung der Starnberger Klinik als onkologisches Brustzentrum. Um den damit verbundenen Schreibkram kümmerte sich Simone zusammen mit dem Chefarzt in ihrer ohnehin nicht üppig bemessenen Freizeit. „Warum? Weil ich es wichtig fand, und weil es mir Spaß gemacht hat. Man macht ja viel, gerade als Frau, wenn man Anerkennung kriegt. Aber es war eine extrem anstrengende Zeit."

In der Klinik in Dachau gab es unterdessen allerlei Umstrukturierungen, mit denen dem Chefarzt immer mehr Zuständigkeiten entzogen wurden. Für Hansjörg, der selbst angefangen hatte, sich nach Chefarzt-Stellen umzusehen, stellte sich die Frage, ob dieser Karriereschritt überhaupt erstrebenswert war. Simone und Hansjörg waren an einem Punkt angekommen, an dem sie sehr grundsätzlich überlegten, wie es in ihrem Leben weitergehen sollte. So wie bisher jedenfalls nicht.

Hansjörg: „Wir hatten die Tradition, in jedem unserer Urlaube einmal ein Getränk mit einem Schirmchen zu uns zu nehmen und uns zu fragen, ob wir uns vorstellen könnten, in diesem Land zu leben." Die Urlaube waren meistens Tauchurlaube. Es ging in die Karibik, in den Jemen, nach Fidschi, Ägypten, Thailand, auf die Kapverden. Beiden war klar: In diesen Ländern würde es nicht funktionieren. „Als Anästhesist und Onkologin sind wir zu sehr Hightech, wir sind beide auf eine industrialisierte Weltmedizin angewiesen", sagt Hansjörg. „Ich möchte auf Dauer auch nicht gern auf einer Tropeninsel leben", fügt Simone hinzu. „Ich hätte gern eine Heizung und fließend Wasser. Ich hätte gern keine Spinnen im Haus. Wir sind auch hier in Neuseeland nicht diejenigen, die naturnah im Zelt unterwegs sind. Wir tauchen gern, aber wir sind keine *outdoorsies*."

Mögen die Überlegungen beim Cocktail irgendwo auf der Welt eher spielerischer Natur gewesen sein, so wurde es ab Ende 2006 Ernst. Simone war inzwischen Mitte 30, Hansjörg 40. „Man steckt 36 Stunden Durchrödeln nicht mehr so weg wie mit Mitte 20", sagt Hansjörg lapidar. Schon gar nicht, wenn es dann auch noch an Anerkennung fehlt. „Mein Bruder, der Manager, lachte sich kaputt, wenn ich darüber klagte", erzählt Simone.

Hinzu kam, dass ein guter Freund, den Hansjörg und Simone noch von der Uni kannten, mit dem sie Hochschularbeit gemacht, Feste gefeiert und in der WG zusammengelebt hatten, plötzlich verkündete: Übrigens, wir gehen im Januar nach Neuseeland, ihr seid herzlich auf die Abschiedsfete eingeladen. Das war zum Jahreswechsel 2006/2007. Der Internist Bernd und die Ergotherapeutin Alex leben seither in Whangarei auf der Nordinsel. Im November 2007 trafen sich Simone und Hansjörg mit den beiden auf der Südinsel, wo Bernd an einem Kongress teilnahm. Hansjörg: „Unser Wiedersehen war ein Schlüsselerlebnis. Wir waren völlig verstrahlt vom Jetlag. Und Bernd, der den Umzug und elf Monate Arbeit in Neuseeland hinter sich hatte, war so entspannt und gelöst, sah erholt aus, war voller Energie und Elan. So kannten wir ihn in Deutschland gar nicht mehr."

Der Virus begann zu wirken. Nach dem Urlaub wollten Hansjörg und Simone das Thema eigentlich erst mal ein paar Wochen sacken lassen. Hansjörg: „Der

Vorschlag kam von mir. Aber schon nach vier Stunden an meinem ersten Arbeitstag war wieder irgendetwas vorgefallen. Ich habe Simone angerufen und gesagt: Es reicht! Lass uns nach Neuseeland gehen!" Und was sagte die? „Ich bin doch sehr deutsch verwurzelt. Es gibt nicht viele Länder, in denen ich mir vorstellen könnte zu leben. Die Schweiz vielleicht, wo ich mal ein Semester studiert habe. Oder Irland, das mir gut gefällt. Auszuwandern war nie mein Traum gewesen." Aber im Urlaub in Neuseeland, beim Tauchen in den riesigen Kelpwäldern um die Poor Knights Islands vor der Ostküste oben im Norden, da hätte sie plötzlich das Gefühl gehabt: Hier will ich leben. „Eine reine Bauchentscheidung", sagt Simone. „Und als Hajö aus der Klinik anrief, dachte ich: Okay, dann gehen wir."

Die beiden wandten sich an eine Firma, die darauf spezialisiert ist, medizinisches Personal anzuwerben und den Bewerbern durch den auch in Neuseeland ziemlich dichten bürokratischen Dschungel zu helfen. Ganz einfach waren Simones und Hansjörgs Vorgaben für die Vermittlerin nicht: Sie wollten beide am selben Standort etwas finden, möglichst auf der Nordinsel, weil da ja auch Bernd und Alex lebten, aber nicht so gern in Hamilton, das ihnen bei ihrem Besuch nicht gefallen hatte, und anspruchsvoll sollte die Arbeit auch noch sein.

Nach ein paar Absagen meldete sich die Vermittlerin mit einem neuen Angebot für einen Intensivmediziner. Sie druckste ein wenig herum und kam schließlich mit der Sprache heraus: Arbeitgeber sei das staatliche Krankenhaus in Dunedin ganz im Süden der Südinsel. Hansjörg war nicht begeistert, versprach aber anrufen. „Ich kann mich noch gut an das Gespräch erinnern", sagt er und lacht. „Mike Hunter, der Chef der Intensivmedizin, konnte nicht daran teilnehmen, weil an dem Wochenende traditionell die Entenjagd eröffnet wird. Nomen est omen sozusagen. Was konnte wichtiger sein, als das Eröffnungsschießen? Wie auch immer: Das Gespräch lief sehr gut, vielleicht auch, weil ich gar nicht so scharf auf den Job war. Ich kriegte dann Nachricht von der Vermittlerin: Du, die wollen dich haben."

Simone hatte zur gleichen Zeit ein Gespräch mit der Gynäkologie der Klinik. „Mich dort zu bewerben, war eine sehr schwere Entscheidung gewesen", sagt sie. „In Deutschland sind Gynäkologen im umfassenden Sinn Frauenärzte, also auch Brustspezialisten, während hier die Brust den Chirurgen gehört, der Onkologe sich um die Chemotherapie kümmert und der Radiologe um die Diagnostik. Obwohl ich immer in dem gesamten Bereich gearbeitet hatte, dachte ich am Ende: Okay, irgendeine Kröte muss man halt schlucken." Die Gynäkologen allerdings wollten Simone gar nicht haben. Hansjörg: „Daraufhin war klar: Dann wird aus Dunedin insgesamt nichts. Es gibt hier ja nicht die Möglichkeit wie damals in Dachau, dass der andere im Nachbarkrankenhaus arbeitet. Das Nachbarkrankenhaus liegt in Christchurch oder Invercargill, ist also 350 beziehungsweise 200 Kilometer entfernt. Man zieht nicht ans andere Ende der Welt, um eine Fernbeziehung zu führen."

Irgendwer fing dann hinter den Kulissen an, Fäden zu ziehen. Jedenfalls tauchte plötzlich Michael Landmann auf, ein deutscher Facharzt für Chirurgie, der vor vielen Jahren nach Neuseeland gegangen war und inzwischen die Brustchirurgie in der Klinik in Dunedin leitete – und mit ihm das Angebot für Simone, halb in der Gynäkologie und halb bei ihm in der Chirurgie zu arbeiten. Unterbreitet wurde das Angebot in einer E-Mail zusammen mit Fotos von Michael Landmann und seiner Frau sowie einem fantastischen Sonnenuntergang über der Otago Peninsula. „Das war toll", erinnert sich Simone. „Die beiden gehören inzwischen zu unseren besten Freunden hier in Dunedin. Wir wissen nicht genau, wie es zu dem Angebot gekommen ist. Mein Glück war, dass Michael Landmann mit meinem Werdegang etwas anfangen konnte. Die Anästhesie hat jedenfalls nicht nur Hajö, sondern vorübergehend auch mich bezahlt, obwohl ich ja als Brustchirurgin und Gynäkologin gearbeitet habe. So dringend war der Bedarf nach einem Anästhesisten beziehungsweise mehr noch nach einem Intensivmediziner." Inzwischen hat Simone in jeder der beiden Abteilungen, für die sie arbeitet, auch offiziell eine halbe Planstelle. Und innerhalb der gynäkologischen Abteilung ist sie in den Schwerpunktbereich Onkologie gerutscht. „Das ist genau das, was ich immer machen wollte", sagt sie und strahlt. Auch Hansjörg ist heilfroh, dass die individuelle Lösung für Simone gefunden wurde. „Ich hätte doch sonst immer zu hören bekommen, dass ihr die Hälfte ihres Berufs fehlt." Er selbst arbeitet zu etwas mehr als der Hälfte als Intensivmediziner und den Rest der Zeit als Anästhesist.

„Wir haben hier ein System vorgefunden, in dem die Arbeit jedes einzelnen Mitarbeiters und jeder einzelnen Mitarbeiterin sehr geschätzt wird", sagt

Hansjörg. „Auch das Ansehen der Pflegeberufe in der Öffentlichkeit ist sehr viel größer als in Deutschland. Hier sind viele darauf angewiesen, dass es überhaupt jemanden gibt mit einer Ausbildung. Gerade in ländlichen Gegenden ist erste Anlaufstelle in Sachen Gesundheit oft die *Primary Nurse*, eine Krankenpflegekraft mit einem Zusatzkurs in *Primary Nursing*. Alle sind sich der Knappheit der Ressource Gesundheitsversorgung bewusst."

Das öffentliche Gesundheitswesen in Neuseeland wird aus Steuern finanziert. Die Inanspruchnahme von Leistungen ist kostenlos. Daneben gibt es die private Krankenversicherung mit kostenpflichtigen Leistungen. Simone: „Ich würde sagen, dass die Leute hier eine gute Gesundheitsversorgung haben. Das Hauptproblem für den Einzelnen ist, dass er in der Regel warten muss. Ein halbes Jahr auf eine Operation, das ist normal. Es sei denn, man hat beispielsweise einen Krebs, der sofort operiert werden muss." Anders als in Deutschland kann der Patient in Neuseeland auch nicht direkt zum Spezialisten gehen. Simone: „Wenn ich in Deutschland einen Knoten in der Brust habe, gehe ich zum Gynäkologen. Hier ist erster Ansprechpartner immer der *General Practitioner*, der Allgemeinarzt. Wenn der denkt, da ist nichts, und nicht überweist, dann war es das."

Ich erwähne, dass ich während der Recherchen zu diesem Buch immer mal wieder Kritik an der Qualifikation neuseeländischer Ärzte zu hören bekommen habe. Meist ging es um den Vorwurf mangelnder Erfahrung, sowohl im Bereich Diagnostik als auch im Bereich Behandlung. Hansjörg antwortet mit ein paar Zahlen und einer Gegenfrage: „In ganz Neuseeland leben weniger Menschen als im Großraum Berlin. Verteilt auf zwei Inseln mit einer Nord-Süd-Ausdehnung von 1.600 Kilometern. Wie wahrscheinlich ist es, dass ein Spezialist hier auf Varianten seines Spezialgebiets trifft, im Vergleich zu einem Kollegen zum Beispiel in Berlin oder Düsseldorf?"

Rein fachlich, darin sind sich die beiden Mediziner einig, sei ihre Arbeit in Deutschland womöglich herausfordernder gewesen. Auch viele Kiwi-Ärzte gingen für ihre „wilden Jahre" ja entweder nach Australien oder nach Großbritannien. Aber zufriedener sind Simone und Hansjörg in der Klinik in Dunedin allemal. „Ich hatte das Glück, dass ich mit meinen Chefärzten in Deutschland sehr gut reden konnte", sagt Simone. „Aber im Prinzip ist es so: Wenn der Chefarzt ,A' sagt, und ich halte ,B' für richtig, weiß ich, dass ich nicht mehr sehr lange in diesem Krankenhaus arbeiten werde. In Deutschland ist alles sehr hierarchisch. Hier dagegen hat man eine Gruppe von *Consultants* – ich übersetze das nur ungern mit „Oberärzten" –, die alle ihre eigenen Patienten haben, die sie von Anfang bis Ende durch den gesamten Behandlungsprozess begleiten. Man tauscht sich fachlich untereinander aus, aber es gibt keinen Chefarzt. Es gibt einen Primus inter pares, einen klinischen Direktor. Der stellt Leute ein, führt Mitarbeitergespräche. Er sagt auch klinisch seine Meinung, aber sein Job ist es nicht mir vorzuschreiben, wie ich meine Operationen machen soll. Etwas anderes ist es, wenn eine Beschwerde kommt. Dann ist es schon an ihm, das weiterzuverfolgen, aber im Prinzip bin ich mein eigener Herr. Das ist natürlich phantastisch."

Als Vorteil empfinden Hansjörg und Simone, dass 40 Prozent der Fachärzte in Neuseeland nicht dort geboren sind. Für Patientinnen und Patienten sei es also überhaupt nichts Ungewöhnliches, von einem Nicht-Kiwi behandelt zu werden. Die beiden sind immer noch mit Leib und Seele Ärzte – aber wesentlich entspannter als in Deutschland. Hansjörg: „Hier herrscht die Einstellung: Schau nach dir, geh ordentlich mit dir um, niemand hat etwas davon, wenn du Raubbau an deinen Kräften betreibst und in ein paar Jahren kaputt bist." Dass Hansjörg und Simone in der Lage sind, „nach sich zu schauen", mussten ihre neuen Kollegen ihnen sogar schriftlich geben – im Rahmen der Anerkennung ihrer medizinischen Ausbildungen.

Simone und Hansjörg haben den Eindruck, dass sie bei allem, was sie tun, wacher und mit mehr Aufmerksamkeit bei der Sache sind: bei der Arbeit ebenso wie bei den privaten Aktivitäten. Nach dem Dienst noch mal eben Laugenbrötchen backen – kein Problem. In Deutschland, sagt Hansjörg, habe er sich meist nur noch aufs Ohr gehauen, so leer gesaugt habe er sich gefühlt. Auch der Fokus sei ein ganz anderer. Simone: „Wenn du in Deutschland gefragt wirst, was du so machst, erzählst du von der Arbeit und an welchen Veröffentlichungen du vielleicht gerade sitzt. Wenn du das hier tust, kriegst du zu hören: Okay, und was machst du so? Die Leute wollen wissen, wofür du dich interessierst, was du in deiner Freizeit tust, ob du angelst oder wanderst, ob du Kinder hast, solche Dinge. In Deutschland ist es eher schlecht angesehen, wenn du viel Freizeit hast. Das bedeutet, du arbeitest nicht genug. Hier ist es anders: Okay, du arbeitest – und sonst?"

Was also machen Simone und Hansjörg „sonst"? Sie gehen immer noch gerne tauchen. Und sie haben angefangen, Golf zu spielen. Für Hansjörg ist das kein Sport – das ist nicht so seine „Baustelle" –, sondern eine nette Freizeitbeschäftigung, der *down under* zum Glück auch das Gewichtige und Aufgeblasene fehle, das ihr in Deutschland gern mal anhafte. Allein in Dunedin gebe es 18 Golfplätze. „Der schönste von allen ist der Chisholm Park Golf Club direkt am Meer", sagt Hansjörg. „Das neunte Loch führt genau auf einen kleinen Klippenvorsprung zu. Die Aussicht ist phantastisch. Aber weil sich ab und zu mal jemand von der Klippe gestürzt hat und Suizid in Neuseeland ein fürchterliches Tabuthema ist, hat man tatsächlich überlegt, dort eine meterhohe Betonmauer zu bauen."

Simone hat inzwischen sogar einen *Personal Trainer* engagiert, mit dem sie sich regelmäßig trifft. „Als ich 40 geworden bin, dachte ich, wenn ich jetzt nicht anfange, Sport zu machen, dann schaffe ich es überhaupt nicht mehr." Freitags abends hat sie Musikprobe. Da fängt für sie das – inzwischen meist dienstfreie – Wochenende an. Die Gruppe ist auf mittelalterliche und Renaissancemusik spezialisiert. Simone spielt Nyckelharpa. Den Umgang mit der Schlüsselfidel hat sie noch in Deutschland gelernt, bei einem Mitglied der schwäbischen Gruppe Geyers – benannt nach dem Bauernaufstand-Führer Florian Geyer, wie mir Hansjörg erklärt, der es liebt, sich mit lokalhistorischen Fragen zu beschäftigen.

Regelmäßige persönliche Spaß-Termine, sagt Simone, hätte sie in Deutschland seit der Schulzeit nicht mehr gehabt. Und darauf wolle sie in Zukunft auch nicht mehr verzichten. Hansjörg: „Die Leute akzeptieren hier einfach, dass man noch andere Verpflichtungen hat. Man wird wesentlich verlässlicher, auch sich selbst gegenüber." Und wenn etwas mit der Familie ist, habe das ohnehin Priorität. Simone meint, das habe wohl mit der Maori-Kultur zu tun, in der die Whanau ihren festen Platz hat, die Familie im weiteren Sinn, zu der nicht nur Verwandte, sondern auch Freunde gehören. Hansjörg: „Hier in Dunedin ist man natürlich so weit von Maori-Kultur entfernt, wie man das in Neuseeland nur sein kann. Aber vielleicht trifft ja einfach der Whanau-Begriff auf den schottischen Clan-Gedanken." Dunedin ist die anglisierte Form des schottisch-gälischen Namens für Edinburgh. Wie auch immer: In der Klinik gibt es sogar extra Whanau-Räume für Patienten und ihre Angehörigen.

„Wir sind nicht mit dem Anspruch hierhergekommen, unser Leben total zu verändern", sagt Simone. „Ich dachte zum Beispiel nicht, dass ich ein Jahr später die Trekking-Tante bin und ständig gesundes Obst einkoche und keine Videos mehr gucke. Aber unsere Lebensqualität hat sich enorm verbessert." Hansjörg: „Work-Life-Balance ist in Neuseeland nicht irgendein neumodischer Schnickschnack. Hier merkst du, dass es wirklich etwas mit Balance zu tun hat, dass es normal ist, ein Leben außerhalb der Arbeit zu haben und dass auch das Leben innerhalb der Arbeit anders ist."

Gewöhnen mussten sich die beiden an die vielen britischen Einflüsse im Alltag. Simone: „Da gibt es schon große kulturelle Unterschiede." Hansjörg: „Plus natürlich die Kiwi-Sozialisation. Wir sind hier nicht groß geworden, wissen weder, wie die klassischen Kinderspielzeuge heißen noch woher manche Ausdrücke kommen." Während wir uns unterhalten, steigt ein Nachbar mit Hammer, Nägeln und Silikonmasse auf das Dach seines Hauses, um ein lockeres Paneel zu befestigen. „Eine typische Number-8-Wire-Lösung", sagt Hansjörg sofort und lacht. Was soviel besagt wie: Ein echter Kiwi kann jedes Problem mit einem Standard-Zaundraht beheben. Klappt doch gut mit den Alltagsbildern!

Heimat? „Für mich ist das ganz klar Deutschland", sagt Simone. „Ich bin Deutsche und werde das auch bleiben. Ich fühle mich sehr wohl hier, und vielleicht fühle ich mich in 20 Jahren auch wie ein Kiwi, aber im Moment denke und fühle ich schon ein bisschen anders als die Leute, die hier aufgewachsen sind. Je mehr Feinheiten man mitkriegt, desto mehr merkt man, dass man ein bisschen anders tickt." Für Hansjörg, der ebenfalls richtig gern in Dunedin lebt, kommt eine neuseeländische Staatsangehörigkeit nicht in Betracht, „solange das die Kolonie eines von Gott gewollten Königs ist. Ich werde nie Untertan eines Königs werden, sondern immer Bürger eines Staates bleiben." Auf der anderen Seite stelle sich natürlich die Frage, wie lange das europäische, vor allem das britische Erbe überhaupt noch hochgehalten werden könne angesichts immer größerer Zuwandererzahlen vor allem aus dem asiatischen Raum. Hansjörg: „In ein paar Jahren wird Neuseeland hoffentlich endlich den Punkt finden, sich von dieser Britannien-Hörigkeit zu lösen."

Simone freut sich über „regelmäßige Spaß-Termine"

Simone und Hansjörg würden sich selbst übrigens nicht als Auswanderer bezeichnen. „Im Moment können wir uns überhaupt nicht vorstellen hier wegzugehen, weil alles sehr gut passt, aber in fünf Jahren sieht das womöglich anders aus." Simone zögert kurz, dann sagt sie: „Wenn mich mal etwas aus dem Land treibt, dann ist es die Geburtshilfe. In Deutschland hatte ich zehn Jahre lang kein totes Kind, hier waren es zwei und ein behindertes in zweieinhalb Jahren. Und das auf einer halben Stelle. Das Stichwort lautet: Hebammen-zentrierte Geburtshilfe. Die Patientin sieht unter Umständen von Anfang bis Ende ihrer Schwangerschaft keinen Arzt. Und manche Hebamme kennt einfach ihre Grenzen nicht. Inzwischen gibt es ein landesweites Programm zur Verbesserung der Geburtshilfe. Aber bis das Problem gelöst ist, werde ich wohl in Rente sein."

Von Orten und Lebensphasen

Annett Eiselt, Stewart Island

Annett Eiselt (Jahrgang 1965) glaubt, dass es verschiedene Orte für verschiedene Lebensphasen gibt. Nach Jahren als Kulturmanagerin in der Millionenstadt Hamburg zog die gebürtige Dresdnerin auf eine Insel mit nicht einmal 400 ständigen Einwohnern am äußersten südlichen Ende der Welt. Danach kommen nur noch ein paar subantarktische Inseln und die Antarktis selbst. „Ich könnte wahrscheinlich nicht an einem Ort wie Stewart Island leben, wenn ich nicht vorher alles andere so reichlich genossen hätte", sagt sie. Zusammen mit ihrem neuseeländischen Freund baut Annett an einer Gästelodge – und engagiert sich für Gelbaugenpinguine.

Am Fähranleger von Oban in der Halfmoon Bay erwartet mich Phil, Annetts Freund. Sie selbst ist gerade für das Department of Conservation unterwegs, die staatliche Naturschutzbehörde – einer ihrer vier oder fünf Jobs. 85 Prozent von Neuseelands drittgrößter Insel stehen heute unter Naturschutz. Es gibt keine 30 Kilometer befestigte Straßen auf Stewart Island. Auf dem Weg zu Annett und Phils Heim passieren wir einen kleinen Supermarkt, ein paar Cafés, den südlichsten Fish-and-Chips-Shop der Welt – und die örtliche Polizeistation, die so beschaulich wirkt, dass man sofort überzeugt ist, auf Stewart Island könne einem nichts Böses begegnen. „Da sind wir", sagt Phil auch schon und biegt in einen Pfad ein, der aussieht, als führe er mitten in die Wildnis.

Annett ist sich sicher, an einem der schönsten Orte Neuseelands zu leben. Und damit meint sie die Insel selbst ebenso wie das Busch-ähnliche Grundstück, auf dem sie und Phil zu Hause sind. Der gestaltete Teil geht über in ein großes naturbelassenes Gelände, das bis an das Naturreservat von Observation Rock heranreicht. Von dort hat man einen herrlichen Blick über das Paterson Inlet, das sich kilometerlang ins Innere der Insel zieht. Zu hören sind nur die Stimmen von Papageien, Waldtauben, Tuis und Neuseeland-Fächerschwänzen, der Wind natürlich und manchmal auch die Brandung

Annett und Phil vor dem Paterson Inlet

von der Mason Bay ganz im Westen. Vom Esszimmer in der zukünftigen Gästelodge kann man zusehen, wie die Sonne über der Golden Bay im Meer versinkt. Auf der anderen Seite, hinter dem alten Cottage, das ich während meines Besuchs bewohne, geht sie wieder auf. Rakiura, „Land des glühenden Himmels", heißt Stewart Island in der Sprache der Maori. „Als ich an diesen Ort gekommen bin", sagt Annett, „bin ich zur Ruhe gekommen."

Wir hocken auf den Treppenstufen des Cottages und schauen den Wolken zu. Das hat Annett von Elspeth gelernt, der das Grundstück früher gehörte. Annett erzählt von vergangenen Phasen ihres Lebens und was sie an diesen besonderen Ort geführt hat. Aufgewachsen ist sie in der ehemaligen DDR, als älteste von drei Schwestern „in einem frei denkenden, kultur- und musikinteressierten Elternhaus" in Dresden. Nach der Schule wollte sie eigentlich Sonderschulpädagogik studieren. „Ich bewarb mich, kriegte aber keinen Studienplatz, obwohl meine Noten bestimmt kein Hinderungsgrund waren. Meinen Schwestern und mir standen bestimmte Wege schon deshalb nicht offen, weil dafür eine Parteimitgliedschaft der Eltern erforderlich gewesen wäre."

Obwohl sie sich einer institutionalisierten Kirche nie so richtig nahe gefühlt hat, entschloss sich Annett, an der Humboldt-Universität in Berlin Theologie zu studieren. Das ermöglichte ihr, sich mit Philosophie, Religion und Geschichte zu beschäftigen. Sie fand dann einen Job beim Kunstdienst der evangelischen Kirche. Auch so eine Nische. „Ich durfte ab und zu mal Führungen im Berliner Dom machen", erzählt Annett, „musste aber auch die Treppen kehren. Das war schon ein bisschen Kundera-mäßig. Das Treppenkehren nicht als Angriff auf meine Würde zu verstehen, fiel mir damals schwer. Dafür hatte ich nicht studiert, dachte ich. Ich war ja noch sehr jung und wusste nicht, dass man auch mit Würde kehren kann. Ich wollte etwas machen mit dem, was ich gelernt hatte. Während des Jahres beim Kunstdienst reifte mein Entschluss, einen Ausreiseantrag zu stellen." Ein paar Monate vor dem Mauerfall wurde Annett schließlich aus der DDR ausgebürgert.

Über Westberlin zog sie nach Hamburg, absolvierte ein Aufbaustudium für Kultur- und Bildungsmanagement, jobbte im „Schmidts TIVOLI", Hamburgs legendärem Musik- und Unterhaltungstheater direkt an der Reeperbahn. Am Empfang und in der Telefonzentrale wurde es ihr bald zu langweilig: Annett wurde zuerst Regie-, später persönliche Assistentin von Theatergründer Corny Littmann und schließlich Bereichsleiterin Theater im TIVOLI und im benachbarten „Schmidt Theater". Ihre Aufgaben: zusammen mit dem Kreativ-Team neue Programme und Produktionen andenken, Gastspiele auswählen, die laufenden Produktionen betreuen mit Personal und Finanzierung und allem, was dazugehört, gelegentlich mal ein Event organisieren. „Das war irres Arbeiten", erinnert sich Annett. „80, 90, 100 Stunden die Woche, tagsüber im Büro, abends im Theater. Es kam oft vor, dass ich erst nachts um zwei oder drei Uhr zu Hause war. Die ersten Jahre hat mir das auch viel Spaß gemacht. Ich wollte genau mittendrin sein, wollte mir die Vorstellung angucken und hinterher noch mit den Künstlern reden. Mit Mitte 30 merkte ich, dass mich das Nachtleben manchmal mehr erschöpfte als begeisterte. Ich habe mich nicht unerfüllt gefühlt, trotzdem ist vieles zu kurz gekommen. Das einzig Regelmäßige neben der Arbeit waren meine Besuche im Fitnessstudio um die Ecke."

Erholung fand Annett auf Hiddensee in Mecklenburg-Vorpommern. „Meine Naturfluchten" nennt sie das. „Hiddensee war über all die Jahre ein

Ort, wo ich auftanken konnte, ein Hafen. Tief in meinem Inneren hatte ich wahrscheinlich schon immer das Bedürfnis, mal auf einer Insel zu leben. Während der Überfahrt lässt du etwas hinter dir, vor dir gibt es etwas, das für sich selbst existiert, und es ist viel Improvisationsvermögen gefragt." In Deutschland hätte sich Annett den Insel-Traum wohl nie erfüllt – weil es nicht der richtige Zeitpunkt war, aber auch, weil es diesen Charakter von Aussteigen gehabt hätte. Zu mehr als ein paar flüchtigen Gedanken, wenn sie irgendwo auf Hiddensee ein Schild sah, dass ein Café zu pachten war, hat es nicht gereicht. „Es ist mehr so, dass sich schon damals die Lust meldete, etwas Eigenes zu machen: Gastgeberin zu sein, einen Ort zu schaffen, an den die Leute gerne kommen."

Dann sollte das „Schmidt Theater" abgerissen und an derselben Stelle ein Neubau errichtet, das Verwaltungspersonal drastisch reduziert werden. Annett hatte die Idee, dass ihre Mitarbeiter und auch sie selbst unbezahlte Auszeiten nehmen könnten, um die Bauzeit ohne Entlassungen zu überbrücken. „Ich wollte die Leute gern halten", sagt sie. „Und ab einem bestimmten Punkt war ich auch sehr aufgeregt von der Vorstellung, selbst mal länger am Stück freizuhaben."

2004 verbrachte Annett vier Monate in Australien und Neuseeland. Zweimal war sie während dieser Zeit auf Stewart Island. Dass sie danach wieder am Theater arbeiten würde, stand für sie außer Frage. „Ich brauchte sechs Monate um zu erkennen, wie viele Seiten von mir hier angesprochen worden waren und dass das mit der Arbeit am Theater nicht mehr harmonierte. Ich habe mich nach der Stille gesehnt. Und danach, meinen Tag selbst zu gestalten. Überschaubare Aufgaben zu haben wie: Wohin geht's am nächsten Tag, wo schlafe ich, was esse ich? Leute kennenzulernen und diese Kommunikation als Bereicherung zu empfinden und nicht als: noch wieder einer mehr. Ich denke, dass ich in den Jahren zuvor überkommuniziert gewesen bin, in einem permanent kommunizierenden Beruf, in einer permanent kommunizierenden Sparte. Immerzu Sprache, immerzu Interaktion."

Annett kann sich noch gut an das Glück erinnern, das sie empfand, als sie während ihrer Auszeit zum ersten Mal Gelbaugenpinguine in ihrem

Annett mit Kakas am Cottage

natürlichen Lebensraum sah. Nur etwa 5.000 Exemplare gibt es weltweit, etwa ein Viertel von ihnen lebt in Neuseeland, der Rest verteilt sich auf ein paar subantarktische Inseln. Annetts Augen leuchten, als sie von dem Nest-Monitoring erzählt, an dem sie mal beteiligt war. Aber da hatte sie ihre Arbeit am Theater bereits gekündigt und war nach Neuseeland gezogen.

Wie aufs Stichwort erleben wir eine „Invasion" von Kakas. Gleich fünf der andernorts seltenen Waldpapageien kommen angeflogen, um sich ein Haselnüsschen abzuholen, das Annett für sie bereithält. „Es ist ein ungeheures Privileg, in der Nähe von all diesen Tieren zu leben und zu wissen, es ist genug Raum für alle da", sagt sie. Annett hofft sogar mal auf einen Kiwi im Garten – schließlich gibt es auf Stewart Island die größte Population dieser Vögel von ganz Neuseeland. 40.000 Exemplare sollen es sein. Genauso viele Touristen kommen jedes Jahr auf die Insel. Manche von ihnen sieht man nur bei der An- und Abreise, weil sie sich gleich auf einen der mehrtägigen Tracks durch die immergrünen Wälder, zu einsamen Sandbuchten und rauen Küstenabschnitten begeben, um Neuseelands Natur in ihrer ursprünglichsten Form zu erleben.

Für Annett war, wie ich später beim Abendessen erfahre, neben den Schönheiten der Natur auch ein menschlicher Kiwi ein wichtiger Grund, nach Stewart Island zurückzukehren. Der Mann betrieb ein Restaurant, sie sah viele Möglichkeiten sich einzubringen. Das gab ihr Sicherheit am Anfang: „Man braucht schon eine Weile, sich in das Land einzufügen." Als die Beziehung scheiterte, beschloss Annett, trotzdem zu bleiben – und lud zum „Perfect Dinner". Ein schön gedeckter Tisch irgendwo auf der Insel, ein mehrgängiges Menü mit frischen Meeresfrüchten und Gemüse aus dem eigenen Garten, das war die Idee. „Ich bin ein *foody*, war schon immer jemand, der schönem Essen etwas abgewinnen kann", sagt Annett. In Hamburg hatte sie gelegentlich einen Literatursalon veranstaltet, da gab es auch immer etwas zu essen. Mit einer hübsch dekorierten Käseplatte fing es an, am Ende verwöhnte Annett ihre Gäste mit mehrgängigen Leckereien.

Während vor dem Panoramafenster die Sonne untergeht, komme ich in den Genuss von Möhren-Kokosnuss-Orangen-Suppe, fangfrischen Muscheln und Apfelkuchen mit Karamellsoße – *yummy!* Vor allem auswärtige Besucher buchen ihre Koch- und Bewirtungskünste, erzählt Annett. Oft gehe es darum, romantische Momente noch schöner zu machen. Einen Heiratsantrag zum Beispiel oder auch einen besonderen Hochzeitstag. Diniert wird, wo die Kunden das besondere kulinarische Erlebnis wünschen: meist in ihrem Feriendomizil, manchmal auch in Annetts und Phils Esszimmer oder im Cottage. Für Freiluftessen ist Stewart Island nicht so geeignet. Das Wetter auf der Insel ist extrem wechselhaft, „*four seasons in one day*" sind auch im Sommer keine Seltenheit. Außerdem braucht Annett natürlich eine Küche. Sie hat Verbindungen mit ein paar örtlichen Zimmervermietern geknüpft, die sich freuen, ihren Gästen die zusätzliche Möglichkeit anbieten zu können. Das Restaurant-Angebot auf Stewart Island ist begrenzt.

Leben kann Annett allein vom „Perfect Dinner" nicht. Seit sie auf Stewart Island ist, macht sie verschiedene Jobs: Sie hilft beim Bettenmachen in einem Hotel aus, erledigt Gartenarbeiten für Privatleute, kümmert sich um das Ferienhaus von Nachbarn und arbeitet Teilzeit beim Department of Conservation, einem der größten Arbeitgeber auf der Insel. Nebenher engagiert sie sich ehrenamtlich für ihre Gelbaugenpinguine, die auch

Ein ‚Perfect Dinner' entsteht

vom Dinner profitieren: Vom Erlös jedes Stücks Apfelkuchen, den Annett traditionell zum Nachtisch backt, gehen zwei Dollar an den Yellow Eyed Penguin Trust. „Das Gute an Neuseeland ist, es wird nicht so stromlinienförmig gedacht", sagt sie. „Eine Menge Leute machen hier etwas anderes als das, was sie mal gelernt haben." Peter zum Beispiel, der früher Lehrer war und jetzt das Wassertaxi zum benachbarten Vogelreservat Ulva Island betreibt, oder der ehemalige Professor der Dunedin University, der inzwischen Kapitän auf einer der Fähren zum Festland ist.

„Hilfreich ist sicher, dass die Dünkelhaftigkeit hier geringer ist als in vielen europäischen Ländern", meint Annett. „Es ist absolut in Ordnung, einen neuen Beruf zu ergreifen, und es wird auch nicht nach höherwertig oder minderwertig differenziert, solange jemand gut ist in dem, was er tut. Auch ein Abschlusszeugnis ist abgesehen von ein paar geschützten Berufen nicht so wichtig. Es hat zum Beispiel noch nie einen meiner Kunden gestört, dass ich keine gelernte Köchin bin. Das bedeutet natürlich nicht, dass es nicht darauf ankäme – ich muss schon Qualität liefern. Auch umgekehrt reicht es nicht, ein Papier mit einer bestimmten Qualifikation vorzuweisen und zu erwarten, dass man dann einen entsprechenden Job kriegen müsste. Mit der Einstellung ist man hier verloren. Ich finde, das ist eine sehr sympathische Form von Lebenstüchtigkeit."

In Deutschland, glaubt Annett, wäre sie bestimmt komisch angeguckt worden und hätte sich auch selbst komisch gefühlt, wenn sie zum Beispiel nebenher Regale im Supermarkt aufgefüllt hätte, um sich eine neue Existenz aufzubauen. Die neue Existenz, das ist das Projekt Gästelodge. Annett und Phil haben angefangen, ein Zimmer im Haus und das Cottage an Touristen zu vermieten. Gleichzeitig bauen sie das Haus zur Lodge aus. „Das ist die Perspektive, warum wir auf der Insel sind", erläutert Annett. „Es ist nicht unser Lebensplan, uns in der Vielzahl verschiedenster Jobs zu verzetteln. Ausreichend Vielfalt werden wir schon mit dem Gästehaus haben. Die Leute bekommen ja nicht nur ein schönes Zimmer, den großen Garten, einen eigenen Balkon und dazu ein leckeres Frühstück, sondern auch die Möglichkeit, Lunch für ihre Wanderung mitzunehmen oder besondere Dinner zu buchen."

Annett und Phil kennen sich seit 2009. Zum ersten Mal begegnet sind sie sich in dem schon erwähnten Fish-and-Chips-Shop, den Annetts Freundin Hilli betreibt, die ebenfalls aus Deutschland stammt. Phil war nach Stewart Island gekommen, um die Insel mit dem Kajak zu umrunden. Annett, die mit ihren Eltern und Schwestern früher viel gepaddelt war, hatte gerade zwei gebrauchte Seekajaks gekauft. Man sprach darüber, mal gemeinsam aufs Wasser zu gehen. „Wir haben zusammen Apfelkuchen gegessen und erzählt und erzählt. Als Phil nach zwölf Tagen von der Inselumrundung zurück war, sagte er: ‚Ich will mit dir zusammen sein.' Und ich hatte mir genau das gewünscht. Seitdem hat sich unser Leben immer enger miteinander verflochten." Annett lächelt glücklich.

In den 90er Jahren hatte Phil schon einmal auf Stewart Island gelebt und eine der Lachsfarmen gemanagt in seinem ursprünglichen Beruf als Zoologe. Damals war er mit der örtlichen Krankenschwester verheiratet. Inzwischen arbeitet er selbst als Pfleger im Krankenhaus in Invercargill, pendelt regelmäßig zwischen Insel und Festland. Am liebsten würde er ganz auf Stewart Island leben. Und wenn die Lodge erst fertig ist, will er

Exkursionen mit dem Kajak anbieten, um auch anderen die Schönheiten der Insel näherzubringen, die man zu Fuß nicht erreichen kann. Phil selbst ist ein Hardcore-Paddler, ist sogar schon ein paarmal über die Foveaux Strait zum Festland gepaddelt. Die Wasserstraße liegt in den *Roaring Forties*, das Wetter ist oft rau. „Für die Überfahrt sucht er sich natürlich passendes Wetter aus. Phil ist sehr verantwortungsvoll", versichert Annett.

Seit die beiden zusammen sind, hat sich Annetts Lebensmitte ganz nach Neuseeland verlagert. In den Jahren davor hat sie immer mal Theaterprojekte in Deutschland gemacht, schon um die einkommenslose Zeit im neuseeländischen Winter zu überbrücken. „Zwischendurch in Deutschland zu arbeiten fühlte sich sehr normal an", sagt sie. „Ich hatte das Gefühl, dass ich relativ problemlos von der einen Welt in die andere wechseln konnte. Es war im Grunde immer noch ein Abtasten. Erst 2009 habe ich mich definitiv entschieden, dass ich hier leben will."

Am nächsten Morgen stehen Annett und ich in aller Frühe auf, um einen Ausflug zur Mason Bay auf der anderen Seite der Insel zu machen. Im Licht der ersten Sonne erstrahlt die Golden Bay, dass das Herz gleich mit aufgeht. Wir düsen im Wassertaxi durch das Paterson Inlet, ein Stück den Freshwater River hinauf bis Freshwater Landing. Von dort marschieren wir durch Wald und Sumpfland bis an die Westküste. Obwohl es seit Tagen nicht geregnet hat, versinken wir stellenweise bis zu den Knöcheln im Schlamm. Zum Glück sind große Teile des Wegs mit Bohlen und Stegen ausgebaut. Annett macht mich auf Gräser und Sträucher am Wegesrand aufmerksam und erzählt von ihrem Sozialleben auf der Insel. Gelegentlich gibt es mal ein Theater- oder Chorprojekt, an dem sie sich beteiligt. Manchmal geht sie auch zur „Quiz Night" im örtlichen Pub. Und dann ist da noch Search and Rescue (SAR), eine in staatlichem Auftrag tätige Rettungswacht, die sich um verirrte Wanderer kümmert. Annett ist ständiges Mitglied, findet es spannend, mehr darüber zu erfahren, wie man draußen in der Natur klarkommt. „Man lernt nicht nur, sich im Gelände zurechtzufinden, sondern auch, mit Materialien aus der Natur einfache Unterstände zu bauen. Man lernt, dass sich die Blätter des *Pepper Tree* dafür eignen, eine Wunde zu stillen. So ein Blatt könnte man auch gut mit in die Suppe tun, um Schärfe zu erzielen." Annett lacht. „Da schlägt wieder der *foody* durch", sagt sie. „Mich interessiert schon schnell bei Sachen, ob man sie essen kann. Was man aus der Natur alles essen kann, ist wirklich faszinierend. Zum Beispiel praktisch alle Seegräser und Tang. Einige sind leckerer, andere weniger. Manche kann man zu Chips verarbeiten, andere wie Oliven auf einer Antipasti-Platte verwenden. Ich habe schon darüber nachgedacht, ein *Seaweed Tasting* anzubieten. Selbst von Farnen ist einiges essbar, die frischen Spitzen zum Beispiel. Auch die Spitzen einer Schlingpflanze kann man im Frühjahr und Sommer abbrechen und wie Spargel zubereiten."

Während ich mir all die Köstlichkeiten vorzustellen versuche, erreichen wir das Ziel unserer Wanderung: das historische *Homestead* nahe der Mason Bay. Noch bis in die 80er Jahre grasten auf den Weiden um das kleine Gehöft herum Schafe. „Seit dem 19. Jahrhundert hatten Einwanderer aus Europa versucht, hier Schafzucht zu betreiben", erzählt Annett. „Wirtschaftlich war das nicht so besonders erfolgreich, aber man hielt sich mit den damals noch höheren Wollpreisen immerhin über Wasser – ein Leben unter extrem herausfordernden Umständen an einem der entlegensten Orte von ganz Neuseeland, den man nur in einer kompletten Tagesreise erreichte."

Historisches Island Hill Homestead nahe der Mason Bay

Kurz vor Aufgabe der Schaffarm war sogar mal ein Filmteam von Jacques Cousteau auf dem Gelände, um Aufnahmen von den eigentlich nachtaktiven Kiwis zu machen, die man in Mason Bay mit Glück auch tagsüber zu Gesicht bekommt. Im Tagebuch des Farmers, das in der Hütte liegt, kann man nachlesen, dass die Filmcrew offenbar viel Dreck hinterlassen und auch sonst ordentlich Arbeit gemacht hat.

Heute übernachten vor allem Mitarbeiter des Department of Conservation in dem alten Holzgebäude. Abschnitt für Abschnitt bekämpfen sie das Marram-Gras, das die Farmer einst anpflanzten, um die Dünen zu befestigen, die an ihr Weideland grenzten. Durch den Einsatz soll wieder Raum entstehen für das heimische Sauergrasgewächs Pingao. Annett hat selbst gerade an einem Pflanzengift-Einsatz des DOC im Süden der Insel teilgenommen. „Auch dort gab es früher Siedlungen, deren Bewohner alle möglichen Pflanzen mitgebracht haben, die sich unkontrolliert weiter vermehrt und die natürliche Vegetation zum Teil verdrängt haben", erläutert sie. „An diesen Orten wird regelmäßig überprüft, ob sich bestimmte Pflanzen wieder ausgebreitet haben oder ob es gelungen ist, sie zurückzudrängen."

Durch die weite gelbgrüne Dünenlandschaft, der der neuseeländische Flachs ein paar herbstliche Farbtupfer verleiht, laufen wir bis zur Mason Bay. Wie eine große Sichel spannt sich die Bucht über 15 Kilometer Länge. Ein scharfer Westwind bläst uns direkt ins Gesicht und den feinen weißen Sand weit ins Inselinnere. Nur wenige Kilometer von diesem grandiosen, rauen Ort entfernt sind zwei Tage vor dem schweren Erdbeben in Christchurch mehr als einhundert Pilotwale gestrandet und verendet oder mussten getötet werden, weil keine Chance bestand, die tonnenschweren Körper zurück ins Wasser zu befördern. Mitarbeiter des Department of Conservation wurden herübergeflogen, um die Tiere zu vermessen und Proben zu nehmen. Gleich nach ihrem Tod, sagt Annett, hätten sie eine große Ruhe und Würde ausgestrahlt. „Es war unendlich traurig, die Tiere da liegen zu sehen, aber auch unendlich berührend."

Am nächsten Morgen fliegen wir mit dem Helikopter zurück, der gerade drei junge Mitarbeiterinnen des DOC am ehemaligen Farmhäuschen abgesetzt hat. In den kommenden Tagen werden sie dem Marram-Gras in der Umgebung zu Leibe rücken. Der Himmel zieht sich rasant zu, Regen peitscht gegen das Plexiglas der kleinen Hummel, die im Luftraum über den Hügeln und Tälern immer wieder von plötzlichen Windstößen erfasst wird. Wir werden ordentlich durchgeschüttelt, aber der Blick von oben auf den dichten Regenwald, der nahezu die gesamte Insel bedeckt, bietet reichlich Entschädigung für das flaue Gefühl im Magen.

Das Theater, Kultur allgemein, fehlt Annett überhaupt nicht? „Frag mich in ein paar Jahren noch mal", sagt sie und lacht. „Ich fühlte mich wie ein tropfnasser Schwamm voll Kultur, als ich in Neuseeland ankam. Ich glaube, davon zehre ich immer noch." Die Entscheidung für Stewart Island habe viel mit ihrer Begeisterung zu tun, ganz aus der Nähe viel über die Natur zu lernen und auch selbst zu ihrem Erhalt beizutragen. Das Wissen, am südlichsten Zipfel der bewohnten Welt zu leben, erhöhe diesen Reiz womöglich noch. Aber als Gegenteil zu dem, was sie davor getan hat, empfindet Annett ihr Leben auf der Insel nicht. „Es sind andere Teile von mir in den Vordergrund getreten. Meine Theorie ist, dass es im Leben verschiedene Abschnitte mit verschiedenen Prioritäten geben kann und dass es sehr wichtig ist, nicht das Gefühl zu haben, woanders etwas verpasst zu haben oder gerade zu verpassen. In Dresden mit seiner wunderschönen barocken und klassizistischen Architektur aufzuwachsen, Theater, Kunst, Konzerte und Museen zu erleben, das Mitternachtsleben auf St. Pauli: All das hat überhaupt erst möglich gemacht, dass ich jetzt hier sein kann, ohne dass mir etwas fehlt. Ich trage das alles bei mir." Innerlich, aber auch in Form von CDs und DVDs. Im Hintergrund ist gerade Georgette Dee zu hören. Mit dieser Stimme verbindet Annett wunderbare Konzertabende, aber auch kurze persönliche Begegnungen.

Nach Neuseeland konnte sie offenbar erst in etwas reiferem Alter gehen. Annett nickt. „Ich ging auf die Vierzig zu, ja. Und ich hätte es mir keine fünf Jahre eher vorstellen können. Auszuwandern hat in meinem Leben auch gedanklich niemals eine Rolle gespielt. Wenn mir Leute gesagt haben: Du machst da etwas, wovon ich immer geträumt habe, bin ich fast hintenüber gefallen. Erstens, weil ich nie gedacht hätte, dass diese Menschen davon träumen, und zweitens, weil ich selber nie davon geträumt hatte. Ich bin ja nicht hier, weil ich Deutschland schlecht oder uninteressant fand, sondern weil ich Neuseeland so schön fand."

Eigentlich kann Annett auch mit dem Begriff „Auswandern" nicht so viel anfangen. „Damit assoziiere ich diesen Menschen mit seinem Koffer, der allem den Rücken kehrt, der die Brücken hinter sich abbricht und auf ein Schiff steigt, vielleicht weil die Lebensumstände in seiner Heimat so unerträglich waren, dass er gar nicht anders konnte. Das waren ja meist One-Way-Tickets, nicht zu vergleichen mit den Privilegien, mit denen wir heute leben. Für viele ist heute nahezu jährlich ein Besuch in der alten Welt möglich. Und dazwischen mailt und skypt man nach Herzenslust."

Bevor sie am Theater kündigte, ließ sich Annett sogar coachen. „Ich wollte nicht Gefahr laufen, irgendeine Übersprungshandlung zu machen. Ich war ja nicht jemand, der sich nach dem Abitur mal ein bisschen in der Welt umsehen wollte. Der Coach sagte: Ist dir eigentlich klar, dass du das schon einmal gemacht hast? Das hatte ich selbst vorher noch nie so gesehen. Auch der Schritt von Ost- nach Westdeutschland hatte für mich ja nicht den Charakter des Auswanderns gehabt. Ich wollte einfach ausbrechen aus zu engen Verhältnissen."

Je länger sie über das Thema nachdenkt, desto mehr Verbindungen sieht Annett. Für jemanden, der immer darauf gewartet habe, dass das System für ihn sorgt, sei Neuseeland natürlich der falsche Ort. Aber für diejenigen, die in der DDR mit einer gewissen Freizügigkeit im Denken, mit Lebenstüchtigkeit und Improvisationstalent gesegnet waren, sei Neuseeland womöglich ziemlich perfekt. Speziell die Inselsituation, meint Annett, passe eigentlich ganz gut zu ihrer Biografie und ihren Vorstellungen: Perfekt ist nicht etwas, das fertig geliefert wird, sondern etwas, das man selbst vollendet.

Sie erzählt, dass es ihr schon immer Spaß gemacht hat, Dinge zu arrangieren, einzurichten, mit einfachen Mitteln etwas herzustellen. „Das hat mir auch hier von Anfang an gut gefallen. Dass dafür Raum ist und dass auch die Neuseeländer selber Leute sind, die sehr viel improvisieren und selber machen. Es gibt hier kaum einen Mann, der nicht über Grundkenntnisse im Bauen verfügt. Im Grunde trifft das auch auf Frauen zu. Viele Frauen machen hier Berufe, die in Deutschland typische Männerberufe sind, und scheuen sich auch vor schwerer körperlicher Arbeit nicht. Als ich die ersten Male auf die Insel kam, war ich überrascht zu sehen,

Sonnenaufgang über der Golden Bay

dass ein großer Teil des Personals auf der Fähre Frauen sind, die genauso mit dem Kran und dem Gabelstapler rangieren wie die Männer. Das ist eine Form von Gleichberechtigung, die gar nicht groß thematisiert wird, die aber wohl geschichtlich zu erklären ist. Neuseeland hätte niemals ein so erfolgreiches Siedlerland sein können ohne den Beitrag der Frauen. Hier auf Stewart Island waren die Männer oft und lange zum Fischen unterwegs. Man konnte als Frau nicht für jede Reparatur auf den Mann warten oder mal eben schnell zum Handwerker laufen, damit der den Generator wieder in Gang bringt. Die Siedlungen waren ja früher wesentlich weiter

Muttonbird scrub (Brachyglottis rotundifolia) auf Stewart Island

verstreut als heute, wo sich alles in und um die Halfmoon Bay konzentriert. Untereinander hatten die Siedlungen zum Teil nur mit Schiffen Kontakt."

Bei aller Begeisterung für Neuseeland und Stewart Island im Besonderen: Ihre deutsche Staatsbürgerschaft will Annett behalten. „Ich bin Deutsche und werde das immer sein. Eine Deutsche mit ständigem Wohnsitz in Neuseeland, das seinen *Permanent Residents* die gleichen Bürgerrechte wie seinen Staatsangehörigen bietet. Außerdem hat Phil auch einen britischen Pass, weil seine Eltern, die als junge Menschen hierhergekommen sind, Zeit ihres Lebens britische Staatsbürger geblieben sind. Wir haben also beide einen EU-Pass, der uns ermöglicht, ganz unkompliziert mal eine Weile in Europa zu leben. Warum sollte ich meinen abgeben?"

Am Grab von Reverend Wohlers

Der letzte Tag auf Stewart Island. Meine Reise zu deutschen und deutschsprachigen Auswanderern in Neuseeland nähert sich ihrem Ende. Bevor ich mit einem Koffer voller Geschichten zuerst die Insel und dann das Land verlasse, schauen Annett Eiselt und ich noch am Strand von Ringaringa vorbei, wo einer der allerersten Deutschen in diesen südlichen Gefilden seine letzte Ruhe fand.

Den Spuren von Reverend Johann Friedrich Heinrich Wohlers, der 1811 als Bauernsohn in einem Dorf bei Hannover zur Welt kam, war ich bereits im Norden der Südinsel begegnet („Am Grab von Pastor Heine", S. 180). Anfang 1843 schickte die Norddeutsche Missionsgesellschaft den damals 31-Jährigen zusammen mit drei Kollegen auf einem Auswandererschiff von Hamburg aus zur Missionierung der Maori nach Neuseeland. Da die Gegend um Nelson – missionarisch betrachtet – bereits fest in britischer Hand war, begab sich Wohlers Ende Februar 1844, ebenfalls per Schiff, auf die Weiterreise nach Süden. „Es schien, als ob überall in Neuseeland, wo nur Eingeborene waren, auch schon Missionare da waren", schreibt er in seinen „Erinnerungen aus meinem Leben".

Seinen Platz fand der Geistliche schließlich auf der kleinen Insel Ruapuke, „zwei Stunden lang und eine Stunde breit", am östlichen Eingang der Foveaux Strait zwischen Stewart Island und dem Festland. Dort wohnten die meisten „Eingeborenen" dieser südlichen Gegend, wie Wohlers schreibt. Ruapuke war Sitz der angesehensten Häuptlinge und zugleich Mittelpunkt und Sammelplatz für die auf den umliegenden Inseln lebenden Maori. Sieben kleine Dorfschaften gab es auf Ruapuke, als der Reverend im Mai 1844 dort ankam, alle in den Einbuchtungen des Meeres rund um die Insel gelegen. Dass ihm seine Missionarskollegen aus Nelson folgten, hielt Wohlers nicht für ratsam. Er selbst reiste ein paar Jahre später noch einmal nach Norden, traute bei der Gelegenheit auch Pastor Heine mit der Tochter des örtlichen Pubbesitzers. Nach Deutschland ist keiner von ihnen jemals zurückgekehrt.

41 Jahre verbrachte Reverend Wohlers mit den Maori auf Ruapuke Island. Er lernte ihre Sprache, hielt Gottesdienste in den Dörfern ab und gründete eine

Schule. Er beobachtete Pflanzen, Vögel, Fische, das Meer und den Himmel, er studierte Sitten und Gebräuche der Maori, ihren Götterglauben, ihre Mythologie, Herkunft und Geschichte – und er schrieb seine Erinnerungen. Sein Leben war eine Mischung aus Missionarstätigkeit, Lehre und Farmarbeit. Da er nicht von der Norddeutschen Missionsgesellschaft finanziert wurde, musste er sich selbst um seinen Lebensunterhalt kümmern. Als Bauernsohn fiel ihm das offenbar nicht schwer. Praktische Unterstützung fand Wohlers in seiner späteren Frau Eliza Palmer, einer britischen Witwe, die nicht nur Pioniererfahrung besaß, sondern auch Maori sprach.

1885 zog der Reverend zu seiner einzigen Tochter Gretchen nach Stewart Island, wo er, beinahe 74 Jahre alt, noch im selben Jahr starb. An sein Wirken erinnert das Wohlers Memorial oberhalb von Ringaringa Beach. „Dem Reverend wird bis heute ein ehrendes Andenken bewahrt. Es gefällt mir sehr, dass einer der ersten Deutschen, die hierher gekommen sind, so gelebt hat, dass das möglich ist", sagt Annett, die sich die Erinnerungen des Geistlichen mal bei einem Deutschlandbesuch fotokopiert hatte, um mehr über die Geschichte ihrer neuen Heimat zu erfahren. Später fand sie noch eine Übersetzung ins Englische, die eine neuseeländische Urenkelin von Wohlers in Auftrag gegeben hatte, nachdem sie eigens Deutsch gelernt hatte, um die Erinnerungen ihres Ahnen im Original lesen zu können.

Begraben ist Reverend Wohlers auf Familiengrund unweit des Denkmals unter einer Montery-Zypresse. Neben ihm liegen seine Frau Eliza, Tochter Gretchen und ihr Mann. Ein friedlicher Ort. Durch die Äste der alten Konifere fällt weich das Licht der Spätnachmittagssonne auf den verwunschenen kleinen Friedhof.

Annett Eiselt am Grab von Reverend Wohlers